포스트
윤석열

포스트 윤석열

한동훈에서 김관영까지

황형준 지음

인물과
사상사

추천사

미국 의회 연구의 가장 빛나는 명저 『홈스타일』을 쓴 리처드 페노는 마치 바비큐를 준비하듯 인터뷰 대상들을 끊임없이 "불리고 찔러대야soaking and poking" 중요한 이야기를 얻을 수 있다고 말한다. 인터뷰 대상을 불리고 찌르는 것은 황형준 기자의 특기이다. 그의 무기는 취재 메모와 시간을 견디는 인내력이다. 법조계와 정치권 인사들을 대상으로 나눈 이야기와 정보들은 긴 시간의 숙성과 통찰 있는 해석을 거쳐 인물에 대한 일관된 내러티브로 거듭난다. 물론 이 책을 정치 캐릭터들의 성장과 좌절을 다룬 흥미로운 탐구서로 읽을 수도 있겠다. 덤으로 이 책에는 한국 정치, 혹은 정치의 본질에 대한 구조적 질문 또한 존재한다. 가까이에서 보면 더할 나위 없는 개인적 성공과 성취를 이룩한 정치 엘리트들이 집합적으로 만들어내는 정치는 왜 그렇지 아니한가? 그 해답에 이르는 실마리들을 이 책에서 열심히 찾아볼 일이다.

― 박원호(서울대 정치외교학부 교수, 기획처장)

새벽에 빛나는 샛별, 금성의 표면온도는 470도에 달한다. 반면 붉은 별, 화성의 표면온도는 영하 63도다. 태양에서 너무 가까워도 너무 멀어도 생명체가 살 수 없다.

금성과 화성 사이에 있는 지구만이 '거리두기'에 성공했고 생명체를 배태할 수 있었다. 서초동과 여의도, 대한민국의 모든 이슈를 집어삼켜 활활 태우는 태양 같은 두 용광로를 취재하는 기자들도 '인싸(인사이더)'가 돼서 타죽거나 '아싸(아웃사이더)'가 돼서 얼어 죽기 십상이다. 하지만 황형준은 따뜻한 애정, 냉정한 시니컬함을 다 갖춘 지구 같은 기자다. 이 책에 '얼음과 불의 노래'라는 부제를 붙여주고 싶다.

– 윤태곤(정치컨설턴트, 「괜찮은 아빠이고 싶어서」 저자)

대통령제 국가에서 정치 논의는 어쩔 수 없이 일정 부분 인물 이야기로 흐를 수밖에 없다. 그런데 깊이 있고 균형 잡힌 인물 분석을 접하기 어렵다. 먼저 정치판의 당사자들이 자기 이야기를 왜곡해서 퍼뜨린다. 지지자들은 그런 이야기들을 과장해서 옮긴다. 인물 이야기라는 게 원래 재미있다 보니 전파 과정에서 그 재미 요소가 강조되며 기이하게 구부러지기도 한다. 황형준 기자는 국회와 검찰이라는 지금 한국 정치의 가장 중요한 현장을 누구보다 치열하게 취재했다. 책 속에 나오는 취재 메모들의 상세함과 성실함에 감탄했다. 그 메모를 바탕으로 그가 전하는 인물들의 초상에는 통찰과 설득력이 담겨 있다. – 장강명(월급사실주의 소설가, 「재수사」 등 저자)

"한국인은 모두가 교육 전문가"라는 말이 있습니다. 대부분 본인이 최소 중등 이상 의무교육은 받아봤고 자녀들을 대학에 보낸 경험이 있기 때문일 것입니다. 특히 맹모삼천지교孟母三遷之敎 저리 가라 할 정도로 한국은 교육에 민감한 나라 아닙니까. 그만큼 다들 입시 관련 공부도 많이 했고 겪은 이야기로 소설을 쓸 수 있을 만큼 각각의 스토리라인을 가지고 있었을 것입니다.

정치 분야도 마찬가지입니다. 명절 등 여러 사람 모인 곳에서 정치와 종교 얘기는 하지 말라고 해도 삼삼오오 모이기만 하면 등장하는 게 정치 이야기입니다. 누군가는 꼭 전문가처럼 일장연설을 시작하고 누군가는 또 훈수를 둡니다. 정치가 문제다, 나는 정치가 싫다고 되뇌면서도 중독이 되어서 찾아보게 되는 게 정치뉴스죠. 가장 재미있는 구경 중 하나가 싸움 구경이라서 그런지도 모릅니다.

또 정치와 교육 모두 자기의 이해관계가 걸려 있는 만큼 모든 당사자를 만족시키기 어렵고, 뭘 잘하더라도 평가를 후하게 받기 어려운 측면이 있습니다. 그래서 한국에는 성공한 대통령과 교육부 장

7

관이 거의 없다고도 하지요.

어찌 보면 우리 민족이 수천 년 동안 전쟁과 통일, 외세 침략과 독립, 전쟁과 분단, 고도 경제성장과 민주화 등 다양한 경험을 겪으면서 정치에 대한 아픔과 한恨이 DNA에 박혀 있기 때문인지도 모릅니다. 그만큼 정치 민도民度가 높다는 뜻이기도 합니다.

하지만 어느 순간부터인가 정치는 점점 더 외면과 혐오의 대상이 되고 있습니다. 양극단의 정치가 세계적인 현상이라고는 하지만 한국 정치도 양극화가 극심해지고 있습니다. 민주주의의 근간이라 할 대화와 타협은 사라지고, 한쪽은 반대쪽을 악마화하고 자기 지지층만 바라보며 터무니없는 주장과 저주를 퍼부어댑니다.

그럴수록 정치는 설 자리가 없어집니다. 국민은 "정치는 원래 그런 거야"라며 아예 포기합니다. 천덕꾸러기 문제아가 된 것이지요. 정치인이 되면 사람이 나쁘게 변하고 근묵자흑近墨者黑이 되는 게 상식처럼 받아들여집니다, 정치를 하겠다고 하면 배우자와 가족부터 말리는 현실입니다. 그럴수록 정치에 진출하려던 우수 인재들은 그 뜻을 접고 다른 분야로 진출하게 됩니다.

그렇다면 우리 K정치는 이렇게 평가절하되고 홀대를 받아도 될까요? 윗세대가 겪은 참혹한 전쟁을 다시는 겪지 않도록 평화와 국민 안전을 지키는 일도, 국민 세금을 어디에 쓸지 우선순위를 정하는 것도, 우리 아이들이 사고와 재난을 겪지 않도록 하는 법과 제도를 정비하는 곳도, 아이들이 살아갈 미래 한국의 청사진을 그리는 곳도 결국 정치입니다. 그런데도 우리가 정치를 포기해야 할까요? 천덕꾸러기라는 이유로 부모가 아이를 포기할 수 있을까요?

필자는 2007년 기자가 된 뒤 국회와 청와대, 검찰과 법원 등을 주로 맡아왔습니다. 그 과정에서 정치인들을 가까이에서 지켜보면서, 사람들이 정치와 정치인에 대해 잘 안다고 생각하지만 꼭 그렇지 않을 수 있겠다는 생각을 했습니다. 화장을 지우면 감춰진 점과 기미도 보이지만 그 속에 백옥같이 빛나는 피부도 보입니다. 언젠가 그런 속살을 보여주는 이야기를 써보고 싶었습니다. 집단이나 정당인으로서의 정치인은 욕을 먹는 경우가 많지만 개인으로서의 정치인은 생각보다 훌륭한 리더인 경우가 많았습니다.

마침 2023년 1월부터 회사에서 언론사 최초로 '디지털콘텐츠 주간 편성표'를 만들면서 동아닷컴에 온라인 전용 칼럼을 쓸 기회를 얻게 됐습니다. 〈황형준의 법정모독〉이라는 문패는 연극 '관객모독'처럼 독자와 소통하며 법法조계와 정政치권의 이야기를 모아募 맥락을 읽겠다讀는 취지였습니다. 여야 정치인과 법조계 출신 정치인에 대한 이야기를 스토리텔링 형식으로 쉽고 재미있게 쓰고자 했습니다. 물론 가끔 날선 비판을 담아 모독冒瀆도 하겠다고 선언했습니다.

이야기에 등장하는 주인공은 대부분 2024년 국회의원선거는 물론 2027년 대통령선거까지 영향을 미칠 유력 인사들입니다. 윤석열 대통령은 물론 한동훈 법무부 장관과 오세훈 서울시장, 이준석 전 국민의힘 대표, 이낙연 전 국무총리, 박영선 전 중소벤처기업부 장관, 금태섭 전 국회의원 등이 포함됐습니다. 검찰총장 출신 대통령이 처음 탄생하고 법조인 출신 정치인이 늘어난 것도 법조계를 출입했던 필자에게는 행운이었습니다.

약 10년 전부터 옆에서 지켜보았던 이들의 언행과 주변의 평가를 꼼꼼하게 기록해둔 '취재 메모'는 세간에 화제가 됐습니다. 그간 꼭꼭 숨겨놓았던 팩트들을 탈탈 털어서 비장의 무기처럼 여러 개 꺼낸 측면이 있었습니다. 6개월 동안 연재한 25편의 글은 온라인에서 총 550만 회 조회됐습니다. 악플도 많았지만 많은 독자가 그동안 몰랐던 이야기라는 반응을 보였습니다. 물론 등장한 주인공들은 제게 직접 서운함이나 감사를 표시하기도 했고, SNS에 평가와 소감을 남기기도 했습니다.

이 책은 온라인에 연재한 글의 골격을 유지하되 약 30퍼센트는 일부를 새로 쓰고 보완했으며, 2023년 연말 상황에 맞게 업데이트를 했습니다. 온라인에 공개하기에 다소 민감해 제외했지만 기록으로 남길 필요가 있는 취재 메모는 추가로 포함시켰고, 가급적 익명의 취재원도 실명으로 바꾸고자 노력했습니다.

이 이야기들은 사람에 초점이 맞춰져 있습니다. 어떤 성장 과정을 거쳐서 어떤 계기로 정치를 시작했는지, 정치 입문 뒤엔 어떤 오르막길과 내리막길을 거쳤는지, 그리고 최종적인 정치적 지향점은 무엇인지 등이 담겨 있습니다. 일종의 위인전이자 성장사인 셈이지요.

이 책이 우리 정치와 정치인들에 대한 인식을 조금 달리하는 계기가 되었으면 좋겠습니다. 그 사람의 성공 신화이든, 역경 극복기이든, 인간적이고 부족한 모습이든, 독자들이 이들을 조금 따뜻한 시선으로 바라보고 관심을 가졌으면 하는 바람입니다. 어차피 다음 리더도 '백마 탄 초인'처럼 갑자기 등장하지는 않을 것이고 우리의 레이더 안에 있다가 나타날 것이기 때문입니다. 관심은 꼭 애정과 응원이 아니라 비판과 감시여도 좋습니다. 우리의 관심이 또 그에게 영향을 미칠 것이고 그를 바꾸게 될 테니까요. 사랑의 반대말은 증오가 아니라 무관심이라고 하잖아요.

이 책을 출간하기까지 『동아일보』는 물론 선후배 기자를 포함한 여러 '인생 친구'들의 도움과 지지가 컸습니다. 특히 굳이 실명을 밝히지 않더라도 늘 버팀목이 되어주고, 믿고 일을 맡기고 응원과 독려를 아끼지 않은 선배들이 제 주변에 많이 있었습니다, 또 함께 머리를 싸매고 취재원과의 자리에 동석하며 동고동락한 선후배들과 동료 기자들, 초안과 기사를 꼼꼼하게 읽고 의견을 준 선후배들 등 여럿에게 각별한 감사의 말을 전합니다.

또 이 책의 출간기획서를 보고 흔쾌히 출간을 허락해주신 인물과사상사에도 감사드립니다. 특히 추천사를 써주신 박원호 서울대 교수와 윤태곤 정치평론가 그리고 장강명 소설가 등 세 분은 필자가 인생 멘토이자 롤모델로 여기는 분들입니다. 바쁜 와중에 시간을 내 과분한 문구를 정성스럽게 써주신 데 대해 진심으로 깊은 감사의 말을 전합니다.

무엇보다 주말에나 얼굴을 보여주는 아빠의 부재 속에 밝고 건강하게 잘 자라준 딸 서현이와 아들 우준이, 그리고 같은 직종에 있으면서도 남편의 빈자리까지 대신 채워주고 인내해주고 늘 첫 독자가 되어준 아내에게도 이 자리를 빌려 고맙고 미안하고 사랑한다는 말을 하고 싶습니다. 마지막으로 저희 부부를 낳아주시고 길러준 데 이어 그간 손주들까지 사랑으로 키워주신 양가 부모님들께도 늘 감사하다는 말을 전합니다.

2023년 12월
황형준

차 례

추천사   5
프롤로그   7

1화
'황태자' 한동훈,
'조선제일검'에서
여권의 '얼굴'로

(17)

초년부터 주목받은 검사 한동훈 / 합리적-세련됨-친절함 갖춘 '아메리칸 스타일' / "조선제일검" VS "표적 수사를 아닌 것처럼 포장하는 능력 뛰어나" / "한동훈은 절대 정치 안 할 사람, 그런데 요즘 보면 점점…" / 호랑이 등에 올라탄 '정치인 한동훈' / 낮은 중도 확장성 등이 정치인으로서의 약점 / '싸가지 없는 진보' 유시민을 반면교사로 삼아야 / 2024 총선 결과가 1차 성적표

2화
'신림동 신선'
윤석열의
'a long long
time ago'

(43)

"저 선배랑 놀면 시험 못 붙는다"… 후배들이 피해 다닌 '신림동 신선' / 후배들 술값 내느라 결혼 전 전 재산 2000만 원 / 타고난 보수… 검사 시절에도 정치 관심 / "인사로 국민 달랠 기회 날려" / 전당대회 개입과 김태우 공천 논란 / 대통령의 거친 입… 잇단 말실수에도 '사과'는 없어 / 신년 기자회견 대신 단독 인터뷰 / 윤석열이 언급했던 검찰이 망하는 지름길은? / 보복 수사 논란도 장애될 수 있어 / 피아 구분의 '이분법적 시각' 팽배 / 포용과 협치, 화해와 통합으로 가야

3화
'츤데레' 이낙연은
'총리 징크스'를
깰 수 있을까

(71)

꼼꼼하고 완벽한 성격에 '훈장님', '엄중 낙연' 등 별칭 붙어 / 『동아일보』기자 20년 뒤 정치권 입문 / "김대중은 존경받는, 노무현은 사랑받는 지도자" / 수비에는 능했지만 공격에는… / 되돌아온 화살 / 사면 건의와 대장동 의혹 제기 / 미국 1년 연수 후 돌아왔지만 존재감은 '미약' / 대선 패배 책임론, '올드 보이' 이미지는 대선 가도의 장애물 / 품위와 품격 있는 정치인

4화
10년 와신상담 끝에
'약자 동행'에
승부 건 오세훈

(95)

"공부해야 가난 이겨낼 수 있다" 교육열 높았던 어머니 / TV 프로그램 진행자로 인기 누리다 정치권 진출 / 소장파로 활동하다 불출마 선언… '오세훈법' 주도 / 디자인에, 복지에, 환경에 '미친' 시장님 / 영국·중국 연수, KOICA 자문단 등으로 활동하며 10년 와신상담 / 서울시장 5선이냐, 대선 도전이냐… 오세훈의 길은? / "한동훈·원희룡, 경선 흥행시킬 좋은 라이벌 될 듯"

5화
'국민 금쪽이'
안철수의 시간은
거꾸로 간다

(115)

공익 활동에 관심… 2000년 출마 제의 받곤 "정치가 중요하다" / 자칭 외유내강外柔內剛·대기만성大器晩成형 / 소명의식과 책임윤리 갖춘 IT 전문가 / 안철수의 패착 시리즈 / 안철수를 떠난 측근들 "사회성·공감능력 떨어져" / '마이너스의 정치', 130석 → 38석 → 30석 → 3석 / "사람들 마음을 얻으려면 돈을 좀 써야 되는데…" / 2027년 향한 안철수의 미래는?

6화
여성 신화 써온
'눈물 많은 센 언니'
박영선

(139)

박영선을 읽는 첫 번째 코드는 '여성'… 남성 주류 사회에 '도장깨기' / 스타 여성 앵커 1세대… 겉은 '백조' 속은 '악바리' / "깨끗한 정치로 나라를 바꾸겠다"는 정동영의 설득에 정치 입문 / 2016년 분당 과정에서 국민의당 대표 제안 받았지만 잔류 / 시련의 계절 맞았던 2014년 여름… '논개 전략'으로 되치기 / 22개월간 국무위원 경험 뒤 서울시장 재도전 / 국내 복귀 이후 박영선의 세 가지 길

7화
20년째 비상 못하는
'완전연소남'
원희룡鄭

(161)

연수원 동기 "제주도에서 '원희룡 아냐' 물으면 다 알아" / 소장파 개혁운동 이끌어… '한나라당의 유시민' 평가도 / '잃어버린 10년' 이후 다시 중앙무대로 / 서울~양평고속도로 백지화 승부수… 윤석열 정부의 '투 톱' 자리매김 / 학보사 기자 한동훈이 '연수원생 원희룡' 인터뷰 / 어느덧 60이 된 '완소남' 원희룡

8화
중도실용의
새 정치 꿈꾸던
'원 웨이ONE WAY'
김한길

(179)

정치인 아들로 일본에서 태어난 김한길… 영원한 이방인 / 주유소 등에서 일하다 5년 만에 언론사 지사장 / 작가·방송인 등으로 전국적 인기 누린 김한길 / 김한길을 '제갈공명'급으로 평가한 김중권 전 비서실장 / "김한길 아니었으면 내 당선도 없었다"고 했던 노무현 / 4선 의원으로 복귀하자마자 전당대회 출마 / 야당 대표 시절, 정권교체 위해 안철수 신당과 통합 결단 / 윤석열과 묘한 인연… 킹메이커 된 김한길 / 윤석열과 자주 독대하며 현안 논의

9화
박지원, '산소 같은
남자'에서 '한국의
바이든'까지

(205)

중학생 때부터 박지원의 꿈은 '야당 총무' / 전두환 동생 전경환과 DJ 사이… 뒤바뀐 박지원의 '운명' / 몸으로 때운 '독설' 명대변인… "부활한 예수님, '기자들 왔냐'고 물을 것" / 굴러 들어온 돌이 박힌 돌을 빼내… '대代통령'으로 회자 / 대북 송금 사건으로 구속돼 징역 3년 살아 / 당 대표 1회, 비대위원장 3회, 원내대표 3회 신기록 / 안철수 대통령 만들기 총대 멨지만… '문모닝' 별명만 남아 / 나무에서 떨어진 '정치 9단'… 국정원장 지명 반전 / "정치는 생물… 다음은 나next is me" / "정치가 0이면 경제 문화 등이 잘 돌아가도 전체가 0"

10화
'이유 있는 반항아'
금태섭의
'잘못된 만남'

(233)

어릴 적 꿈은 '탐정'… 평검사 시절 특수-기획 분야에서 두각 / 피의자 위해 '수사 제대로 받는 법'을 연재하려다 좌절 / 금태섭의 '잘못된 만남'… 사람 보는 눈은 '정의의 여신'급 / 안철수와 3년만에 결별… 신당 합류 없이 민주당 잔류 / 민주당의 '아킬레스건' 조국 비판한 금태섭, 결국 탈당 / 금태섭의 '멘토' 김종인의 빛과 그늘 / 근자감 차 있는 밉지 않은 '왕자병'

11화
'청년 반란' 일으켰던
여의도 '옴파탈'
이준석

(255)

대통령과 각을 세우는 '0선 중진' / 하버드 졸업생, 정치에 뛰어들다 / 능숙한 메시지 전달 능력과 톡톡 튀는 선거전략으로 급부상 / '싸가지 없는 보수(?)' '재승박덕' 스타일 / 친윤의 찍어 내리기? '성 접대 의혹'으로 1년 6개월 당원권 정지 / '할배' 김종인의 마지막 대선 프로젝트는 이준석과 금태섭? / 오바마에게서 배워야 할 포용과 관용

12화
'미움받을 용기' 가진
자유인 양정철

(275)

등단 꿈꾸던 문학소년에서 운동권 핵심으로 / 30대 최연소 청와대 비서관으로 정치 무대 등장 / 노무현 지키지 못한 회한에… 문재인 앞세운 정권교체에 주력 / 문재인 정부의 일등공신이었지만 대선 뒤 홀연히 떠나 / 2020년 총선 브레인 맡아 180석 압승 주도 / 당 외곽에서 '장막 뒤 조언자' 역할 이어가 / 소문의 남자… "엇갈리는 평가는 자업자득"

13화
'AI 검찰총장'
이원석의
법과 정치 사이

(295)

전형적인 '똑부'… "혼자만 행복" 내부 불만도 / 직접 격려 전화에 직원들은 보이스피싱으로 오해하기도 / 민주화 항쟁·법복 보고 자란 '아인슈타인' / "왼손은 거들 뿐… 거들면 진실은 드러나게 마련" / 비非법학 전공자로서 첫 검찰총장 / '법불아귀法不阿貴'… 권력에 흔들리지 않는 검찰 강조

14화
'비인간적 스펙'
김관영의 대학 때
별명은 '스트립'

(315)

6남 중 5남… '리어카에서 태어날 뻔했던 아이' / 비인간적 스펙… 김관영의 공부법 / 대학 시절 별명은 '스트립'… '가장 김앤장 같지 않은 변호사'로 불려 / 차세대 리더로 주목… 제3당 원내대표 지내 / 2022년 지방선거에서 '최연소 도백'으로 당선 / MB의 청계천, 김관영의 새만금… 친기업 성향 비판도 / 여당과 협치 행보로 주목… 전북 국가예산 9조 원 시대 열어 / 국민 에너지 북돋아주는 '치어리더'형 지도자

참고문헌　334

1화

'황태자' 한동훈, '조선제일검'에서
'여권의 얼굴'로

1973년 서울 출생
1996년 서울대학교 법학과 졸업
2001년 서울지방검찰청 형사9부 검사
2016년 국정농단 의혹 사건 규명을 위한 특별검사팀 파견
2017년 서울중앙지방검찰청 3차장
2019년 대검찰청 반부패강력부장
2021년 사법연수원 부원장
2022년 제69대 법무부 장관

✦

2022년 4월 13일.

당선인 신분이었던 윤석열 대통령은 이날 서울 종로구 통의동 대통령직인수위원회 사무실에서 기자회견을 열고 2차 내각 인선안을 직접 발표했다. 단연 국민을 놀라게 한 것은 한동훈 법무부 장관(이하 한동훈)에 대한 지명이었다. 약 5년 전 문재인 정부에서 기수를 뛰어넘어 '윤석열 서울중앙지검장'을 지명, 발표했을 때에 견줄 만큼 신선하고 임팩트 있는 순간이었다.

윤 대통령이 3·9 대선에서 승리하면서 오랜 인연을 이어온 그의 '측근' 한동훈이 요직에 발탁되는 것은 기정사실이었다. 대선 한 달 전에 윤 대통령은 한동훈을 염두에 두고 "거의 독립운동하듯 현 정부와 싸워온 사람"이라고 하기도 했다. 하지만 1973년생에 사법연수원 27기였던 한동훈은 기수상 고등검사장이나 검찰총장으로 임명되기에도 빠르다는 관측이 많았다. 그런데도 예상을 뛰어넘어 그 상급자인 법무부 장관에 임명된 것은 파격이었다.

그로부터 약 20개월 만에 한동훈은 이제 법무부 장관에서 여당의 대표격인 국민의힘 비상대책위원장으로 다시 사실상 차출 겸 추대되는 분위기다. 내년 총선 패배 위기감에 젖은 국민의힘을 바꿀 새 간판이자 구원투수로 나선 것이다. 여권의 황태자로 주목받으며 강한 정치 입문 요구에도 완강히 고사하던 그도 결국 정치인의 길을 걷게 됐다. 도대체 정치가 뭐길래….

초년부터 주목받은 검사 한동훈

한동훈은 검찰 내부에서 '될 성싶은 나무는 떡잎부터 알아본다'는 평가를 받았다. 사법연수원에 합격한 뒤 남들은 그동안 공부하느라 놀지 못한 것을 보상이라도 받듯이 음주가무를 즐기고 마작과 골프 등을 배우기 바빴다는 군법무관 시절. 강릉 공군 제18전투비행단에서 근무하던 한동훈은 소속 부대 영관급 간부를 혼자 인지수사해 수뢰죄로 구속시켰다.

이때부터 검찰 조직에서 한동훈을 눈여겨봤다는 게 한 검찰 출신 변호사의 전언이다. 그는 초임 검사 시절부터 탄탄대로였다. 사법연수원 성적 등이 톱이어야 배치되는 서울중앙지검에서 초임 검사로 부임했다. 서울중앙지검 형사9부(금융조세조사부의 전신)에서 SK그룹 분식회계 사건을, 대검찰청 중앙수사부 연구관 시절 대선 자금 수사와 현대차 비자금 사건 등을 맡으면서 주목을 받았다.

중수부 근무 시절 윤석열 대통령과도 인연을 맺었다. 술을 마시지 않는 그는 윤 대통령 등 다른 검사들이 늦은 밤 조사를 마치고 "한잔하러 가자"며 술자리를 만들어 회포를 풀 때 혼자 사무실에 남아 밤새 회계장부 등을 분석했다고 한다. 그만큼 일을 열심히 한 검사였다.

2004년 1월 중수부 시절 김승연 한화 회장으로부터 10억 원의 불법 정치자금을 받은 서청원 당시 한나라당(현 국민의힘) 의원을 구속시킨 일도 있었다. 그런데 10여 일 만에 한나라당 주도로 국회에서 석방요구결의안이 통과되면서 서 전 의원이 석방됐다. 한동훈은 한 달 뒤 국회 회기가 끝나자 서 전 의원을 다시 재수감시키며 반격에 나섰다. 그가 헌법 규정에서 '회기 동안에만 석방'이라고 해석될 수 있는 부분을 찾아 상부에 재구속 방침을 관철시켰기 때문이다. 그가 '독종' 별명을 얻은 계기 중 하나였다.

2007년부터 부산지검에서 근무할 때는 전군표 당시 국세청장을 뇌물수수 혐의로 구속시켰다. 이후 이명박 정부 청와대 대통령민정수석실 행정관과 법무부 검찰과 검사, 대검찰청 정책기획과장, 서울중앙지검 초대 공정거래조사부장 등을 지내며 승승장구했다. 이후 국정농단 특검팀에 파견돼 윤석열 당시 수사팀장 아래서 이재용 삼성전자 회장, 최순실 조카인 장시호 등을 조사했다.

다음은 특검팀 시절 장시호 조사 관련 에피소드에 대해 한동훈이 했던 이야기다.

"(최순실) 그 집안이 머리가 좋아요. 박근혜 전 대통령 대포폰 번호는 장시호가 특정해낸 것입니다. 당시 번호가 특정이 안

되면 양측이 통화해서 논의했다는 게 입증이 잘 안 될 수도 있었습니다. 최순실은 당시 파우치에 포스트잇 붙여진 대포폰 등 휴대폰 열 개 정도를 넣어서 갖고 다녔다고 합니다. 그 중 하나로 전화가 오면 항상 최순실이 안에 들어가서 조용히 받고 나와서는 박 전 대통령 얘기를 하는 게 장시호 입장에선 수상했다고 해요. 그래서 하루는 최순실이 폰을 놓고 자리를 비웠을 때 장시호가 몰래 번호를 봤대요. 저장된 이름은 '큰집 이모' 뭐 이런 식이었고, 그 번호를 패턴으로 외워서 우리한테 알려줬지요. 제가 술은 안 먹어도 단 거를 좋아해서 내 방 냉장고에 하겐다즈 아이스크림 같은 걸 쌓아두고 밤에 먹었는데, 하루는 장시호가 문을 똑똑 두드렸습니다. 그러면서 하는 말이 '아이스크림 좀 주세요' 하는 거예요. 번호를 특정 해냈는데 뭘 못 주겠습니까. 마음껏 먹으라고 했지요(웃음)."

— 취재 메모 중 🐭

최순실의 전횡을 단적으로 보여주는 사례도 언급했다.

"당시 재미있는 에피소드가 있는데 경북 상주에서 마장마술 무슨 대회인가 했었어요. 거기는 산골이라서 A 그룹 회장도 모텔에서 자야 하는 그런 곳인데, 거기 승마하는 애들 학부모들이 쫙 모이게 됐지요. 그때 A 그룹 회장의 아들이 점심 도시락으로 초밥을 싸 왔는데 최순실이 '가져와 보라'고 하더니 자기들이 먹었다고 합니다. A 그룹 아들도 그때 결국 컵라면 먹었대요(웃음). 이런 행위도 일종의 과시용인 것이지요.

합리적-세련됨-친절함 갖춘 '아메리칸 스타일'

1973년에 태어난 그는 유년 시절을 청주에서 보냈다. 아버지가 미국 반도체 장비업체의 청주공장 임원으로 재직했던 것. 이후 초등학교 5학년 때 서울 반포동으로 이사한 뒤 압구정동 현대고와 서울대 법대를 졸업했다. 학창 시절에는 반장을 도맡아 하면서 최상위권 성적을 유지했다고 한다. 그의 한 동창은 "모르는 사람들이 볼 땐 다소 차가워 보이지만 마음이 따뜻한 친구"라고 평가했다.*

서울대 법대를 같이 다닌 한 후배 법조인들은 그에 대해 이같이 평가했다.

"동훈이 형은 인기가 많았다. 부인인 진은정은 93학번 중에 '3대 퀸카'로 불렸는데, 어느 순간 동훈이 형이 딱 채갔다. 워낙 선남선녀라 누가 아깝다고 하기 어려운 유명한 커플이었다."

"92학번 중에서 세 명이 선후배들 사이에서 가장 인정받았다. 판사 출신의 A 변호사가 압도적으로 머리가 좋고 성적도 제일 좋았는데 싸가지 없다는 평가가 많았다. 그리고 검찰 출신 B 변호사가 있는데 인품도 훌륭했다. 어느 정부에선가 자기 소신대로 행동하다 윗선에 찍혀 좋은 보직을 못 받았는데도

---

*   권세진, 「초·중·고 동기동창 기자의 한동훈 연구」, 「월간조선」, 2022년 6월호.

검사장까지 승진했다. 그리고 동훈이 형인데 머리 좋고 여러 모로 나이스했지만… 단적으로 얘기하면 시험 때 자기 노트를 안 보여주는 스타일이었다." — 취재 메모 중 🐭

필자가 그를 처음 만난 건 윤 대통령이 서울중앙지검장으로 발탁된 지 세 달 뒤인 2017년 8월. 그가 중앙지검에서 특별수사를 담당하는 3차장검사에 임명되면서다. 그의 사무실엔 아메리카노의 향이 가득했고 재즈가 흘렀다. 슬림핏 양복은 그의 옷매무새를 눈에 띄게 해줬고, 걸음걸이 하나에도 자신감과 힘찬 기운이 느껴졌다. 하얀 얼굴에 세련된 검정 뿔테안경에 얼리어답터 느낌을 주는 최신 전자기기들까지 눈에 띄었다.

그의 카카오톡 프로필에는 키우는 고양이 사진이 걸려 있었다. 취미는 음악 듣기와 독서, 게임 등이었다. 통상적으로 보던 검사와는 다른 부류의 검사였다. 당시 분위기를 적어놓은 취재 메모에는 이 같은 내용이 있었다.

"한동훈 3차장 방에는 재즈가 틀어져 있는 등 여느 검찰 간부 인사와 사뭇 다른 분위기가 풍겨 화제. 책상에는 '밥 딜런'에 대한 원서(밥 딜런 가사집)가 놓여 있음. 책상에 증권 트레이더처럼 모니터도 두 개를 쓰고 서서 작업을 할 수 있도록 높이를 조정하는 책상(모션데스크)이 놓여 있음. 턱걸이를 할 수 있는 운동기기도 놓여 있다." — 취재 메모 중 🐭

그는 항상 친절했고 거만하지 않았다. 'ㅇ 기자님~' 'ㅇ 반장님

~'이라고 응대를 하고 말 한 번 놓은 적이 없었다. 기자들에게 수십 통의 전화를 받으며 같은 질문을 받으면서도 짜증을 내지 않았다. 콜백은 뒤늦게라도 항상 했지만 바쁠 땐 사무실 앞에 기다리더라도 '지금 시간이 없다'며 면담을 딱 잘라 거절했다.

술을 마시지 않는 취재원은 기자에게 좋은 취재원이 아니다. 늘 맨정신으로 흐트러짐이 없어 속내를 이야기하지 않기 때문이다. 대신 그만큼 대다수 남성처럼 음주운전이나 말실수, 성비위 등의 '사고'를 칠 가능성이 낮다. 그만큼 자기관리가 철저한 셈이다.

그는 술은 물론 골프도 거의 치지 않는다. 스폰서 등 업자들과 어울릴 유인이 없다. 대신 운동은 주로 사무실과 집에 철봉을 설치해놓고 턱걸이나 평행봉에서 하는 가슴 운동인 '딥스'를 한다. 영어도 유창하게 구사하고 책도 많이 읽는다.

한동훈은 술은 마시지 않지만 언론과 '제로 콜라'와 '햄버거' 등으로 소통했다. 2019년경 몇몇 기자와 그와 함께 저녁을 먹다가 그가 상가를 가지 않는 이유에 대해 이야기한 적이 있다.

> "특히 검찰 출신 변호사들이 선배랍시고 유세 떠는 꼴이 보기 싫어서 안 가요. 가서도 그냥 인사만 하고 나와요. 친하면 뭐 상중에 두 번 세 번 가긴 하지만 그때도 인사만 하고 나옵니다. 나는 술을 안 마시는데, 가면 내 이름만 알고 얼굴을 모르는 사람이 많거든요. (상대방이) 술을 따라주면 내가 그걸 거절하면서 술 안 마시는 이유를 또 구구절절 설명해야 되거든요. 그것도 싫습니다." — 취재 메모 중 🖊

"조선제일검" VS "표적 수사를 아닌 것처럼 포장하는 능력 뛰어나"

그는 언론을 다룰 줄 아는 특수부 검사였다. 중수부 막내 검사 시절부터 선배들을 따라 검찰 출입 기자들과 만나며 외압에 부딪힐 때 언론을 활용해 '박수 받는 수사'를 이어가는 법 등을 체득한 것 같았다.

특히 노무현 정부 말기였던 2007년 부산지검 특수부 수석검사였던 한동훈은 사상 최초로 현직이었던 전군표 전 국세청장을 구속시켰다. 부산의 한 건설업자의 재개발 비리에서 시작된 수사는 정상곤 전 부산국세청장과 정윤재 전 대통령의전비서관의 구속과 함께 정관계 로비 의혹으로 눈덩이처럼 커졌다. 전군표 전 국세청장은 정상곤 전 청장에게서 인사 청탁 등의 대가로 2006년 7월부터 2007년 1월까지 다섯 차례에 걸쳐 현금 5000만 원과 미화 1만 달러를 받은 혐의로 결국 3년 6개월형을 받았다. 당시 수사에 대한 한 전관 변호사의 이야기다.

> "수사팀은 계속 전군표를 구속시켜야 된다고 했는데 당시 검찰 수뇌부가 미적거렸다. 그때 검찰총장이 노무현 대통령과 사시 17회 동기 8인회 멤버로 인연이 깊은 정상명 총장이었거든요. 그러자 수사팀에서 언론에 수사 상황을 노출시켰다. 그러고 나서 '이거 이미 언론에 나왔는데 수사를 지연시킬 수 없다'며 총장을 설득했다. 그 수사팀의 핵심이 한동훈이었다."
>
> ― 취재 메모 중 🖱

한동훈과 같이 일해본 적이 있는 후배 검사도 칭찬인지 비판인지 아리송한 이야기를 했다. 그는 "표적 수사를 표적 수사가 아닌 것처럼 포장하는 능력이 뛰어나다"며 "한동훈으로부터 '검찰이 하는 수사에 표적 수사가 아닌 게 어디 있냐'는 말을 들은 적이 있다"고 전했다.

그가 서울중앙지검 3차장검사로 재직하던 시절 이명박·박근혜 정부 시절 특수활동비 상납 의혹, 사법행정권 남용 의혹, 삼성 바이오로직스 관련 삼성의 경영권 승계 의혹 등 굵직한 수사를 할 때도 마찬가지였다. 특히 사법행정권 남용 의혹을 수사할 때 압수수색영장이 여러 차례 기각되는 등 법원이 의도적으로 수사를 방해한다는 생각을 했던 한동훈은 국민 여론에 힘입어 수사를 했다. 이 역시 법원에 알려지면서 판사들로부터 "한동훈이 언론플레이를 한다"는 반발을 샀다. 법조계에선 '한동훈 편집(보도)국장'이라는 별명까지 생겼다. 기사의 헤드라인을 기자가 아닌 한동훈이 결정한다는 취지에서 자조와 반발 등 복잡한 감정이 담긴 것이었다.

그는 타고난 '쌈닭'이었다. 전쟁을 피하려 하지 않았다. 누군가 검찰 수사에 대해 부당하게 비난하면 피하려 하지 않고 '맞짱'을 떴고 논리에서 지지 않았다. 그럴 땐 특히 말이 빨라졌다.

뛰어난 머리를 가진 그는 말이 남들보다 배 이상 빨랐고 그러면서도 정확한 용어를 사용했다. 기자들과 티타임을 진행할 때도 막힘이 없었다. 후배 검사들에게도 '나이스'하긴 마찬가지였다. 머리가 좋아 사건의 디테일을 놓치지 않았고 완벽하게 수사 방향과 맥락을 짚는다는 평가를 받았다.

그러면서도 사건 처리는 사심 없이 엄격했다. 특히 법원을 상대로 한 사법행정권 남용 수사를 지휘하며 뒷말이 많았지만, 엄격한 자기관리로 치우침 없이 사심 없이 본연의 역할을 다했다. 양승태 전 대법원장을 구속 수사하며 입법-행정-사법 등 권력을 모두 수사한 전무후무한 사례를 남기고 "조선제일검"이라는 평가를 받았다.

그렇다 보니 검찰 내부에서는 지나치게 냉정하다, 냉혹하다는 류의 평가도 있다. 친구의 죽음 앞에서도 수사에 대한 생각이 떠오를 만큼 워커홀릭이었다. 그가 했던 이야기다.

> "대학 친구 중에 한 명이 군법무관으로 근무하다가 죽었어요. 부대 동료들과 술을 마시고 새벽 세 시쯤 들어가던 길에 관사 문 앞에서 쓰러져 잔 것입니다. 5월이었는데 아침에 발견됐습니다. 그때 비가 와서 저체온증으로 몇 시간 만에 그렇게 된 것이지요. 그래도 그게 부대원들이랑 회식 자리를 하고 죽은 거여서 공상 처리가 됐습니다. 공상으로 처리되면 혜택이 상당해요. 매월 돈도 200만~300만 원 나오고 가족들 취업 등 각종 혜택이 많아요. 그래서 당시 든 생각이 '아, 이거 비리가 많겠다'였습니다." — 취재 메모 중 🖱

청와대에서 같이 근무했던 김진모 전 서울남부지검장을 국가정보원 특수활동비 수수 혐의로 구속 수사하면서 "자신을 키워준 검찰 선배의 등에 칼을 꽂았다", "배은망덕하다"는 비판도 받았다. 김 전 지검장과 한동훈은 각각 이명박 정부 시절 대통령민정비서관과 소속 행정관으로, 대검 기획조정부장과 그 직속인 정책기획과장으로도 함께 일했다.

한동훈도 마음이 불편했던 모양이다. 김 전 지검장이 보석으로 풀려난 뒤 상을 당하자 한동훈은 "제가 가도 될까요?"라고 김 전 지검장에게 물어본 뒤 조용히 상가를 다녀왔다고 한다. 이 이야기를 전한 한 법조 원로는 "본인도 마음이 불편했던 게지…"라고 했다.

그런 그가 대중들 눈에 띄기 시작한 것은 2019년 대검찰청 반부패강력부장으로 조국 수사를 지휘할 때다. 당시 윤석열 검찰총장과 정권이 갈등을 빚기 시작했고, 그 여파로 한동훈도 좌천당했다. MBC는 '검언유착'이라는 프레임에 신라젠 의혹을 취재하던 채널A 이동재 전 기자와 그를 엮었다. 그는 억한 심정이었다. 하지만 당당하게 맞섰다. '후니'라는 애칭과 함께 팬클럽이 결성됐고 그의 안경과 머플러 등 패션과 어록도 주목을 받기 시작했다.

"한동훈은 절대 정치 안 할 사람, 그런데 요즘 보면 점점…"

한동훈은 2022년 5월 장관으로 취임한 뒤 중앙정치 무대의 주연이 됐다. 장관 취임식 영상부터 유튜브와 방송을 통해 수백만 명이 볼 정도로 대중들의 관심도 높았다. 그는 취임한 뒤에는 법무부 직원이 장관의 관용차 문을 열어주는 의전을 없애고, 장관 '님' 호칭을 없애는 등 눈에 띄는 행보를 이어갔다.

그 뒤 한동훈은 급속도로 정치인으로 변신해갔다. 일반시민은 물론 법무부 직원들과 만난 공식 행사가 끝나면 일일이 직원들의 사진 촬영 요청에도 싫은 기색 없이 응했다.

간결하고 명료한 말의 힘은 '한동훈 팬덤'을 낳는 데 기여했다. "할 일을 제대로 하는 검찰을 두려워할 사람은 범죄자뿐입니다", "검찰과 경찰은 부패범죄를 제대로 수사하라고 국민 세금으로 월급을 받는 겁니다. 그 누구도 법 위에 있을 수 없다고 생각합니다", "이재명 대표의 위례·대장동 범죄 혐의는 비유하자면 영업사원이 100만 원짜리 휴대전화를 아는 사람에게 미리 짜고 10만 원에 판 것입니다"는 등 귀에 쏙쏙 들어오는 말로 국민에게 깊은 인상을 줬다.

한동훈은 2023년 11월까지 정치를 하겠다는 선언을 하지 않았는데도 여론조사에서 이미 여권의 유력 대선 주자로 여겨졌다. 윤석열 대통령은 검찰총장 시절 여론조사에 포함되자 "여론조사에서 빼달라"고 했다. 하지만 한동훈은 여기에서 제외해달라는 의사 표시도 하지 않고 있다. 아직 출사표를 주머니 안에 넣어두고 있겠다는 뜻으로 해석된다.

현 정부 출범 전인 2021년 하반기 사석에서 그를 만난 적이 있다. 경기 고양시에 위치한 사법연수원 부원장으로 좌천됐을 때였다. 그에게 정치권과 주변에서 나오고 있는 정치권 출마설에 대해 묻자, 그는 "검찰에서 나가면 더는 공직에 있고 싶은 생각이 없다"고 선을 그었다. 그는 사람들이 자신을 알아보고 사진을 찍자고 하는 게 "귀찮다"고도 했다. 그래도 사진은 함께 찍었고, 다만 인스타그램 등 SNS에는 사진을 올리지 말아달라고 했다고 말했다.

시간이 흐른 뒤 2023년 1월 한동훈과 친한 대학 동기에게 전화를 걸어 그가 정치를 할 것 같은지 물었다.

"사적으로 내가 아는 한동훈은 절대 정치 안 합니다. 철학도 안 맞고 지역구 관리하면서 술 마실 사람이 아니지 않나요?

그런데 요즘 보면 '야, 이거 점점…' 이런 생각이 들어요. 윤 대통령께서도 (정치를) 안 하신다고 했는데 결국 흐름을 따라 갔습니다. 이 양반 지금도 얘기해보면 전혀 생각 안 하고 장관 열심히 한다고 해요. 몇 달 전에 물었을 때도 '안 한다'고 했는데 지금 보면 알 수 없어요. 총선 나가는 게 아니고 (대선 직행 등) 다른 길도 있는 분위기입니다. 한동훈이 정치 감각은 있고 말을 귀에 딱딱 꽂히게 하는 걸 잘하잖아요. 물 만난 거죠. 하지만 스타일이 은근히 게으르고 자유로운 걸 좋아하니까. 일하다가 나가서 자유롭게 사는 걸 갈구했는데 본인한테도 예상 못한 송사도 생겼고, 장관 끝나고 나갈 때 상황을 봐야 될 것 같아요. 윤 대통령이 그냥 놔줄지도 관건입니다(웃음)."

호랑이 등에 올라탄 '정치인 한동훈'

한동훈은 출범 초기부터 윤석열 정부에서 가장 뜨거운 인물이었다. 한국갤럽에 따르면 2023년 12월 기준으로 한동훈의 장래 정치 지도자 선호도는 16퍼센트로 이재명 더불어민주당 대표(19퍼센트)에 이어 2위를 보였다. 또 법무부 장관으로서도 마약과의 전쟁 선포, 김남국 의원의 코인 보유 논란과 같은 금융·부패범죄 집중 수사, 전세사기 단속 등 성과를 보이며 일반 국민에게 큰 호응을 얻었다.

이에 한동훈의 거취를 둘러싸고 2024년 총선에서의 서울 종로 출마설과 총리 기용설 등 여러 이야기가 나왔다. 당초 여권 안팎에선 그의 총선 출마 가능성이 낮다는 관측이 많았다. 윤 대통령으로서는 한동훈을 '윤석열 정부'에 묶어두는 게 당으로 보내는 것보다 낮다고 판단할 가능성이 있다. 카드 게임에서 '조커' 같은 만능 카드는 아낄 필요가 있기 때문이다.

한동훈 입장에서도 총선 불출마는 정치인으로서 성장하기 위한 시간을 벌 수 있다는 측면도 있었다. 이미 처음으로 윤 대통령이 '0선 의원' 출신 대통령이 된 만큼 총선 출마는 한동훈에게 필수 코스가 아닐 수 있다. 정치를 한다면 여의도에서 여러 사람에게 물어뜯기지 않고 '대선 직행'을 하는 게 나을 수 있기 때문이다. 그렇다면 대선에 출마할지 말지는 결국 흐름을 판단해야 하는데, 대선까지 무슨 일이 벌어질지 상황을 지켜볼 필요성이 있을 것이다. 임박한 시기의 선거 구도와 지지율 등을 보고 판단해도 늦지 않다.

그런 측면에서 나온 게 총리 기용설이었다. 한덕수 국무총리의 후임이나 늦어도 그 다음 총리로 기용돼 젊은 총리로서 유능한 국정 운영 능력을 보인다면 누구보다 유력한 후계자이자 대선 주자가 될 수 있기 때문이다. 만약 2024년에 총리가 된다면 1987년 제6공화국 이후 만 52세에 총리를 지낸 이해찬 전 총리보다 1년 앞서는 최연소 총리가 된다.

하지만 2023년 10월 서울 강서구청장 등 보궐선거를 기점으로 분위기가 달라졌다. 강서구청장 선거에서 국민의힘이 참패하자 여당에선 김기현 국민의힘 대표 체제로 2024년 총선을 치를 수 있겠냐는 회의적인 목소리가 커졌다. 총선 패배 위기감도 감돌았다. 게다가 이준석 전 대표가 신당 추진을 언급하기 시작하면서 이 파급효과를 상쇄하기 위한 카드로 한동훈을 여당의 얼굴로 내세워야 한다는 주장이 힘을 얻게 된 것이다. 한동훈은 그야말로 호랑이 등에 올라탄 격이 됐다.

　같은 해 11월 중순, 후임 법무부 장관에 대한 인사검증이 진행 중이라는 사실이 알려지자 한동훈도 적극 화답하기 시작했다. 그는 같은 달 17일 대구를 방문해 "제가 대구에 두 번째 왔는데 평소 대구 시민들을 대단히 깊이 존경해 왔다. 오게 돼서 참 좋다"고 여권의 심장부격인 대구시민들을 향한 구애에 나섰다. 그는 "대구 시민을 존경한다. 첫째, 우리 대구 시민들이 처참한 6·25전쟁 과정에서 단한 번도 적에게 이 도시를 내주지 않았다. 자유민주주의를 위해 끝까지 싸워서 이긴 분들이기 때문"이고 "둘째, 전쟁 폐허 이후 산업화를 진정으로 처음 시작해 다른 나라와의 산업화 경쟁에서 이긴 분들이기 때문"이라고 했다. 일정을 마치고 동대구역에서 기차를 기다리던 중 "사진을 찍어달라"는 시민들이 몰리자 예매한 표를 취소하고 3시간가량 사진 촬영을 하며 '팬 서비스'도 했다.

　당내 혁신 요구가 거세지면서 결국 그해 12월 김기현 대표가 대표직에서 물러나면서 한동훈이 국민의힘 전면에 나서는 것은 기정사실화됐다. 이는 국민들에게 당이 바뀌었다는 인상을 줄 수 있는 '얼굴'로도, 윤석열 대통령과 수평적 관계를 유지하며 할 말은 할 수 있는 여당의 수장으로서도, 더불어민주당 이재명 대표와 출마가 유력한 조국 전 법무부 장관 등 야권 주자에 맞설 인물로도 여권 내에 한동훈만한 인물이 없다는 방증이다.

　다만 그가 어느 지역에 출마할지와 비상대책위원장, 선거대책위원장 등 어떤 직책을 맡을지는 최대한 늦게 결정될 것으로 보인다. 한동훈 등판 효과를 극대화하는 방안에 대해 주판을 두드려볼 시간도 필요하고 시간을 끌며 최대한 기대심리를 자극하기 위해서다. 또 당내에서 '한동훈 비대위' 체제에 대한 반발이 적지 않아 국민의힘은 의원총회와 의원-당협위원장 연석회의를 잇따라 열었지만 결론을 내지 못했다.

낮은 중도 확장성 등이 정치인으로서의 약점

'정치인 한동훈'의 약점은 뭘까. 한동훈은 검사 시절 수사에 '얄짤('일절없다'는 말에서 변형된 말로 표준어가 아니지만 '봐주지 않는다'는 뜻의 신조어로 등록)'이 없었다.

원래 특수부 선배 검사들은 "범죄 혐의의 70퍼센트만 수사해라"고 가르쳤다고 한다. 혐의 중 주요한 것만 수사하고 나머지 가벌성이 낮은 것은 놔두라는 의미다. 모든 것을 다 털털 털어 수사하지말라는 뜻이다. 탈탈 털면 상대방이 납득하지 못하고 반발하기 때문이다. 음주운전이나 신호 위반에 적발됐을 때 항의하는 사람들은 대부분 "왜 저만 갖고 그러세요"라고 억울해한다. 만약 하루 종일 경찰이 내 뒤를 쫓아다니며 감시한다면 누구라도 똑같이 반발할 것이다.

한동훈은 100퍼센트 수사를 하는 사람이었다. 조국 전 법무부장관 수사도 비슷한 측면이 있다. 조국이 '멸문지화'를 거론하고 야당 지지층이 거세게 항의했던 것도 같은 맥락이다. 그가 수사했던 기업인이나 판사 등은 한동훈에 대한 반감이 적지 않을 수 있다. 그만큼 적이 많고 중도층의 지지를 받기 어려워 확장성이 떨어지는 측면이 있다. 정치의 영역에서는 대화와 타협, 갈등 해소, 포용과 용서를 이뤄낼 줄 알아야 하는 법이다.

엘리트 법조인 등에게 둘러싸인 인간관계도 한계라면 한계다. 정치권에서는 그간 서울대 법대 출신 정치인 다수가 대선에 줄줄이 실패한 것을 두고, 남의 말을 듣지 않고 민심과 세상 물정을 모른다는 등을 이유로 꼽아왔다. 이에 대해 박성민 정치컨설팅 민 대표는 "정치를 (가슴이 아니라) 머리로 합니다. 정치를 혼자 합니다. 도와준 사람에게 감사할 줄 모릅니다"라고 했다.* 물론 윤 대통령이 그 징크스를 깼다.

정치인은 다양한 사람을 만나 다양한 의견에 귀를 기울이며 갈등을 조정하는 게 주된 역할이다. 하지만 한동훈은 스타일상 그게 쉽지도, 내키지도 않을 것이라는 관측도 있다. 당장 법무부 장관 시절에도 비슷한 얘기가 들렸다. 2022년 9월 한 법무부 고위 간부의 이야기다.

> "장관 취임 이후 기존의 간부회의와 확대간부회의 등을 대거 줄였습니다. 기존 법무부는 실국장 이상 등 간부들이 참여하는 간부회의와 기획검사 및 주요 선임 보직자들도 함께 참여하는 확대간부회의 등 주 2회에 걸쳐 간부회의가 이뤄졌거든요. 그런데 (한동훈) 장관 취임 이후로 일주일에 간부회의와 확대간부회의를 포함해 전체 회의를 한 번만 합니다. 그중에서도 절반은 서면 회의로 대체하는 경우가 있어 한 달에 사실상 두 번 대면 회의를 하는 거지요. 그래서 다른 간부들끼리도 서로 만나는 기회가 줄었습니다. 장관은 직원과 밥도 거의 안

*   박성민, 「"'서울대 법대 정치인'은 왜 실패하는가"」, 「법률신문」, 2022년 8월 15일.

먹어요. 대신 그는 매일 아침 출근 후 자신의 최측근인 권순
정 기획조정실장, 신자용 검찰국장과 3인 회의를 하거나 신동
원 대변인과 이노공 차관까지는 참여하는 5인 회의를 매일 진
행합니다. 외부 사람들과도 만나 목소리를 들어야 되는데 잘
소통하지 않아요. 정치하려면 밥도 먹고 스킨십도 해야 되는
데 말입니다." — 취재 메모 중 🖱️

한동훈이 다소 '인人의 장막'에 갇혀 있는 듯한 측면이 있다는
것이다. 하지만 그는 이후 본격적으로 내심 정치를 결심한 듯 빠르
게 변신하며 정치인다운 스킨십을 보여주고 있다.

'싸가지 없는 진보' 유시민을 반면교사로 삼아야

정치권에서는 한동훈이 유시민 전 보건복지부 장관과 유사하다는
지적도 있다. 2005년 유시민에 대해 같은 열린우리당 의원이었던
김영춘 전 해양수산부 장관이 "저렇게 옳은 소리를 저토록 싸가지
없이 말하는 재주는 어디서 배웠을까"라고 했다. 그러면서 유 전 장
관에게는 '싸가지 없는 진보'라는 레테르가 붙었다.

유시민은 정치권에서 논쟁적 인물이다. 그는 대학생 때 서울대
프락치 사건으로 구속돼 1985년 1심에서 징역 1년 6개월을 선고받
고 직접 쓴 '항소이유서'로 유명해졌다. 이후 칼럼니스트와 작가, 방
송인 등으로 활동했다. 그는 2002년 대선 당시 자문 역할을 하며 노
무현 전 대통령과 가까워졌고, 2003년 보궐선거로 국회에 입성해

16, 17대 국회의원을 지냈다. 2004년 열린우리당 창당을 주도하며 친노(친노무현) 그룹 핵심이 됐다. 2006년 노 전 대통령이 복지부 장관으로 임명하면서 유력 차기 대선 주자로까지 급부상했다.

하지만 자신이 했던 '말'이 발목을 잡았다. '싸가지' 딱지가 주홍글씨처럼 계속 따라붙었고, 『싸가지 없는 진보』라는 강준만 교수 책 제목처럼 진보 진영에서 그의 존재가 마이너스가 되고 있다는 평가가 나왔다. 경기도지사 선거 등에서 잇따라 패배하자 그는 2013년 정계 은퇴를 선언했다. 이후에도 여러 차례 정계 복귀론이 거론됐지만 자의든 타의든 성사되지 않았다.

그런 유시민을 상대로 한동훈이 정면승부를 벌이고 있다. 유시민은 2019, 2020년 유튜브 방송 등에 출연해 대검찰청 반부패강력부장이었던 한동훈이 자신과 노무현재단의 계좌를 조회했다고 주장했다. 이후 한동훈이 반발하자 유시민은 공개 사과했다. 한동훈은 민형사 소송을 걸었고, 유시민은 2022년 6월 1심에서 벌금 500만 원을 선고받았다. 2심이 진행 중이지만 이미 승기는 한동훈 쪽이 잡았다는 평가가 많다.

분쟁 중인 두 사람은 묘하게 닮았다. 둘 다 말과 글이 논리정연하고, 타고난 '쌈닭'이다. 노사모와 후니월드 등 팬덤이 있고, 각각 '빽바지'와 '뿔테안경' 등으로 주목받은 패셔니스타이기도 하다. 각 정권의 황태자로 차기 여권 대선 주자 반열에 올랐다는 점도 비슷하다.

그런 면에서 한동훈은 유시민을 거울로 삼을 필요가 있다. 2012년 12월 28일 한동훈이 국회에서 더불어민주당 노웅래 의원의 체포동의안을 보고한 것을 두고 논란이 일었다. 공개되지 않은 노 의원 혐의와 관련해 "돈을 줘서 고맙다고 하는 노 의원의 문자메시지도 있다. 돈 봉투가 부스럭거리는 소리까지 그대로 녹음돼 있다"고 말하는 등 새롭고 디테일한 내용이 많았다. 체포동의안 부결이 유력한 상황에서 판을 흔들겠다는 의도로 보였다.

그러자 민주당도 한동훈에 대해 "명백히 피의사실 공표에 해당하는 중죄를 저질렀다"고 반발했다. 법무부는 두 차례나 설명 자료를 내며 "장관의 당연한 임무"라고 반박했다.

지금까지 한동훈은 국회 대정부질문이나 법제사법위원회(법사위) 등에서 단 한 번도 야당 의원들에게 지지 않았다는 평가를 받았다. 2023년 9월 8일 더불어민주당 안민석 의원과의 설전도 이 같은 사례다.

안 의원이 대정부질문에 참여한 한동훈을 상대로 "내년 총선에 출마하느냐?", "정치는 할 것이냐?"고 거듭 묻자 한동훈은 "그런 문제를 대정부질문에서 물을 건 아니다. 의원님은 출마하느냐?"고 받아쳤다. 그러자 안 의원은 "그런 답변 태도가 문제다. 역대 한 장관처럼 국회의원들과 싸우는 장관의 모습을 본 적이 없다. 태도에 심각한 문제가 있다"며 "국민이 두렵지 않으냐? 본인이 그동안 한 발언이나 태도에 대해 사과할 생각이 전혀 없느냐?"고 다그쳤다.

이에 대해 한동훈은 "의원님은 민원인에게 욕설을 한 분이 아니냐. 지역구에 욕설 문자를 보낸 분이지 않으냐"며 "그런 분이 여기 와서 누구를 가르치려고 한다는 것은 적절하지 않다. 제가 안 의원에게 그런 식의 훈계를 들을 생각은 없다"고 맞받아쳤다.

또 참여연대가 2023년 5월 10일 윤석열 정부 출범 1년을 맞아 시민 5000여 명을 대상으로 한 온라인 설문 결과를 발표하며 한동훈과 이상민 행정안전부 장관 등 여덟 명을 '교체 대상 고위공직자 1순위'로 꼽자, 한동훈은 참여연대와 사흘째 설전을 벌였다. 그는 "왜 특정 진영을 대변하는 정치단체가 중립적 시민단체인 척하는지 모르겠다"고 맞받았고, 그러자 참여연대 역시 "왜 검찰 기득권을 대변하는 정치검사가 국민의 안전과 권리를 보호하는 척하는지 모르겠다"고 반박했다. 그러자 한동훈은 다시 같은 달 12일 "정치검사라는 말은 일신의 영달을 위해 정치권력의 눈치를 보거나 잘 보이기 위해 수사하는 검사를 말할 것"이라며 "제가 20여 년간 했던 수사 중 단 하나라도 그런 게 있었는지 묻고 싶다"고 거듭 비판했다.

이 같은 화법과 대응에 대해 한동훈 지지층들 사이에서는 속 시원한 '사이다' 같은 발언이라는 평가가 나온다. 하지만 올바른 얘기도 면전에서 계속 또박또박하며 맞서면 상대방의 반감을 살 수밖에 없다. 자칫 상대방뿐만 아니라 중도층도 유 전 장관의 말과 글을 볼 때의 불편함과 거부감을 한동훈에게서 느낄 수도 있다는 우려도 나온다.

'정치인 한동훈'은 『손자병법』의 '싸우지 않고 이기는 법'을 공부하는 게 좋을 것 같다는 목소리도 있다. 조용필은 매일 무대에 오를 필요가 없다. 마지막에 등장하면 된다. 매번 꼭 필요한 자리가 아니면 나설 필요가 없다. 말을 아낄 필요가 있다. 특히 국민과, 언론과 싸우려 해서는 안 된다. 품을 줄도 알아야 한다.

2024 총선 결과가 1차 성적표

정치권에서는 대선 주자의 성공 요인으로 국민에게 강한 임팩트(인상)를 주거나, 스토리가 있고, 고정 지지층 또는 당 조직이 있어야 한다는 점을 꼽는다. 운도 중요하다. 김종필, 박찬종, 고건, 문국현, 황교안 등 주요 정치인들이 대권가도에서 미끄러진 것은 이것 중 한두 가지가 부족했기 때문이다. 한동훈은 일단 임팩트가 있었고, '잘나가던 검사가 한직을 떠돌게 된' 스토리와 고정 지지층을 탄탄하게 갖추고 있다. 충분한 성공 요인을 갖추고 있는 것.

하지만 앞서 언급한 것처럼 한동훈의 기반은 기본적으로 국민의힘과 윤석열 정부 지지층, 그리고 자신의 팬덤을 기반으로 하고 있다. 그만큼 '황태자' 한동훈의 대권가도는 윤석열 정부와 운명공동체일 수밖에 없다. 한동훈이 윤 대통령과 각을 세우며 칼을 거꾸로 든다면 얘기가 다르겠지만….

앞서 언급한 것처럼 적이 많아 확장성이 떨어진다는 한계도 있다. 일명 '개딸'과 같은 민주당 및 이재명 대표 지지층은 그를 향한 거부감이 매우 크다. 특히 야권 인사에게 편중된 검찰 수사는 공정성 논란을 불러일으킨 데다 이재명 구속영장을 법원이 기각하면서 한동훈 책임론도 거세게 일었다.

이제 '정치인 한동훈'은 시험대에 올랐다. 22대 총선에서 여당이 승리하느냐가 대선 주자로서 한동훈의 1차 관문이자 성적표가 될 것이다. 일단 자신을 향한 출마 요구를 기피하지 않고 그대로 맞닥드린 것 자체만으로도 '깡다구'와 돌파력, 그리고 권력의지를 보여준 것이라고 평가할 수 있을 것이다.

특히 위기에 몰린 여권의 구원투수 역할을 잘 해낸다면 차기 주자로서의 입지는 탄탄해질 수밖에 없다. 국회의원이 된 상태에서 '총리 프로젝트'가 다시 가동될 수도 있다. 반대로 정치 경험이 전무한 한동훈이 이 과정에서 '선무당'의 모습을 보이거나 여권의 참패로 함께 추락하게 될지도 모를 일이다.

어쨌거나 한동훈이 정치인으로 변모하고 성장하는 모습을 지켜보는 일은 국민들로서도 즐거운 일이 될 것이다. '2027년 대선 식당'에서 메뉴 하나 정도는 기존 정치권에서 볼 수 없는 신선한 맛과 느낌의 맛깔스러운 메뉴가 있는 게 나쁘지 않을 것이다. 아직 대선까지 시간이 남아있는 만큼 그가 어떤 요리를 완성하게 될지 기대된다.

2화

'신림동 신선' 윤석열의
'A long long time ago'

동아일보

1960년 서울 출생
1983년 서울대학교 법학과 졸업
1994년 대구지방검찰청 검사
2013년 국가정보원 댓글 사건 수사팀장
2016년 국정농단 의혹 사건 규명을 위한 특별검사팀 수사팀장
2017년 제59대 서울중앙지방검찰청 검사장
2019년 제43대 검찰총장
2022년 제20대 대통령

'A long long time ago I can still remember. How that music used to make me smile~(아주 오래전 일, 나는 기억할 수 있어. 음악이 나를 얼마나 미소 짓게 해주곤 했는지 말이야).'

2023년 4월 26일. 그는 백악관 이스트룸에서 미국 싱어송라이터 돈 맥클린이 1971년 말 발표한 〈아메리칸 파이American pie〉를 몇 소절 불렀다. 바이든 대통령은 물론 만찬장에 참석한 이들은 '엄지척'을 하며 환호성을 질렀다.

국내외에서 화제가 된 이 장면에 대해 그와 검찰에서 같이 일했던 한 후배 변호사는 "과거에 그가 이 노래를 부르는 장면이 그대로 떠오르면서 '지금 그가 대통령이라니…' 실감이 나지 않았다"고 했다.

어떤 음악을 듣거나 어떤 영화를 보거나 어떤 음식을 먹을 때, 오감이 자극되어 추억으로 소환되며 함께했던 사람이 떠오를 때가 있다. 반대로 어떤 사람을 떠올릴 때 강렬하게 느꼈던 순간의 감각이 되살아나기도 한다. 앞으로 상당수 많은 사람이 이 노래를 들으면 이 장면을 떠올릴 것이다.

'국민 검사'인 그는 필자와 처음 가진 술자리부터 강렬한 인상을 줬다. 어느 날 저녁 한 식당에서 '1차'가 끝날 무렵 누군가 한잔 더하러 가자며 2차를 제안했다. 말석에 앉아 '소맥'을 잇따라 마시고 알딸딸하게 취한 상태였다. 귀가할 분들과 먼저 작별 인사를 나누고 길을 걸어가며 지하에 있는 위스키바에 들어갔다.

그는 전혀 취한 기색이 없었다. 위스키(아마 싱글몰트 위스키였을 것이다)를 주문한 뒤 야구공 같은 얼음을 위스키 잔에 넣었다. 온더락으로 위스키를 가득 채워 넣었다. 훗날 손바닥에 '王왕' 자가 그려져 있어 논란이 된 그 큰 손이었다. 잔을 부딪친 뒤 입에 털어 넣었다. 그 많은 위스키를 원샷 한 것은 그날이 거의 처음이었다. 2018년 당시 서울중앙지검장이었던 윤석열 대통령과 함께했던 술자리 추억이다.

또 다른 어느 날에는 마지막 자리에서 화채 그릇에 위스키와 맥주 등 남은 술을 함께 담아 폭탄주를 만들어 마셨다. 이런 술은 그날이 평생 처음이자 마지막이었다. 〈아메리칸 파이〉의 가사처럼 마셨던 것일까.

"… good old boys were drinking whiskey and rye
Singing this will be the day that I die …"(오랜 좋은 친

구들은 오늘 마시고 죽자고 노래하며 위스키를 마셨다.)

"저 선배랑 놀면 시험 못 붙는다"…
후배들이 피해 다닌 '신림동 신선'

그는 대학 시절부터 '호인'이라는 평가를 받았다. 사법시험 9수를
하며 책을 많이 읽고 달관할 줄 알아서 '신림동 신선'으로 불렸다.
'말술'을 하며 어울리기 좋아하는 성격이다. 그만큼 많은 사람을 만
나고 사귀고 이야기하는 것을 좋아한 것. 다음은 서울대 법대 1년 후
배인 임수빈 변호사의 전언이다. 임 변호사는 2009년 서울중앙지검
형사2부장검사로 재직하던 중 MBC 〈PD수첩〉의 광우병 보도 사건
을 수사하다 사표를 낸 것으로 유명하다.

> "압구정동에 독서실이 좋은 데가 생겨서 사시 준비하는 사람
> 들이 은근히 다녔어요. 나랑 그도 다녔지요. 아침에 오면 신
> 문을 쭉 읽고 점심에 공부하는 후배들 불러서 정치, 사회 이
> 런 거 쭉 토론을 해요. 그러면 논쟁을 하게 되는데 여기서 그
> 는 지지를 않았어요. 자기 주장이 왜 맞는지 계속 토론을 하
> 는 거죠. 그러다가 저녁 시간까지 가고…. 그리고 술을 마시
> 고 '떡'이 돼서 다음 날 공부를 못하게 되고. 그런 게 계속 반
> 복됐습니다. 그래서 '저 선배랑 놀면 시험 못 붙는다'고 다
> 들 피해 다녔지요. 안 마주치거나 다른 독서실로 가거나. 나도
> 다른 데로 독서실을 옮겼습니다(웃음)."

그는 신림동과 연희동, 압구정동 등 여러 곳에서 공부하며 9수 끝에 1991년 제33회 사법시험에 합격했다. 2022년 4월 tvN 〈유 퀴즈 온 더 블록〉에 출연해 "저는 시험에 붙고 사법연수원을 마칠 때까지도 검사 한다는 생각을 안 했다"며 "저는 바로 변호사 개업을 하려고 했는데 친구들이 짧은 기간 동안이라도 공직 생활을 하는 게 좋지 않겠냐는 조언을 해줘서 검찰에 발을 디뎠다"고 말했다.

그런 생각 때문인지 그는 1994년부터 2001년까지 검사로 일하다 옷을 벗고 법무법인 태평양에서 변호사 생활을 시작했다. 사법시험 공부를 같이했던 친구 변호사로부터 영입 제안을 받은 것으로 전해졌다. 하지만 그는 대검찰청에 들렀다가 엘리베이터에서 배달시킨 짜장면 냄새를 맡고 검사 시절이 그리워 1년 만에 검사로 돌아왔다.

이후 그는 2003년 눈에 띄는 수사를 이어갔다. 대검찰청 중앙수사부 연구관 시절 노무현 전 대통령의 불법 대선자금 수사를 맡아 안희정 전 충남지사와 강금원 창신섬유 회장을 구속 기소했다. 노무현 전 대통령의 딸 노정연도 외국환관리법 위반 혐의로 불구속 기소했다. 2011년에는 부산저축은행 사태 수사를 맡아 이명박 전 대통령의 형 이상득 전 의원을 구속 수사하기도 했다.

그의 수사 스타일을 두고 '일단 밀어붙인다'거나 '터프하게 몰아간다'는 식의 이야기가 많다. 하지만 아니라는 의견도 적지 않다. 연수원 23기 동기이자 대검 차장으로 총장이던 그를 보좌했던 구본선 변호사가 2006년 당시를 회상하며 한 말이다.

"론스타 수사할 때 그가 책을 갖다줬어요. '광주에서 배임 수

사할 때 참고했다'며 조지프 스티글리츠의 『세계화의 그늘』
(번역본의 제목은 차이가 있을 수 있다)을 줬지요. 저자는 노벨경
제학상을 받고 세계은행 부총재 했던 사람이지요. 그가 '썰
을 잘 푼다'고 하지만 내공 없이 말하는 게 아닙니다. 이런 책
을 읽고 의견서를 쓸 정도로 정교했습니다." ─ 취재 메모 중 🖱

　　그 시절부터 그는 정치권의 러브콜을 받았다. 그가 직접 했던
이야기다.

　　"김한길 전 민주당 대표가 2014년에 메신저를 통해서 재보
선에 나오라고 하기에 '정치 안 합니다'라고 했어. 2016년에
도 민주당, 국민의당(안철수 의원이 주도해 만들었던 정당)에서도
전화가 오더라고. 그런데 내 적성도 아니고 국정원 사건 재판
진행 중인데 정치판 간다는 게 말이 안 돼서 좋게 거절했어.
재판 진행 중인데 성향이 그래서 기소한 거 아니냐는 말 나오
니까 당에 부담될 거라고 말했어. 2004년에도 한나라당(현
국민의힘)에서 총선 나오면 원하는 데 공천 준다고 했다. 대선
자금 수사하면서 삼성 돈이 민주당, 한나라당 간 수사하고
하니까. 대검에서도 내가 왜 이거 제대로 수사 안 하냐고 하
니까 휴가 갔다 오라고 해서 휴가 중인데도 찾아오고 그랬
어. 그때 했으면 내가 지금 4선은 하고 있지."

　　다음은 2018년 무렵 정치권 관계자로부터 취재한 내용이다.

"2016년 국민의당 창당을 앞두고 안철수 대표와 정대철 고문이 대전고검 검사로 좌천됐던 윤 검사장을 불러 만났다. 비례대표 후보를 제안했는데 윤 지검장이 큰 절을 하면서 '아직은 검찰에서 하고 싶은 게 많다'며 제안을 거절했다."

— 취재 메모 중 🖱️

후배들 술값 내느라 결혼 전 전 재산 2000만 원

그는 후배들에게 인기가 많았다. 호탕하고 술도 잘 마셨다. 후배들 술 사주느라 검사 월급은 거의 탕진했다. 52세의 나이에 김건희 여사와 결혼하던 2012년, 전 재산은 2000만 원에 불과했다. 수사와 관련해 지휘부가 주저하거나 외압을 행사하면 들이받았다. 후배들에게 '쪽팔리는' 선배가 되고 싶지 않았던 것이다. '돈이 없지, 가오가 없냐'는 영화 〈베테랑〉 대사처럼.

이를 보여주는 비화秘話가 있다. 윤 대통령이 2012년 대검찰청 중앙수사부 중수1과장을 할 때 일이다. 2011년부터 상처가 곪아 터진 저축은행 비리 사건은 금융감독원 조사 등을 거쳐 같은 해 9월 검찰로 넘어갔고, 검찰 내에 '저축은행 비리 합동수사단'이 꾸려졌다. 저축은행 관계자들의 불법 대출 의혹이 부실을 감추기 위한 정치권에 대한 로비 및 구명운동 의혹으로 번지면서 사건은 일파만파로 커져갔다.

그도 수사팀에 포함됐다. 수사가 몇 달간 지속되면서 당시 이명박 대통령의 형인 한나라당 이상득 의원 등 여권 인사들로 수사의 칼날이 향했다. 그러자 청와대로부터 수사팀에 압력이 내려왔다고 한다. 관련된 야당 인사를 찾아내 여야 균형을 맞추라는 취지였다.

그러자 그는 수사팀 후배들에게 "그런 것은 못 하겠다. 우리 다 같이 때려치우자"며 "다 같이 로펌을 차리고 이름은 법무법인 'n분의 1'로 하자"고 했다는 게 당시 같은 팀에 있던 김영현 변호사의 말이다. 지분과 수익 등을 후배들과 공평하게 나누겠다는 뜻이었다.

다행히(?) 수사 과정에서 자연스럽게 당시 야권 중진 의원의 저축은행 비리 연루 의혹이 불거지면서 수사팀이 일괄 사표를 쓰는 일은 벌어지지 않았다. 김 변호사는 "검사 윤석열은 당시에도 공정하고 정의로운 마인드가 있었다"고 말했다. 윤 대통령이 자리에 연연하지 않고 부당함을 참지 못하는 정의로운 성격과 아랫사람의 의견을 경청하는 수평적 리더십을 갖고 있음을 보여준다.

2006년 4월 대검 중수부 검사 시절 현대자동차그룹 비자금 사건을 수사할 때 보여준 그의 '반항끼'도 유명하다. 횡령 혐의를 받고 있는 정몽구 현대차그룹 회장의 구속을 놓고 검찰 수뇌부가 고심을 거듭하자, 그는 윤대진 검사와 함께 정상명 당시 검찰총장을 찾아가 "정 회장을 법대로 구속해야 한다"며 사직서를 내밀며 구속 방침을 관철시켰다.(정 전 총장은 윤 대통령이 대구지검 초임검사 시절 직속 부장검사로 처음 인연을 처음 맺은 뒤 지속적으로 그의 멘토 역할을 하게 된다.)

그는 2013년 국가정보원 댓글 사건 수사팀장 시절 검찰 수뇌부의 외압을 폭로했고, 특히 "사람에게 충성하지 않는다"는 발언으로 일약 스타덤에 올랐다. 이후 좌천을 거듭했지만 국정농단 사건이 벌어지면서 수사팀장에 임명되며 '국민 검사'라는 별명을 얻었다. 문재인 정부가 탄생하자 서울중앙지검장으로 파격 임명됐고 이후

'적폐 청산' 수사와 사법행정권 남용 의혹 수사를 지휘했다.

타고난 보수… 검사 시절에도 정치 관심

사실 그가 민주당을 지지하는 성향이었던 것도 특별히 문재인 정부 인사들과 가까웠던 것도 아니었다. 가끔 그의 방에 차를 마시러 갈 때마다 그가 정치 뉴스를 보고 있어 정치에 관심이 많구나 라는 생각을 했다.

> "보수가 제대로 서야 된다.(2018년 6월 지방선거 패배 이후 보수 진영에서 내분이 지속되던 시기였다.) 자유한국당(현 국민의힘)이 전 당대회 시기로 싸울 게 아니라 물갈이 등 쇄신부터 하자고 했어야 된다. 3선 이상 못하게 하는 규정 만들어야 돼. 미국 대통령도 봐라. 대부분 주지사나 상원의원 한두 번 하고 대선 주자가 된다. 민주당도 경제정책 바꿔야 된다. 주 52시간, 최저임금 정책 수정해야 돼. 중산층이 잘 되게 해야 되는데 이러다 중소기업 다 망한다." ─ 취재 메모 중 🐭

신자유주의자로 분류되는 밀턴 프리드먼 신봉자인 그는 미국 이야기를 많이 했다. 잘 알려져 있지 않지만 그는 9수를 하는 동안 석사 학위도 땄다. 그의 석사 논문 주제는 '클래스 액션class action', 즉 집단소송이라고 한다. 반독점antitrust 분야에 대한 관심도 많았다.

공교롭게 그의 자택 인근 단골 가게 이름도 미국의 한 주州 이름인 '버지니아'였다. 미국 건국의 아버지 조지 워싱턴, 토머스 제퍼슨 등 전직 대통령이 태어난 지역이다. 당선인 시절 서초동 자택 옆 단골 가게에서 술자리를 갖다 사진이 찍혔던 곳 중 하나다. 요즘엔 지지자들이 '성지순례'를 다닌다고 한다.

서울중앙지검장으로서 탄탄대로를 걷던 그가 시련을 겪기 시작한 건 검찰총장으로 임명된 뒤 조국 전 법무부 장관을 수사하면서 부터다. 조 전 장관을 수사하며 문재인 정부와 '맞짱'을 뜨기 시작했고 뒤이어 추미애, 박범계 전 장관과 각을 세우다 총장직에서 물러났다. 그는 결국 "국민이 불러서 나왔다"며 국민의힘 대선 후보로 출마해 20대 대통령이 됐다.

그는 검사 시절 뒤돌아보지 않고 직진하는 스타일이었다. 국정원 댓글 수사팀장 때는 지휘부에 들이받았고, 검찰총장 때는 추미애 당시 법무부 장관에게 '항명'했다. 옳다고 믿으면 상사에게도 거침없었던 그를 국민이 선택했다. 이제 그의 위에는 그를 불러낸 국민밖에 없다. 국민에게는 항명해서는 안 된다.

하지만 윤석열 정부의 국정운영은 국민 기대에 미치지 못하고 있고, 이는 지지율에 그대로 반영돼 있다. 한국갤럽에 따르면 윤 대통령의 직무수행 긍정 평가는 취임 두 달 만인 2022년 7월 30퍼센트대에 진입한 뒤 지지부진한 지지율을 보여왔다. 2023년 12월에도 30퍼센트대 초반에 머무르고 있다. 윤석열 정부는 출범 직후부터 검사와 법조인 등 측근을 대통령실과 정부 부처에 중용하는 정실인사情實人事, 야당과의 소통 부재 및 정무 능력, 잦은 설화舌禍 등으로 지지율을 갉아먹었다. 물론 윤석열 정부가 득표율 0.73퍼센트의 근소한 차이로 대선에서 승리할 정도로 지지세가 높지 않았다는 태생적 한계도 감안해야 한다.

"인사로 국민 달랠 기회 날려"

윤 대통령의 인사 스타일은 출범 초기부터 논란이 돼왔다. 대통령실
에 검사 출신은 물론 검찰 수사관 출신 측근들을 고위직에 임명하고
특수통 검사인 이복현 금융감독원장을 임명하는 등 통상적이지 않
은 인사를 해왔기 때문이다.

　특히 아쉬운 것은 이태원 핼러윈 참사의 주무 장관이었던 이상
민 행정안전부 장관을 둘러싼 논란이었다. 언론과 야당이 이 장관에
게 책임을 물어야 한다는 목소리를 내자, 윤 대통령은 한 언론 인터
뷰에서 "과거에 대통령이 느닷없이 국면 전환 차원에서 인사를 하던
시절에도 책임 소재가 명확할 때 직을 날렸지, 그냥 사람을 바꾼 적
은 없다"고 선을 그었다.

> "장관과 정책수석, 불난 집은 놔두고, 불똥 튄 옆집에만 물세
> 례를 퍼부은 '엇나간 인사'. 청와대는 인사로 국민을 달랠 기
> 회마저 날려버렸다."

　김은혜 전 대통령홍보수석비서관이 2020년 8월 당 대변인 시
절 문재인 정부를 향해서 냈던 논평이지만 상황은 고스란히 화살처
럼 돌아왔다. 지난 정부 극복을 외치며 대선에 도전했던 윤 대통령
도 김현미 전 국토교통부 장관을 보호했던 문 전 대통령과 별 차이

가 없는 것이다.

잘라야 할 '제 식구'는 보호하기 바쁘고 자르지 않아야 할 참모들은 해임시키고 있다는 지적이 많다. 임기가 보장된 대통령을 자를 수 없으니 대신 자르라고 있는 게 정무직 공무원과 대통령실 참모진이다.

결국 이상민 장관은 취임한 지 8개월여 만인 2023년 2월 탄핵소추 대상이 됐다. 당시 야당의 해임 요구에도 불구하고 대통령실은 '여기서 밀려선 안 된다'는 듯 '선先 진상조사, 후後 문책'이라는 방침과 원칙을 고수하면서 여야 관계는 경색되며 정국이 꼬이기 시작했다. 정국 경색을 풀어내지 못하면서 윤 대통령은 아집과 오기로 '마이웨이'를 걷고 있다는 인상을 주게 된 것이다. 2023년 7월 헌법재판소는 이상민 장관 탄핵을 기각했다.

만약 충암고 후배이자 대통령 측근인 이상민 장관이 책임 차원에서 스스로 시한부 거취를 표명함으로써 대통령의 부담을 덜어줬다면 어땠을까. 지금처럼 여야 대치가 장기화하지도, 현 정부의 입법성과가 거의 없는 형국도 벌어지지 않았을 것이다. 2014년 4월 세월호 참사의 주무부처 장관이었던 이주영 전 해양수산부 장관은 그해 연말 해수부 예산안이 처리된 뒤에 스스로 거취를 표명하고 물러난 적이 있다.

전당대회 개입과 김태우 공천 논란

'검사 윤석열'을 키운 것은 팔 할이 선거 개입 의혹 수사였다. 2013

년 10월 국가정보원 댓글 사건 수사팀장으로 있으면서 상부 보고 절차를 거치지 않은 채 국정원 직원들을 체포하고 주거지를 압수수색 했다가 직무 배제됐다. 며칠 뒤 국정감사장에서 상부의 외압을 폭로했고, 원세훈 전 국정원장에게 선거법 위반 혐의를 적용했다가 좌천됐다. 하지만 결국 2012년 총선과 대선에 개입해 공직선거법과 국정원법을 위반한 원세훈 전 국정원장은 이 사건으로 징역 4년에 처해졌다.

당초 선거법 위반 사건은 공소시효가 6개월이었다. 하지만 이 사건 이후 2014년 2월 '공무원이 직무와 관련됐거나 지위를 이용해 범행을 저지른 경우'에는 공소시효가 10년이 되도록 선거법이 개정됐다. 가히 '윤석열법'이라 부를 만했다.

윤 대통령은 서울중앙지검장 시절인 2019년 박근혜 전 대통령과 경찰 정보관 등의 총선 개입 의혹 수사도 진두지휘했다. 박 전 대통령은 2016년 20대 총선을 앞두고 현기환 전 대통령정무수석비서관과 공모해 새누리당(현 국민의힘) 친박계 인사들을 대거 당선시키기 위해 조직적으로 여론조사를 실시하고, 선거 및 경선 전략을 수립해 이를 당 공천관리위원회에 반영한 혐의로 기소됐다. 전직 대통령에게 선거법 위반 혐의가 적용된 것도 사상 처음이었다.

이처럼 윤 대통령은 공정 선거에 대한 강한 소신을 가지고 있었다. 그렇기 때문에 선거 관련 수사도 적극적으로 나섰다. 그는 2019년 5월 필자와 독대한 자리에서 경찰 정보관의 선거 정보 수집 의혹에 대해 이런 말을 한 적이 있다.

"선거 기획, 판세 분석 등 이런 거 해주면 선거 영향 미치는 행

위로 하면 공무원은 시효가 다 10년이야. 원래 6개월이잖아. 그런데 공무원의 선거 기획, 선거에 영향을 미치는 행위 등은 다 10년이다. 우리가 국정원 수사하면서 법이 개정됐다. 그 수사 때문에 법이 생겨서 선거법 위반에 해당하게 된 것이다."

"정보기관이나 공무원이 선거 영향 미치는 행위는 못 하게 못을 박아야지. 이 정부도 다음 정부도. 이거 한 놈들은 어느 직급 이상은 다 책임지게 만들고, 특히 고위직은 출세하려고만 하면 안 되고 조심해야지…. 앞으로 한국 사회에서는 정치인이나 저명 인사 사찰, 찌라시 마타도어 돌리고, 이야기 지어내고, 그런 짓거리 하지 말라는 거지." — 취재 메모 중 🖱️

그런 소신에서인지 윤 대통령은 2022년 3월 당선인 신분으로 "앞으로 대통령실 업무에서 사정, 정보조사 기능을 철저히 배제하고 민정수석실을 폐지하겠다"고 밝혔다. 실제 현 정부에서 아직까지 국가기관이 동향 정보 등을 파악하고 있다는 이야기는 들리지 않는다. 국가기관의 공작정치를 척결하려는 의지에 박수를 쳐줄 일이다.

하지만 4년 가까이 지난 뒤, 윤 대통령은 2023년 초 국민의힘 전당대회에서 노골적으로 '친윤(친윤석열)' 후보를 지원 사격했다. 나경원 전 의원의 당 대표 출마를 주저앉힌 것이나 안철수 의원이 사용한 '윤-안 연대'에 대해 "실체 없는 표현으로 이득 보려는 사람은 국정운영의 방해꾼이자 적으로 인식될 것"이라고 언급한 게 대표적이다.

현 대통령실이 전당대회에, 박근혜 청와대가 공천에 개입한 동기는 둘 다 국회에 자기 사람을 입성시켜 국정을 원만히 이끌기 위한 '당정 일체'가 목표였다. 다만 윤 대통령은 박 전 대통령을 반면교사로 삼아 공천에 대놓고 개입하지 않기 위해 이심전심이 되는 당대표 후보를 만들려 했던 것이다. 박근혜 정부 당시 청와대는 이른바 '비박'계인 김무성 대표와 유승민 원내대표 등이 박 전 대통령의 뜻을 반영해주지 않을 것을 우려해 공천에 개입하려 했다가 문제가 생겼기 때문이다.

전당대회 개입 논란이 일자 윤 정부의 대통령실은 "선거 개입이라면 공직선거법에 따른 것이어야 하는데, 지금 전대는 당 행사이지 선관위가 주관하는 선거가 아니다"라며 "선거 개입이 명백히 아니다"라고 해명했다. 이어 "국민의힘 당원이 당무에 대해 자신의 의견을 개진할 수 있지 않으냐"며 "윤 대통령은 한 달에 300만 원, 1년에 3600만 원을 당비로 내고 있다. 당원으로서 대통령은 할 말이 없을까"라고도 했다.

실제 선거법은 대통령선거와 국회의원선거, 지방선거에서 경선과 본선거에만 적용된다. 전당대회와 관련해서는 정당법 제49~52조에 '당 대표경선 등의 자유방해죄', '당 대표경선 등의 허위사실공표죄' 등이 규정돼 있지만, 공무원의 선거 관여 금지 조항은 없다. 대통령실 해명대로라면 선관위가 주관하지 않는 학교 행사인 초등학교 반장, 회장 선거 등 다른 선거는 교원 등 공무원이 개입해도 된다는 것인가. 민주주의 선거에서는 공정이 생명이고, 공무원은 선거에 중립적이어야 한다는 것은 삼척동자도 안다.

김태우 전 강서구청장의 사면과 이후 보궐선거 공천도 난센스라는 지적이 많다. 윤 대통령은 2010년 8월부터 2012년 7월까지 대검 중앙수사부에서 2과장과 1과장을 연이어 역임했는데, 당시 김 전 구청장이 계장으로 근무했다. 2018년 12월 당시 청와대 특별감찰반 소속이던 김 전 구청장이 민간인 사찰, 공공기관 블랙리스트 작성 등 의혹을 제기해 고발됐을 당시 윤 대통령이 했던 말이다.

"자기가 생산한 문건은 비밀이 아니지만 그걸 상사한테 보고했다면 비밀이 된다. 보고했는데 킬시켰다, 접수가 안 되더라도 생산했다는 거 자체가 비밀이야. 그러니까 (김태우도) 각오는 한 거겠지. 지도 책임을 져야 되고, (의혹이) 사실이어도 직업 윤리상 풀면 안 되는 거였는지 따져봐야겠지. (중략) 사실 내가 태우도 데리고 있어서. 내가 중수과장 할 때 태우가 중수계장이었어. 내가 내 손으로 태우 어떻게 조사하냐. 이번에 11월 중순에 (복귀) 신고 왔길래, 내가 대충 얘기 들었는데 신경 쓰지 말고 일 열심히 해라, 나는 조사 실적만 가지고 평가할 테니…. 자기가 업무량 많은 형사3부 가겠다고 자원하더라고. 잘 생각했다고 하고, 내가 우수수사관 추천, 사무관 승진 등 열심히 많이 조사한 사람 순위 매겨서 평가하겠다고 했으니 너도 열심히 하라고 했어." — 취재 메모 중 🖱

국민의힘은 김 전 구청장의 공무상 비밀 유출이 '공익 제보'이고, 김명수 대법원장을 수장으로 한 법원이 유죄 판결을 내린 것이라고 비판하며 사면을 주장해왔다. 하지만 법률가인 윤 대통령도 당시엔 유죄 심증을 가졌다는 점을 알 수 있다. 법리를 떠나 본인의 유죄로 막대한 세비가 들어가는 보궐선거가 치러지게 됐는데도, 대통령의 고유권한을 사용해 광복절 특별사면을 한 뒤 그를 다시 강서구청장 후보로 내세운 것은 어불성설이다. 사법부를 정면으로 무시한 처사이자 사면권의 남용이고 정치적·도의적 책임조차 지지 않는 행태라고 볼 수밖에 없다.

대통령의 거친 입… 잇단 말실수에도 '사과'는 없어

윤 대통령은 첫 만남에서는 '하십시오체'를 썼지만 이후 '해요체'는 쓰지 않았다. 바로 '하게체'와 반말로 넘어갔다. '석열이 형', '보스' 이미지가 강해 친근하면서도 고개를 수그리게 하는 카리스마가 있었다. 발음이 정확하고 억양이 강해 말에 힘이 있었고, 말과 함께 '도리도리' 고개를 흔들고 손동작이 컸다.

사석에서 그의 입에서는 '이 X끼' '저 X끼' '이놈' '저놈' 등 거친 단어가 튀어나왔다. 편하게 후배 검사들을 지칭할 때나 적개심이 있는 상대방을 향해 썼던 단어다. 당시 그의 이런 언어는 친근하게 느껴졌다. 검사 선후배들도 비슷하게 생각했을 것이다. 하지만 대통령의 언어는 아니다. 이런 언어습관이 결국 2022년 9월 방미 중 벌어진 MBC의 자막 조작 논란을 빚은 사고로 이어졌다. 그의 육성을 아는 사람들은 모두 귓속에서 '그 음성'이 실시간 재생됐을 것이다.

"국회에서 이 ××들이 승인 안 해주면 날리면(또는 바이든) 쪽 팔려서 어떡하나."

60

바이든이 아니라 '날리면'이라고 하면 그가 입법부를 비하한 게 된다. 대통령보다 한 수 아래로 보거나 타파해야 할 대상으로 본 것. 그런데도 그는 사과나 송구스럽다는 표현조차 하지 않고 있다. 그냥 말실수했다고 사과하면 끝날 일이었다.

이후 '자막 조작' 등 MBC의 보도가 왜곡됐다고 대통령 전용기 '1호기'에 태우지 않았다. 관련 보도에 일부 문제가 있었더라도 1호기를 못 타게 한 것은 민망하기 짝이 없다. 연달아 1호기에서 언론사 기자 두 명만 콕 찍어 부른다는 것도 상식적이지 않다.

1호기에 태우지 않는 것은 '참 사소한 보복'이다. 총장 시절 그를 정치적 위기에 빠뜨렸던 MBC의 '검언유착' 보도 등에 대한 반발이 담겼을 것이라는 추측도 해본다. 그가 2016년 12월 국정농단 특검 수사팀장이던 시절 "검사가 수사권 가지고 보복하면 그게 깡패지, 검사입니까"라고 말했던 것이 떠올랐다. 그나마 2023년 1월 중동·스위스 순방에서는 탑승 금지가 해제된 것이 다행이다.

당시 순방에서 문제가 된 "아랍에미리트UAE의 적은 이란" 발언도 비슷한 측면이 있다. 이에 반발한 이란 측이 자국 주재 윤강현 한국 대사를 부르자 우리 외교부도 주한 이란 대사를 초치했다. 상대국 입장에서는 방귀 뀐 놈이 성내는 격이었다. 외교관들이 물밑에서 사과하거나 대통령실이 인정했으면 될 일이다.

공자는 정치에 대해 "가까이 있는 사람은 기쁘게 하고, 먼 곳에 있는 사람은 오게 하는 것近者說遠者來"이라고 설명했다고 한다. 윤 대통령이 주변 참모진은 물론 야당 의원과도 긴밀히 소통하며 중도층과 야당 지지층, 외국 정상 등에게 좀 더 마음을 살 필요가 있다.

61

신년 기자회견 대신 단독 인터뷰

2023년 1월 2일자 조간신문을 보고 눈이 휘둥그레졌다. 대통령이 한 언론사와 단독 인터뷰를 하는 일은 드물다. 문재인 전 대통령도 한 언론사와 인터뷰를 했지만, 그나마 공영방송인 KBS와 인터뷰를 했다. 그는 검사를 그만두고 법무법인 태평양 소속 변호사이던 시절 조선일보사 사장의 변호인이었다. 서울중앙지검장이던 시절 그가 조선일보사 사장과 만났다는 보도가 나온 적이 있다. 그 뒤 필자와 만나 얘기했던 내용이다.

> "내가 태평양에서 변호사 할 때 변호인이었다. 변호사 때는 자주 뵈었지. 그러다가 검찰에 복귀하고 나서 1년에 한 번씩은 옛날 팀들하고 만났는데 못 뵌 지 꽤 됐어. 근데 얼마 전에 결혼식에서 만났어. 저녁 한번 하자고 하시길래 '합시다' 했지." — 취재 메모 중 🖱

김대중 전 대통령은 기자들에 대해 "가장 먼저 만나는 국민"이라고 말했다고 한다. 언론의 대표인 대통령실 출입기자들을 '물먹이는' 건 대통령의 판단 미스다. 1개 언론사를 제외한 나머지 언론사들을 적으로 돌리는 건 쉽사리 이해가 가지 않는다. 대통령이 모든 언론과의 신년 기자회견 대신 우호적인 언론과 인터뷰를 하고 본인이 좋아하는 기자들만 따로 불러 만남을 갖는 것은 부적절해 보인다.

그의 언론관은 2023년 8월 국민의힘 연찬회 만찬에서 명확하게 드러났다. 그는 "지금 국회에서 여소야대에다가 언론도 전부 야당 지지 세력들이 잡고 있어서 24시간 우리 정부 욕만 한다"며 "우리 스스로 국가 정체성에 대해 성찰하고 우리 당정에서만이라도 국가를 어떻게 끌고 나갈 것인지에 대해 확고한 방향을 잡아야 한다"고 했다.

윤 대통령은 원래 '프레스 프랜들리'한 사람이었다. 그렇기에 도어스테핑도 시작했을 것이다. 하지만 도어스테핑에 데었다고 해서 신년 기자회견이 아니라 특정 언론만 상대하며 '편 가르기'를 해서는 안 된다. 윤석열 정부가 내세운 캐치프레이즈 중 하나가 공정이다. 대통령은 사적인 인연과 감정에 연연하면 안 되는 자리다.

윤석열이 언급했던 검찰이 망하는 지름길은?

각종 의혹에 대한 진실 규명은 성역 없이 반드시 해야 한다. 하지만 지난 정부에서 이른바 적폐 청산 수사 선봉에 섰던 윤 대통령이 그 폐해를 알고서도 이를 반복하는 것에 대해서는 회의적이다. 지금 윤 대통령은 국민통합의 과제를 안고 있고 당시에도 똑같이 정치 보복 논란이 불거졌기 때문이다.

"난 기본 방침이 야당 관계자는 털도록 해보고 안 털리면 남은 걸로 기소한다. 찾으려고 하는 게 아니라 그 사람 설명 들어보고 다 털어줄 거 털어주고, 그래도 객관적인 게 남으면 기소한다는 방침이다. 그렇게 하지 않으면 검찰이 망하는 지름길… 이우현 하다 보니 홍문종이 나온 거고, 일부러 뒤지려고

한 게 아니다." — 취재 메모 중 🖱

    2018년 10월 당시 '예산 정보 유출 의혹'과 관련해 심재철 전 국회부의장 등에 대한 수사가 막 시작됐던 시기 그가 했던 말이다. 서울중앙지검은 그 시기까지 이명박 전 대통령은 물론 최경환 전 경제부총리, 이우현·홍문종 전 의원 등 당시 야권 관계자들을 줄줄이 구속했다. 야당 탄압이라는 뒷말을 낳지 않기 위해 표적 수사는 물론 하지 않고 가급적 야당을 향한 수사일수록 '(무혐의로) 털어준다'고 했던 그다.

    윤 대통령은 검찰총장에서 물러나 대선 출마를 선언한 뒤에도 『동아일보』 인터뷰에서 이같이 말했다.

> "제가 집권해 정치 보복을 한다면 아마 정부가 정상적으로 운영되기 어려울 것이다. 그렇다면 저부터 정치적 기반과 국민들의 동의를 상실할 거다. 그리고 아마 지금도 (청와대가) 그런 개입들을 많이 하고 있을 거라고 저는 추측하고 있는데, 그런 것은 나중에 굉장한 부작용을 낳을 것이다. 권력이 셀 때 남용하면 반드시 몰락하게 돼 있다. 그런 무모한 짓은 절대 하지 않을 것이다."*

---

*   최우열·장관석·조아라, 「전 정권 수사 관련 "섭섭함-원한 충분히 이해…이유 여하 막론하고 위로-유감 표한다"」, 「동아일보」, 2021년 7월 12일.

보복 수사 논란도 장애될 수 있어

윤석열 정부에서 서울중앙지검 특수·공안부가 모두 야권이나 전 정권 인사에 투입해 수사하고 있는 점 때문에 자칫 내로남불이라는 말이 다시 회자될 가능성도 있다. 변호사비 대납 의혹에서 출발한 수원지검의 수사는 정작 해당 사건 수사의 실마리가 풀리지 않는 동안 전방위적으로 확산되며 쌍방울의 배임·횡령 의혹과 이화영 전 국회의원의 뇌물수수 의혹으로 번졌다. 게다가 쌍방울과 KH그룹 등이 관여된 대북 송금 의혹으로까지 확산되고 있다. 이 대표와 관련된 진술이 나오지 않다 보니 주변으로 파고들며 저인망식 수사를 벌인 것이다.

뿐만 아니라 성남지청에선 성남FC 후원금 의혹을, 서울중앙지검 반부패수사1·3부는 대장동 개발사업 특혜 의혹과 이 대표 측근들 수사에 화력을 집중해왔다. 반부패수사2부는 민주당 이정근 전 사무부총장에서 시작된 노웅래 의원 뇌물 의혹을 맡았다. 서울중앙지검 반부패수사1~3부가 모두 야권만 겨냥하는 것도 이례적인 상황이었다.

서해 공무원 피살 사건과 탈북 어민 강제 북송 사건(서울중앙), 월성 원전 조기 폐쇄 의혹(대전), 블랙리스트 의혹(서울동부), 문재인 전 대통령 사위의 이스타항공 취업 특혜 의혹(전주) 등 전국 지검도 문재인 정부 청와대를 타깃으로 한 수사를 계속 진행 중이다. 반면 국민의힘 소속 국회의원이 연루된 사건에 대한 수사는 하영제 의원의 정치자금법 위반 사건 등 소수에 그쳤다.

보복 수사 논란에 대해 검찰은 "지난 정부에서 막았던 수사를 다시 진행하는 것이고 (혐의가) 나오는 대로 수사를 할 뿐"이라고 해명한다. 하지만 '나오는 대로' 수사하는 게 아니라 야권의 비위가 '나올 때까지' 수사하고 있다고 보는 시각도 적지 않다. '한 놈만 패는' 수사는 윤석열 정부의 슬로건인 공정과 상식에도 부합하지 않는다.

검찰이 정치적 사건을 파고드는 사이 민생 사건 처리는 지연됐다. 수도권에서 일하는 한 부장검사는 당시 "지방의 소규모 지청 검사들을 정치적 사건에 다수 투입하거나 파견 보낸 결과 지청에서도 미제 사건이 폭증하고 있다. 형사부 인력 부족을 공판부 검사로 메우다 보니 공판 대응 역량도 급격히 줄어 무죄 선고 사건이 늘고 있다"는 분위기를 전했다.

피아 구분의 '이분법적 시각' 팽배

한동안 정치권에서는 "윤석열 정부가 무엇을 하겠다는 것인지 모르겠다"는 지적이 많았다. 윤석열 정부에서는 법무부, 검찰만 보였다. 그나마 최근 노동, 연금, 교육 등 3대 개혁이라는 과제를 강조하면서 성과를 내려고 하고 있다. 그런데도 윤 대통령이 3대 개혁 추진을 밝히자 검찰과 공안당국이 개혁을 위한 집행기관이라도 된 것인 양 전국민주노동조합총연맹(민노총) 연계 간첩 사건, 노조 사건 등이 잇따라 불거져 나오고 있다. 이것이 우연이라고 생각하는 국민은 거의 없다.

윤 대통령이 광복절 경축사에서 "공산 전체주의를 맹종하며 조작 선동으로 여론을 왜곡하고 사회를 교란하는 반국가 세력들이 여전히 활개치고 있다"는 등 이분법적인 시각을 보이는 것도 위험 징후라는 평가가 나온다. 이른바 진보와 보수도 아닌 극좌와 극우의 시각에서 한쪽을 '때려잡아야' 하는 대상으로 인식하고 있다는 것이다.

대통령이 '마이웨이'를 걷는 외골수가 됐다는 평가가 많다. 예전과 달리 주변의 직언을 안 받아들이고 쓴소리를 하면 서운해한다는 것.

비선 논란도 계속 제기된다. 조용한 내조를 하겠다며 잠시 숨죽이던 김건희 여사도 다시 공식 무대로 올라오며 발걸음이 빨라지기 시작했다. '(김 여사의) 오빠가 돌아왔다'는 이야기도 들린다. 후보 시절부터 천공 등 무속 논란까지 빚어졌다. 최순실 국정농단 특검 수사팀장을 맡았던 그야말로 '비선 실세' 논란이 얼마나 위험한지 알 것이다.

윤 대통령은 검찰총장 시절 조국 전 법무부 장관 수사 관련 보고를 받고 문재인 대통령에게 직보를 하려 했지만 이를 거절당한 것으로 알려져 있다. 그런 경험이 있는 윤 대통령이 실제 직언을 받아들이지 않는지, 지금 윤석열 정부에서 직언을 하는 참모가 없는지 궁금하다. 선출된 권력은 국민 앞에 겸허해질 필요가 있다. 국민에게 '항명'해서는 안 된다.

포용과 협치, 화해와 통합으로 가야

윤 대통령이 취임하기까지의 과정을 보면 아이러니한 부분이 많다. 그는 과거 선거에서 박근혜 전 대통령을 지지한 것으로 전해졌다.

하지만 국정농단 특검 수사팀장으로 임명되면서 국정농단 사건을 수사했다. 서울중앙지검 시절 이명박MB 전 대통령과 그 측근들을 줄줄이 구속시켰는데도 현재 MB계 인물들을 중용하며 제2의 MB 시대를 구가하고 있는 것도 아이러니하다.

서울중앙지검을 출입하던 2019년, 필자는 3년 뒤 대통령이 되리라곤 생각하지 못했다. 하지만 합리적인 중도 성향으로 정치를 하게 된다면 '잘할 것 같다'는 개인적인 기대를 품고 있었다. 검사였던 그와 여러 차례 만나 생각을 엿볼 기회도 있었다. 법조 출입에서 다시 국회 출입으로 옮길 때 선약을 취소하고 송별 점심을 사줄 만큼 정이 많은 분이었다. 당선 후 그에 대한 기대가 컸지만, 취임 후 검찰 출신 편중 인사, 무속 논란, 잇따르는 설화 등으로 국민으로부터 좋은 성적표를 받지는 못하는 것 같다.

그럼에도 아직 절반의 임기도 지나지 않았다. 해외 기업 및 해외 프로젝트 유치, 한일 관계 복원, 경제 회복, 청년 일자리 창출, 미래 산업 육성, 개헌을 통한 권력 구조 개편 논의 등 성과를 낼 분야가 많다. 아랍에미리트UAE에서 300억 달러를 유치한 것도 분명 국민들이 박수쳐야 할 성과다.

국민은 그의 '통 큰 정치'를 여전히 기대하고 있다. 그를 지지하지 않았던 야당과 그 지지층도 국민이 다수결로 뽑은 대통령을 존중해야 한다. 일본 오염수 방출을 계기로 탄핵이니 퇴진을 외치는 것은 자기 부정일 뿐이다.

지지층만 보고 가는 정치, 국민을 통합시키지 못하는 정치는 결국 단기적으로 지지율을 올릴 수 있을지 몰라도 장기적으로 좋은 결과를 얻지 못한다. 양극단의 정치가 심해질수록 국민 갈등은 심화된다. 그가 후보 시절 내세웠던 포용과 협치, 화해와 통합 등의 가치가 다시 용산 대통령실에서 결실을 맺길 바란다. 그래야 윤석열 정부의 국정 과제 등 성과도 달성하고 '실패하지 않은 대통령'에서 나아가 '성공한 대통령'이 될 수 있을 것이다.

3화

'츤데레' 이낙연은
'총리 징크스'를 깰 수 있을까

동아일보

1952년 전남 영광 출생
1974년 서울대학교 법학과 졸업
1979년 ~ 1999년 동아일보 근무 (정치부 기자에서 국제부장까지)
2000년 ~ 2014년 제16·17·18·19대 국회의원 (전남 함평군·영광군. 민주당)
2014년 제37대 전라남도지사
2017년 제45대 국무총리
2020년 제21대 국회의원 (서울 종로구. 더불어민주당)
2020년 ~ 2021년 더불어민주당 대표

✦

"국무총리 시절, 모 식당에서 식사를 하고 나오는 길에 식당 주인에게 인사를 하며 수행과장을 가리켜 '이 친구도 고향이 전주입니다'라고 했다는 것입니다. NY를 수행하는 과장과 식당 주인의 고향 모두를 알고 있었다는 것입니다. 수행과장은 종일 이 얘기를 자랑하고 다녔다고 합니다. 소소한 일화이지만, 무심한 듯했던 직장 상사가 불쑥 던진 자신에 대한 관심을 발견하게 되면 거기서 오는 감동은 꽤 큰 모양입니다."*

더불어민주당 이낙연 전 대표(이하 이낙연)의 의원실에서 오래 근무한 그의 측근인 양재원 전 보좌관은 2020년 1월 발간한 자신

*   양재원, 『이낙연은 넥타이를 전날 밤에 고른다』, 북콤마, 2020.

의 저서에서 이낙연에 대해 일본어인 '츤데레ツンデレ'라는 표현을 썼다. 츤데레는 쌀쌀맞고 인정이 없어 보이나 실제로는 따뜻하고 다정한 사람을 이르는 말이다. 그는 미국의 대도시 뉴욕의 이니셜에서 본뜬 NY로 이낙연을 지칭했다.

꼼꼼하고 완벽한 성격에 '훈장님', '엄중 낙연' 등 별칭 붙어

"자네, 고등학교는 어디 나왔나? 대학은 어디 나왔나? OO대 출신 맞나?"

기자 시절 이낙연은 후배들이 쓴 기사에 대해 이 같은 지적을 많이 했다고 한다. '당신이 고등학교, 대학이라도 마쳤으면 기사를 이렇게 쓸 수가 있느냐'는 질책이었다. 그의 직설적인 화법에 혹자는 모멸감을 느꼈다는 후문이다. 그의 밑에 있던 기자 후배들은 그의 꼼꼼함과 치밀함에 '학을 뗐다'. 기자 시절부터 200자 원고지 다섯 장의 기사를 쓰면 1000자를 딱 맞출 정도로 완벽주의자적인 성격이었다.

『동아일보』 도쿄 특파원을 지낸 그는 일본 프로야구 팀인 야쿠르트 스왈로스에 대해 자주 언급했다고 한다. 이 팀은 우승한 날 밤에 모여 다음 시즌을 계획한다는 것이다. 그는 넥타이도 전날 밤에 고른다고 하지 않은가.

특히 그는 글에 대해 엄격했다. 의원 시절, 작은 지역 언론사의 창간기념일 축사 초안을 보좌진이 써서 이낙연에게 가져갔다. 보좌진이 쓴 '지역 최고의 언론사'라는 표현을 본 그는 "이 언론사가 최고의 언론사면 자네 얼굴이 장동건 닮았다는 것과 같다"는 지적을 했다고 한다. 그러면서 상대가 가진 고유의 장점을 찾아내 칭찬하려는 노력을 게을리하다 보니 허위, 과장이라는 쉬운 표현으로 상대를 축하하려 든다는 취지로 꾸짖었다는 것이다.

그는 보좌진을 혼낼 때는 복도에 쩌렁쩌렁 울릴 정도로 호통을 쳐 눈물을 쏙 빼놓을 정도였다고 한다. 한 전직 보좌진은 "중저음에 목소리가 커서 호랑이굴에 들어가 있는 것 같은 느낌"이라며 "소리에서 오는 공포감이 크고 머리가 새하얘지게 된다"고 말했다.

전남지사였던 그가 총리로 발탁되자 깐깐하고 엄한 도지사가 떠나니 전남도 직원들이 환호했다는 이야기는 유명하다. 디테일하게 업무를 파악하고 꼼꼼하게 지시하고 확인하다 보니 당시 별명이 지금은 주무관으로 통칭하는 6급 공무원, 주사主事여서 '이 주사'로 불렸다고 한다. 문재인 정부 '군기반장'이었던 총리 시절에는 "총리에게 보고하러 가는 게 무섭다", "장관은 물론 고위 공무원들이 언제 질책을 받을지 몰라 긴장한다"는 등의 이야기가 많았다.

> **"공직자는 4대 의무(국방, 근로, 교육, 납세) 외의 '설명의 의무'가 있으며, 이에 충실하지 않으면 의무를 다하지 못하는 것이다."** - 2017년 8월, 차관급 인사 임명장 수여식에서

2020년 총리를 마치고 당에 복귀한 뒤로는 '엄중 낙연'이라는 별명도 얻었다. 진중하고 안정감 있지만 가르치려고만 하는 '꼰대', '호랑이 훈장님' 같은 이미지도 반영됐다. 그는 후배나 아랫사람뿐만 아니라 아들에게도 실제 '엄부嚴父'였다. 의사인 40대 외동아들

은 2012년 12월 국립춘천병원 레지던트 생활을 앞두고 아버지 몰래 출퇴근용으로 외제 차 '아우디'를 구입했다가 혼난 일도 있다. 뒤늦게 재산 신고 과정에서 이를 알게 된 그에게 크게 혼이 났고, 8개월 만에 차를 팔고 국산 차를 샀다고 한다.

2018년 3월 총리 시절 모친상 때는 이런 일도 있었다. 이낙연을 포함한 7남매는 2007년 『어머니의 추억』이라는 제목의 수필집을 펴냈는데, 당시 조문객들에게 이 책을 나눠드렸다. 장례식 마지막 날 새벽, 빈소를 정리하는 중에 그는 장례식 도우미들에게 직접 사인한 책을 선물하며 감사를 표시했다. 그걸 본 그의 조카들이 똑같이 사인을 받고 싶어 아들에게 부탁했다고 한다. 엄한 삼촌에게 직접 부탁하기 어려웠던 것이다. 그날도 아들은 아버지에게 "장례식장에서 가족들끼리 사인이나 받고 있어야겠느냐"며 혼났다고 한다.

『동아일보』 기자 20년 뒤 정치권 입문

이낙연은 1952년 전남 영광군의 가난한 집 7남매 중 장남으로 태어났다. 분유를 쌀뜨물 수준으로 물에 묽게 타 먹을 정도로 가정 형편이 어려웠다고 한다. 광주제일고를 거쳐 서울대 법대에 입학했지만, 대학 1학년 때부터 하숙비를 낼 돈이 없었다. 그는 입주 가정교사를 하기도 하고 친구네 자취방에서 지내면서 미안한 마음에 설거지를 도맡아 하기도 했다. 영양실조 수준으로 못 먹어 177센티미터의 키에 몸무게가 50킬로그램 밑으로 떨어지기도 했다. 어려운 형편이었지만 가족 간 우애와 사랑이 넘쳤다. 다음은 어머니에 대한 그의 회고.

"저희 어머니는 학교를 하루도 다니지 않은 시골 아녀자이십니다. 여성으로서 드물게 말수가 적으셨다. 말이 짧아요. 말을 길게 하지 않는다. 제가 고민하고 그러면 '길게 봐라', 그때 (2003년) 열린우리당하고 민주당이 분당 됐을 때 '신당 가지 마라'고 했다. 나중에 여쭤보니까 '그러면 못 써야~' 딱 그거예요. 굉장히 말이 짧으세요. 아무리 어려운 상황도 유머로 긍정적으로 해석하는 그런 점을 제가 닮은 거 같아요. 나쁜 거 닮은 건 곱슬머리(웃음)." – 취재 메모 중 🖰

동생들도 돌봐야 하고 자연히 고시 공부를 할 여건이 안 되어서 제대한 뒤 신탁은행(현 한국투자신탁)에 들어갔다가 동아일보사에 다시 입사했다.

그는 동아일보 정치부에서 오래 근무하면서 동교동을 출입하며 김대중 전 대통령DJ의 눈에 띄었다. 1989년 동아일보 도쿄 특파원으로 내정됐던 시기 DJ로부터 한 차례 영입 제안을 받았지만 거절했다. 그러면서 이렇게 DJ에게 전해달라고 했다고 한다.

"제가 아버지 다음으로 존경하는 분이 (DJ) 선생님인데 이렇게 전해달라고 했습니다. 첫째는 부잣집 아들이었으면 유학을 갔을 겁니다. 근데 그런 처지가 못 돼서 늘 아쉽게 생각했는데, 회사에서 돈 줄 테니 나가라는데 이 기회를 놓치기 싫습니다. 아니면 어떻게 세계를 알게 되겠습니까. 둘째, 제가 기자 되고 10년인데 제가 봐도 제 글에 물이 올랐습니다. 이걸 지금 버리기 아깝습니다. 셋째, 선생님 참 좋아하는데, 선생님 좋아하는 사람이 국회의원 하나 늘어나는 것보다 언론계에 있는 게 더 이익일 거라고 전해달라고 했습니다. 그럼에도 불구하고 나오라고 하면 나오겠다고 했는데 그 뒤로 연락 없더라고요(웃음). 그래서 도쿄 특파원을 갔죠. 그때부터 선거 때마다 출마 예상자로 제가 나와서 늘 회사에도 미안했죠. 저놈이 밤만 되면 딴짓하고 다니는 것 같은. 그러다가 부장까지 했습니다. (중략) 그러다가 끝내 마흔아홉 살이 돼서 '지금도 안 나올래?' 하셔서 그래서 '알겠습니다' 하고 갔죠." — 취재 메모 중 🖱

신문기자로 20년간 글을 닦아온 이낙연은 2000년 새천년민주당(현 민주당)에 입당해 고향인 전남 함평·영광에서 당선됐다. 처음 영입 제안을 받은 지 11년 만이었다. 그 뒤 20년간 정치를 하며 5선 국회의원에 전남도지사와 국무총리까지 지낸 거물이 됐다.

"김대중은 존경받는, 노무현은 사랑받는 지도자"

그는 정치권에 들어와서도 언어를 자신의 무기로 삼았다. 초선 시절 아무 인연 없던 노무현 전 대통령의 대변인으로 그의 취임사까지 쓸 수 있었던 것도 쉬우면서도 품격 있는 말과 글 덕이었다.

동아일보 기자 입장에서 보면 같은 회사 출신의 선배지만, 정치권에 입문한 그를 보면 '어렵고 까칠한 사람'이라는 인상이 더 강했다. 선배들한테 "기사 때문에 혼났다"거나 "후배들을 따로 챙기지는 않는다"는 이야기를 꽤 들었기 때문이다.

그를 처음 만난 건 2016년 5월 전남 강진에서였다. 당시 강진 만덕산에서 칩거 중이던 손학규 전 민주당 대표를 인터뷰하기 위해 다른 선배와 함께 내려갔는데, 손 전 대표가 전남지사였던 그를 식사 자리에 불렀다. 그는 당시 손학규계에 속했다. 막걸리를 마시던 그의 말이다.

> "국민의당* 초선 중에 손금주 의원이랑 이용주 의원이 있지요. 제가 최근에 이분들과 막걸리를 마시면서 당 방침이 뭐냐? '금주禁酒'(손금주 의원)냐 '용주用酒'(이용주 의원)냐 했더니 황주홍 의원이 '주홍', 술을 넓게 마시자는 것이라고 답했습니다. 그래서 제가 이제 전남도 삼당(금주, 용주, 주홍) 체제가 됐다, 첫 번째 안주는 '삼합'이라고 했습니다." — 취재 메모 중 🖱*

다시 봐도 인상적인 '위트'였다. '아재개그'의 성격도 있다. 동아일보 김순덕 대기자에게는 "자네는 이름도 순하고 생긴 것도 덕스러운데 왜 글은 독하게 쓰느냐"고 했다고 한다. 김 대기자는 이를 칭찬으로 받아들였다고 한다.

탁월한 언어 감각 덕분에 이낙연은 2017년 문재인 정부 초대 총리로 임명된 뒤 인기를 누렸다. 그는 2017년 9월 대정부질문에서 능숙한 답변과 '촌철살인' 화법으로 관심을 끌었다. 당시 야당 의원이 정부의 대북 정책을 비판하며 "오죽하면 트럼프 대통령이 아베 총리와 통화를 하면서 한국이 대북 대화 구걸하는 거지 같다는 그런

---

*   2016년 20대 총선에서 38석을 얻은 안철수 의원 주도 정당.

기사가 나왔겠느냐"고 하자, 그는 "의원님이 한국 대통령보다 일본 총리를 더 신뢰하고 있다고 생각하지 않는다"고 받아쳤다. 상대방과 각을 세우지 않고 품위를 지키면서도 상대방이 더 이상 비난하지 못하게 하는 말솜씨가 있었던 것이다.

2019년 12월 말 당시 총리였던 이낙연을 인터뷰한 적이 있다. 인터뷰 중에 가장 인상적이었던 것은 이 말이었는데 기사화를 위해 다듬기 전, 기록된 '날 것'을 그대로 옮겨본다.

"김대중 전 대통령은 존경받는 지도자고, 노무현 전 대통령

✦ 이낙연 전 국무총리의 화법 풍자

은 사랑받는 지도자였습니다. 노 전 대통령은 때로는 보통 사람과 다른 대응을, 때로는 거칠게 보였지요. 그런 것마저도 대중적 사랑의 원천이 됐습니다. 한번은 그때 충청권에 수도를 이전한다는 게 공약이었는데, 나중에 그것이 관습법 위반이라고 해서 행정수도 이전 논란이 일고 수도권에서 들썩들썩했습니다. 그 무렵 수도권을 안심시키려고 부천역에서 유세했는데 '여러분 안심하십시오. 제가 충청권에 옮기려는 기관은 시끄럽고 돈 안 되고 더러운 기관입니다'라고 했습니다. 당시 대변인이었던 나는 '야, 이거 큰일 났다'고 생각하며 화가 나서 '말 좀 조심하시라'고 하려고 전화했어요. '여보세요' 하자, 첫마디가 '제가 사고쳤지예~'라고 하셨습니다. 항의하려다가 힘이 빠져서… '약속 있어요? 소주 한잔 합시다' 했습니다. 어휴, 미워할 수도 없고. 그런 게 있습니다."

— 취재 메모 중 🖱✒

인터뷰 말미엔 "많은 국민으로부터 과분한 사랑을 받았다. 세월이 흘러도 '좋은 총리였다'고 기억된다면 영광이겠다"며 겸손하게 말했다.*

＊　이승헌·황형준·김지현, 「이낙연 총리 "신발 신고 발바닥 긁는 것 같은 정책은 곤란… 현장이 시작이자 끝"」, 『동아일보』, 2019년 12월 23일.

수비에는 능했지만 공격에는…

문 전 대통령의 강한 신뢰를 받는 총리였던 이낙연은 문재인 정부에서 후광 효과를 크게 누렸다. 기자 20년, 정치 20년 등의 경력과 총리를 지내며 '수비'에 능하다는 평가를 받았다. 친문(친문재인) 지지층은 차기 대선 주자로서 그를 주목하기 시작했고, 그는 40퍼센트에 가까운 지지율을 보이며 수개월 동안 대선 주자 1위를 달렸다.

최장수 총리를 마친 뒤 민주당 상임선거대책위원장으로서 2020년 총선을 승리로 이끌었고, 본인도 서울 종로에서 당선되며 '상한가'를 쳤다. 당 조직을 장악하려던 그는 그해 8월 전당대회에 출마해 당 대표로 선출됐다.

하지만 당의 전면에 나선 게 오히려 독이 됐다. '꼰대' 이미지는 물론 "남자는 아이를 안 낳아서 철이 없다" 등 말실수가 이어지면서 점수를 깎아 먹었다. 수비에는 능했지만 그의 신중한 태도는 공격수로서는 적합하지 않았다. 지나치게 능숙한 화법은 오히려 '미꾸라지', '능구렁이' 같다는 평가를 받으면서 독이 됐다는 평가도 있다. 과거 누리꾼들이 풍자해 화제가 됐던 이낙연 화법이다.

총리 시절 중도층을 흡수하며 외연 확장을 이끌었던 이낙연은 대표 시절 여러 차례 실망감을 줬다. 2020년 11월 '당 소속 공직자가 중대 잘못으로 직위를 상실해 재보선을 실시할 경우, 해당 선거구에 후보자를 내지 않는다'는 당헌을 전 당원투표로 고쳤다가 결국 이듬해 6월 서울과 부산시장 선거에서 모두 패배하는 결과를 초래했다. 또 대선 경선 과정에서는 강성 지지층에 호소하기 위해 조국 전 법무부 장관을 옹호하는 등 오락가락하는 모습도 보였다.

'이 주사'라는 별명처럼 깐깐하고 엄격한 업무 스타일은 당 대표로 재직하는 동안에도 일부 마이너스가 된 측면이 있다. 당직자는 물론 동료 의원들까지 이낙연에게 '깨진' 적이 적지 않았기 때문이다. 2021년 1월 당시 민주당 고위 관계자가 했던 이낙연에 대한 평가다.

> **"당의 힘을 하나로 묶어내야 되는데 전남도지사나 국무총리 할 때야 상명하복이잖아. 그런데 당은 상명하복이 아니잖아. 의원총회 하면 초선이 당 대표한테 삿대질하고 물러나라 하고 난리인데…."** ─ 취재 메모 중 🖱

그는 정책에서 대관소찰大觀小察(크게 보고 작은 것도 살핀다)을 강조했지만 정작 당내 구성원들의 마음은 살피지 못했다는 평가다.[*] 민주당의 한 의원은 이낙연 대선 경선 캠프에 참여하지 않은 이유에 대해 "자기가 아직도 총리인 줄 아는 '꼰대' 같았다. 의원들과 스킨십을 하지 않은 것은 아니지만 형식적으로 느껴졌다"며 "호남 후보로는 대선에서 이기기 어렵다는 당내 분위기도 있었다"고 전했다.

당내 세력도 폭넓게 확장하지 못했다. 의원 시절에도 이낙연은 당내에서 인기가 별로 없었다고 한다. 이런 점 때문에 2012년 5월 박지원이 선출된 원내대표 선거에 출마했다가 박지원, 유인태, 전병헌 의원에게 밀려 꼴찌를 한 적도 있다. 당 대표에 나선 것은 자기 세력을 만들어 이 같은 단점을 보완하기 위한 측면도 있었다.

---

[*]   유종민, 『이낙연의 언어』, 타래, 2020.

하지만 2020년 8월부터 이듬해 3월까지 당 대표를 지내면서도 자기 사람을 많이 만들지 못했다. '이낙연계'라고 불리는 의원은 현재 열 명 수준에 불과하다. 설훈, 박광온, 전혜숙, 윤영찬, 양기대, 이병훈, 홍성국, 오영환 의원 등과 오영훈 제주도지사 정도만 '찐이계'인 것으로 알려졌다. 비명(비이재명)계라고 해도 이낙연을 지지하는 것은 아니라는 뜻이다.

되돌아온 화살… 사면 건의와 대장동 의혹 제기

차기 유력 대선 주자로서 지위가 추락하게 된 도화선은 2021년 초 사면 논란 때문이었다. 신년 특사를 앞두고 이명박, 박근혜 전 대통령 등에 대한 특별사면을 주장했다가 친문 지지층의 외면을 받으며 지지율이 추락하기 시작한 것이다.

이낙연은 사면 건의 언급에 대해 "대통령이 언젠가는 판단하셔야 할 문제인데 짐을 덜어드리는 것도 좋겠다고 결심했다"며 "새해에 국난을 극복하고 미래로 나아가려면 갈등 대신 국민 통합으로 가야 하는데, 그 문제를 피해 가기 어렵다고 판단했다"고 말했다.* 나름 승부수를 던진 것이었지만 결국 자충수로 돌아온 것이다.

이에 대해 이낙연도 "정말 뼈저리게 후회를 했다"고 한다는 게 측근들의 전언이다. 본인이 총대를 멘 것 자체가 오만함이었다는 후

---

* 한상준·황형준, 「'정국 주도-중도 확장' 승부수… 이낙연 "대통령 언젠가는 사면 판단해야"」, 「동아일보」, 2021년 1월 2일.

회였다. 사면 건의가 정치공학적인 시도로 비춰지면서 그를 신선하다고 봤던 대중들이 실망했다는 게 이낙연 측의 분석이었다.

결국 민주당 대선 경선에서 이낙연은 이재명에게 패배했다. '사이다'라는 별명이 있을 만큼 지지층을 시원하게 해주는 타고난 공격수 이재명에 비해 중도 성향의 이낙연은 당초 민주당 지지층에게 매력적인 카드가 아니었는지 모른다. 열린우리당과 분당 됐을 당시 노무현 전 대통령에 대한 탄핵을 주도했던 민주당에 남았다는 것도 다시 회자됐다.

민주당 대선 경선 과정에서 대장동 개발사업 특혜 의혹 등을 제기하며 이재명에 대한 네거티브 전략을 펼친 것이 오히려 민주당 지지자들에게 실망감을 안겨줬다는 반응도 많다. 이낙연 경선 캠프에서 시작된 의혹 제기가 국민의힘과 언론으로 번졌고, 결국 대선 전에 검찰 수사로 이어지면서 이재명의 발목을 잡았다는 시각이다. 득표율 0.73퍼센트포인트 차로 정권을 내준 데에 책임이 있다는 말이다. 역사에 가정If은 의미가 없다지만 이낙연 캠프가 아니었더라도 자연스럽게 대선 과정에서 국민의힘 등이 대장동 의혹을 제기하지 않았을까.

미국 1년 연수 후 돌아왔지만 존재감은 '미약'

이재명이 대선에서 패배하고 지방선거가 끝난 2022년 6월 이낙연은 미국 워싱턴 D.C.로 떠났다. DJ가 1992년 대선에서 김영삼 전 대통령에게 패배한 뒤 정계 은퇴를 선언하고 5개월 동안 영국 케임

브리지대에 갔던 것처럼 말이다. DJ 이후 많은 유력 정치인이 대선에서 패배한 뒤 연구와 견문 등을 목적으로 출국해 휴지기를 가졌다. 국민이 다시 불러주기를, 돌아오는 공항 입국장에 환영 인파로 가득 차길 간절히 바라면서….

정치인과 연예인의 공통점이 있다. 잊히는 걸 두려워한다는 것이다. 정치권에서 "(본인의) 부고 기사만 빼고 비판이든 미담이든 언론에 나오면 다 좋다"는 말이 있는 이유다. 관심과 사랑을 받아야 하는(표를 얻어야 하는) 정치인의 사전에 '잊힐 권리'란 없다. 하지만 DJ 이후 그렇게 '재기'에 성공한 이는 없다. 대부분 국민에게 잊힌 존재가 된다.

이를 의식한 듯 이낙연도 출국 메시지로 이해인 수녀의 시「풀꽃의 노래」를 소개하며 잊히는 것은 두렵지 않다는 메시지를 밝혔다. 이 시는 '푸름에 물든 삶이기에/ 잊혀지는 것은/ 두렵지 않아/ 나는 늘/ 떠나면서 살지'로 끝난다. 오히려 이 메시지는 그만큼 잊히는 게 두려웠다는 반증으로 읽히기도 한다.

다음은 박지원 전 국가정보원장이 2023년 2월경 언급한 이야기다.

"이낙연은 미국 간 것부터 잘못됐어. 미국 간다길래 내가 '당신이 DJ야? 가지 마'라고 했다. DJ는 낙선을 해도 민주당과 호남에서 '우리 대통령 후보다'라는 생각이 항상 있었기 때문에 재기에 성공했다. 그런데 이낙연은 당의 대선 후보가 아니었다. 대통령 후보로 낙선한 게 아니라 경선에서 패한 것이다.

대선 후보 코스프레하는 꼴이 됐다. 그러기 때문에 미국에 안 가고 지금 현장에서 이재명과 함께 투쟁을 해나갔어야 된다. 지금이라도 이낙연이 사는 길은 확실하게 이재명을 도와야 하는 것이다. (미국에서라도) 관련 메시지를 내야 한다."

— 취재 메모 중 🖱️

그는 미국 워싱턴으로 출국해 조지워싱턴대에서 방문연구원을 지내는 동안 페이스북 등 SNS에 간혹 글을 올리기도 했다. 이태원 핼러윈 참사, 일본 아베 신조 총리 별세 등 이슈에 대해 언급하긴 했지만 눈에 띄는 메시지는 아니었다. 2022년 12월 서훈 전 청와대 국가안보실장이 서해 공무원 피살 사건으로 구속되자 "문재인 정부의 한반도 평화 프로세스를 뒤집고 지우는 현 정부의 난폭한 처사를 깊게 우려한다"고 점잖게 비판했을 뿐이다. 이어 "전임 정부 각 부처가 판단하고 대통령이 승인한 안보적 결정을 아무 근거도 없이 번복하고 공직자를 구속했다. 그렇게 하면, 대한민국의 대외 신뢰는 추락하고, 공직 사회는 신념으로 일하지 않게 될 것"이라고 했다.

이낙연은 미국에 머무르며 '전장戰場'에 참여하지 않았고, 그런 이낙연에게 민주당 지지자들은 싸늘한 반응을 보였다. "불난 집 불구경하고 있다"는 식으로 방관하고 있다거나 "비겁하게 간 보고 있다"는 등 비난도 있었다.

이에 대해 2023년 1월 미국을 방문해 이낙연을 만나고 돌아왔던 윤영찬 의원은 "지금 국내 상황이 가변적이니까 뭘 이렇게 한다, 저렇게 한다고 하기보다는 본인은 당을 정상화시켜야 한다는 데 문제의식을 가지고 있다"며 "조금이라도 당에 기여할 수 있는 바가 있으면 몸을 던져서 최선을 다하겠다는 입장"이라고 말했다. 이재명 개인과 측근 비리에 대한 검찰 수사를 당 전체의 문제로 치환시켜 대응하고 있는 게 비정상적이라고 판단하고 있다는 뜻이었다.

이낙연이 미국에서 1년 만에 귀국한 2023년 6월 24일, 인천 국제공항에는 설훈, 윤영찬 의원 등 친이낙연계 의원들과 지지자 1000여 명이 모인 가운데 환영 행사가 열렸다. 정계 은퇴를 선언했던 DJ가 영국에서 귀국하던 때 김포공항에 몰린 2000여 명에 비해선 적지만, 시대적 변화와 상황을 고려하면 상당한 수준의 인파가 몰린 것이다.*

이낙연은 "대한민국이 이 지경이 된 데는 제 책임도 있다는 것을 잘 안다"며 "이제부터 여러분 곁을 떠나지 않겠다. 못다 한 제 책임을 다하겠다"고 했다. 또 "지금 대한민국은 국민이 나라를 걱정하는 지경이 됐다. 윤석열 정부에 말한다. 모든 국정을 재정립해주길 바란다"고 윤석열 정부를 향해 날을 세웠다.

한 달 뒤 이재명과 이낙연이 첫 공개 회동을 가졌지만, 이재명과 이낙연은 메시지에서 미묘한 입장 차이를 보였다. 현직 당 대표인 이재명이 "총선 승리를 위해서는 당의 단합이 가장 중요하고 당이 분열되지 않도록 잘 이끌고 가는 것이 필요하다"고 단합을 강조한 반면, 이낙연은 "민주당의 혁신은 도덕성과 민주주의를 회복하는 데서 시작해야 한다"고 혁신을 강조했다. 당 정상화를 꾀해야 한다는 문제의식을 그대로 드러낸 것이지만 이재명과 지나치게 각을 세우지 않고 점잖게 지적하는 이낙연식 화법이었다.

* 　이재호·한기흥·홍은택, 「"정치 절대 않겠다" 김대중 씨 귀국」, 「동아일보」, 1993년 7월 6일.

이후 이낙연은 미국 연수 중에 펴낸 저서 『대한민국 생존전략: 이낙연의 구상』을 토대로 전국 대학을 돌며 강연을 하고, 주한 영국 대사 및 주한 프랑스 대사와의 만남 등 일정을 이어가고 있다. 윤석열 정부에 대한 날선 비판과 논평 등은 SNS를 통해 올리면서도 대체적으로 당내 현안에 대해서는 말을 아끼면서 조용한 행보를 보여 왔다.

하지만 12월 무렵이 되자 이낙연은 이재명의 사법리스크를 거론하며 '이재명 체제'로 총선을 치를 수 없다는 목소리를 내기 시작했다. 특히 같은 달 13일엔 내년에 신당을 창당하겠다는 의사를 공식화했다. 다만 민주당 안팎에선 이낙연이 과거 2003년 열린우리당으로의 분당 사태에도 민주당을 지켰다는 점을 들어 마지막까지 고민하다가 탈당은 피할 것이라는 전망도 있다.

대선 패배 책임론, '올드 보이' 이미지는 대선 가도의 장애물

한국갤럽에 따르면 2023년 12월 실시한 '장래 정치 지도자' 여론조사에서 이낙연의 지지율은 3퍼센트에 그쳤다. 또 이 해 이재명은 19~22퍼센트의 지지율을 보인 반면, 이낙연은 2~3퍼센트의 낮은 지지율을 보였다. 이낙연이 문재인 정부 국무총리 시절 수개월 동안 대선 주자 1위를 달렸던 것과 천지 차이다. '에이스'의 위치에 있던 득점왕이 4년 만에 벤치로 밀려나게 된 격이다.

차기를 노리는 이낙연이 이런 상황을 어떻게 돌파할지 관심이다. 정치권 징크스 중 하나지만 아직까지 '2인자'인 총리 출신이 대선에 성공한 사례가 없다.* DJ와 문재인 전 대통령 등 본선 '재수'를 통해 집권한 대통령은 있지만, 경선에서 패배했던 대선 주자가 다음 대선에서 승리한 것도 이명박 전 대통령에 이어 집권한 박근혜 전 대통령뿐이다.

친이낙연계에서는 2021년 대선 경선에서 이재명 대표에게 패배한 이유로 준비 기간이 짧았고 본인이 반드시 대권을 갖겠다는 권력의지가 강하지 않았다는 점 등을 꼽고 있다. 진흙탕에 같이 뒹굴려고 하지 않고 선비 스타일을 고수하며 당 대표 시절에도 인사권 활용 등 당을 사당私黨화하지 않겠다는 원칙을 고수한 게 오히려 불리하게 작용했다는 것이다. 또 언론인 20년, 정치인 20년, 총리와 당 대표를 거친 이낙연의 경륜을 당이 필요로 하는 시점이 있을 것이라는 게 측근 그룹의 생각이다.

다음 대선을 위해 이낙연에게는 당내에서 이어지는 '대선 패배 책임론'이 최우선적으로 극복해야 할 과제다. 당내에서는 경선 과정에서 대장동 개발사업 특혜 의혹을 이낙연 캠프에서 먼저 거론하면서 검찰 수사로 이어지게 됐다고 보는 측면이 있어 거부감이 크다.

이재명의 구속 가능성과 사법 리스크 등 총선 직전까지 당내 혼란이 이어지는 상황에서 이낙연이 '반명(반이재명) 전선'의 선봉에 설 경우 단일대오를 강조하는 친명계와 개혁의 딸 등 강성 지지층으로부터 "적전 분열"이라는 강한 비판에 직면할 수도 있다. 이미 이낙

---

* 1987년 대통령 직선제 도입 이후 한국 정치사에서 총리가 대통령이 된 사례는 없다. '영원한 2인자'였던 김종필 전 국무총리를 포함해 이회창, 고건, 정운찬, 이낙연, 정세균, 황교안 전 총리 모두 대선에 뜻을 뒀지만 실패했다. 민주화 이전에는 10·26 사건으로 박정희 전 대통령이 사망하자 최규하 당시 총리가 대통령 권한대행을 거쳐 10대 대통령에 취임한 전례가 있다.

연은 2021년 전직 대통령 사면 건의 논란을 거치면서 지지율이 폭락했던 경험을 갖고 있다.

총리로서 존재감을 보여줬던 이낙연의 리더십이 시대정신에 부합하지 않는다는 주장도 나온다. 시대가 요구하는 민주당 리더에 걸맞지 않다는 것이다. 한 민주당 중진 의원의 이야기다.

> "2022년 대선을 거치면서 윤석열 정부 탄생과 함께 요구되는 리더십이 완전히 바뀌었다. 현 정부를 극복하는 리더십은 이낙연처럼 디테일한 정책 능력이나 갈등 조정 능력 등을 요구하지 않는다. 과거처럼 '전선적 지도력'이 필요하다. 민주 대 반민주, 검찰독재 대 민주공화정의 싸움 등 전선 대 전선으로 구도가 형성되기 때문에 호남을 기반으로 좋은 스펙과 디테일한 정책을 가진 인물을 필요로 하지 않는다. 선명하면서도 그걸 뛰어넘는 지도력이 있어야 된다. 그런 면에서 이낙연은 이미 역사의 한 페이지로 넘어간 거지…."

1952년생으로 70대인 이낙연이 현 정치권을 주도하는 세대보다 고령으로 '올드 보이' 이미지가 강하다는 점도 장애물이다. 2027년 대선 때는 75세다. 1958년생인 유승민 전 의원과 김부겸 전 총리를 제외하면 1960년생인 윤석열 대통령은 물론 1961년생인 오세훈 서울시장, 1962년생인 안철수 의원, 1964년생인 이재명 대표와 원희룡 전 국토교통부 장관 등 예비 대선주자들은 모두 1960년대생이고, 한동훈 법무부 장관은 1970년대생으로 보다 젊다.

비명계의 구심점이 되고는 있지만 당내 소수이고, 친이낙연계

의원이 적다 보니 향후 다음 대선을 위해 이낙연을 지원하는 기초·광역의원은 물론 필요한 전국 조직 구성 등 조직력이 충분치 않은 상황이다.

그의 최대 기반이었던 호남도 흔들리고 있다. 2023년 12월 한국갤럽 여론조사에 따르면 이낙연에 대한 광주·전라 지역의 지지율은 2퍼센트에 그친 반면, 이재명에 대한 호남 지지율은 30퍼센트였다. 2021년 9월 대선 경선에서 전국 중 유일하게 이재명보다 이낙연에게 표를 더 많이 줬던 광주·전남 민심조차 그에게 등을 돌리고 이재명을 중심으로 결집하는 모양새다. 전남 영광군 출신으로 광주제일고를 졸업하고 전남도지사를 지냈던 그의 지역 기반이 사실상 무너졌다.

하지만 이낙연에게 기회가 없지는 않을 것이라는 관측도 많다. 이재명의 사법 리스크가 커질 경우 이낙연이 전면에 나설 가능성도 없지 않다. 특히 이재명이 사법 리스크로 대선 출마가 어려워질 경우 당내에 뚜렷한 대안과 인물이 없다는 점은 기회가 될 수 있다. 현재 당내에서는 김부겸 전 총리, 김동연 경기도지사와 박용진, 이탄희 의원 등이 차기 주자로 조심스럽게 거론되지만 인지도나 무게감 등에서 이낙연이 유리하다.

관건은 앞서 언급한 난제들을 어떻게 풀어가느냐다. 당장 민주당의 운명은 2024년 총선에 달려 있다. 얼마나 의석수를 지켜낼지, 다수당을 유지할지에 따라 향후 정국이 180도 달라지면서 윤석열 정부의 분수령이 될 것이라는 분석이 많다. 이 과정에서 이낙연이 어떤 역할을 하고 어떤 모습을 보여주느냐에 따라 그의 운명도 달려 있다.

품위와 품격 있는 정치인

필자는 2019년 하반기부터 2020년 상반기까지 1년간 총리와 민주당 상임공동선거대책위원장 등이었던 그를 담당한, 이른바 '이낙연 마크맨'이었다. 특별히 후배라고 챙겨주지 않았고, 특히 다른 기자들 앞에서는 일부러 눈을 마주치지 않았다. 동아일보만 챙기고 다른 언론사 기자들을 차별한다는 이야기를 듣고 싶어 하지 않았을 것이라고 추측했다.

대신 한번은 대정부 질문이 있던 날 여의도에서 국회 관계자들과 저녁 자리를 마친 밤 10시 무렵, 한 김치찌개집 앞에 총리 경호원이 있는 걸 보았다. 대정부 질문을 마치고 당시 박영선 중소벤처기업부 장관과 홍남기 국무조정실장 등과 함께 요기를 하러 온 것이었다. 1층에 위치해 있는 이 식당은 바깥에서 내부가 보이는 곳이었고, 파티션이 없는 홀에 일반 손님과 구분 없이 홀에 앉아 있었다. 1층 박 장관과 홍 실장 모두 친분이 있었던 만큼 후배 기자와 함께 '쳐들어' 가서 인사를 했다. 그는 "앉아서 막걸리 한잔 먹고 가라"고 합석을 권유했다. 그렇게 30분 넘게 김치찌개와 전에 막걸리를 마셨다.

총리 시절 일왕 즉위식 참석 때도 동행했고, 그 이후에도 몇 차례 만났다. 총리에서 물러난 뒤 당에 돌아왔을 때였다. 국회에서 따로 인사를 하기 위해 기다리다가 "총리님" 하고 인사했더니, 돌아온 말은 "자네, 왔는가"였다. 두 단어였지만 왠지 모를, 다른 사람은 이해할 수 없는 따뜻한 속정이 느껴졌다. 그때 '츤데레'라는 별명이 그에게 잘 어울린다고 생각했다. 후배들에게 엄하고 따끔한 질책을 하더라도 그들의 발전을 위해 옳은 소리를 한 것일 뿐이고 '뒤끝'이 없기 때문이다.

이낙연은 한때 국민에게 청량감을 안겨줬다. 가장 기억나는 장면은 총리 시절인 2019년 11월 강기정 대통령정무수석비서관이 자유한국당(현 국민의힘) 나경원 원내대표를 향해 "우기는 게 뭐예요? 우기다가 뭐냐고?"라고 고성으로 항의해 논란이 됐을 때였다. 이낙연은 "정부에 몸담은 사람이 감정을 절제하지 못하고 국회 파행의 원인 중 하나를 제공한 것은 온당하지 않았다고 생각한다. 송구스럽다"며 사과했고, 이에 당시 주광덕 의원은 "야당인 저도 감동이고 국민들이 정치권에서 이러한 총리의 모습을 보고 싶어 하는 가장 아름답고 멋진 장면이 아닌가 한다"라며 이낙연을 치켜세웠다.

국민은 지금도 이같이 품위와 품격 있는 정치를 보고 싶어 한다. 그는 과연 국민으로부터 선택을 받을 것인가.

4화

10년 와신상담 끝에 '약자 동행'에
승부 건 오세훈

1961년 서울 출생
1983년 고려대학교 법학과 졸업
2000년 제16대 국회의원 (서울시 강남구 을, 한나라당)
2006년 ~ 2011년 제33·34대 서울특별시장
2013년 ~ 2018년 법무법인 대륙아주 고문변호사
2017년 바른정당 최고위원
2021년 제38대 서울특별시장
2022년 제39대 서울특별시장

본격적으로 공부한 지 3년 만에 사법시험을 통과했다. 환경 전문 변호사에서 TV 방송 진행자로, 국회의원으로 변신한 뒤 45세 최연소 서울시장이라는 기록을 달성했다. 30대, 40대에 일종의 퀀텀 점프를 한 것이었다. 훤칠한 키에 귀공자 같은 호감 가는 외모로 특히 여심女心을 사로잡았다. 출세 가도를 달리며 만인의 부러움을 한 몸에 받는 '성공한 인생'이었다.

　오세훈 서울시장의 정치 인생만 놓고 보면 2000년부터 2010년까지 '전반전'에는 승승장구했다. 그러나 '후반전'이 시작된 2011년부터 2021년까지는 좌절이 이어졌다. 겨울은 길었다. 한 번 KO패 해도 타격이 큰데, 선거에서 세 번이나 떨어졌다. 서울 종로, 서울 광진을 국회의원 선거와 당 대표 선거에서 잇따라 패배한 것이다. 주변에 이른바 '측근'으로 불리는 사람들이 사라지기 시작했다.

그도 한 번쯤은 화투 용어인 "첫 끗발이 개 끗발"이라는 말을 떠올렸을지 모른다.

그래도 오뚝이처럼 일어섰다. 남들은 안 될 거라고 했지만 2021년 10년 만에 다시 서울시장 보궐선거에 도전해 3선 서울시장이 됐고, 이듬해 지방선거에서 4선 서울시장이 됐다. 그냥 얻어진 것이 아니었다. 정치 공백 10년 동안 와신상담臥薪嘗膽하며 재도약을 위해 공부했고 반성했고 스스로를 단련했다. 그 10년이 결코 '잃어버린 10년'이 아니었다. 자신을 담금질하는 시간이었다.

> "제 정치적인 운명에 대해서 어떤 확신 같은 게 있는 편이었습니다. 그래서 선거에 떨어져도 그렇게 큰 데미지를 입지 않았어요. '이건 어느 목표를 향해 가는 과정이다'라고 생각을 했기 때문에 '또 공부했네', '나를 다듬는, 나를 단련하는 훈련하는 기간이다' 이렇게 생각했습니다. 그래서 10년 동안 뭐가 제일 힘들었느냐는 질문을 받으면, 나는 한 번도 '힘들었다'고 답변한 적이 없어요. 저는 계속 충만한 생활을 했기 때문이지요. 심지어 종로 선거에서 떨어지는 날, 광진을에서 떨어지는 날도 저는 조금도 흔들리지 않았습니다." – 취재 메모 중 🔈"

그는 지금 연장전을 뛰고 있다. 전반전에서의 득점과 후반전에서의 실점을 넘어 이제 연장전에서 마지막 승부를 기다리고 있다.

"공부해야 가난 이겨낼 수 있다" 교육열 높았던 어머니

오세훈은 1961년 1월 서울 성동구 성수동에서 태어났다. 아버지는 중소 건설회사를 다녔고, 아버지 월급만으로 부족했기에 어머니는 방석과 베갯잇 등을 만드는 수예점을 하셨다. 아버지 월급이 몇 달씩 지체돼서 며칠씩 라면이나 싸라기 밥만 먹으며 지낸 적도 있고, 이모님 댁에 돈 꾸러 갔다가 돌아오는 길에 잡아준 택시에서 내려 걸어온 적도 있었다. 택시비를 아끼기 위해서였다.

어머니는 늘 "세훈아, 공부해야 이 가난을 이긴다"고 강조했다. 어머니는 초등학교 4학년 때 선생님으로부터 "세훈이가 몸이 약하니 특별히 신경을 쓰시라"는 말을 듣고 1년 내내 된장찌개와 밥을 담은 쟁반을 보따리에 싸서 학교까지 갖다줄 정도로 아들을 챙겼다. 어머니의 교육열 덕분인지 그는 초등학교(당시 국민학교) 때부터 공부를 잘했고 6년 내내 반장을 놓치지 않았다.

학창 시절 그의 별명은 일본어로 젓가락인 '와리바시', 키가 커서 책상에 엎드려 잘 때 새우처럼 등이 굽어진다는 의미의 '잠새우' 등이었다. 고교 시절 그의 키는 180센티미터에 55킬로그램으로 마른 체구였다.

1979년 한국외국어대에 입학했다가 2학년 때 고려대 법대에 편입학했다. 이 과정에는 당시 고려대 문과대를 다니고 있던 부인 송현옥 교수(세종대 영화예술학과)의 영향이 컸다. 송 교수의 오빠인 송상호 경희대 경영대학원 교수가 디스크로 학교를 1년 쉰 뒤 오세훈과 같은 반이 되면서 세 사람은 고2 때 함께 과외를 하게 됐다. 과외는 금방 깨졌지만 두 사람은 고3 때 입시학원에서 다시 만났고, 이후 고려대에서 유명 커플이 됐다. 오세훈은 아내가 시장에서 국밥을 맛있게 먹는 모습을 보고 "이 친구와 결혼해야겠다"고 다짐했다고 한다.

그가 고시 공부를 하게 된 계기는 아버지였다. 아버지가 다니던 회사의 회장님은 어머니의 이모부였다. 선대 회장이 돌아가신 뒤 그에게 외오촌 당숙이 되는 아들이 회장이 됐다. 오세훈은 대학생 때 집안 어른들끼리 대화를 나누는 것을 듣고 열심히 살아야겠다는 다짐과 함께 고시 공부를 시작했다고 한다.

> "어느 날 집안의 어른들끼리 대화를 나누는 것을 듣던 중 아버님이 회사에서 손아래 동생뻘인 회장님께 깍듯하게 예를 갖추신다는 말을 듣게 되었다. 지금 생각하면 당연할 것 같은 그 말이 당시에는 왜 그렇게도 내 마음을 아프게 했는지 모르겠다. 그때 나는 절대로 샐러리맨이 되지 않겠다고 다짐했다. 그러고는 고시 공부를 시작했다."*

그는 고시생 시절에 하루 열네 시간 앉아 끈기 있게 공부했다. 대학원 1년 때 1차 시험에 붙었고, 2차 시험은 같은 해 바로 붙었다. 시간 끌면 패스를 못한다는 생각으로 열심히 공부했다. 1984년 제 26회 사법시험에 합격했다.

오랫동안 앉아 있던 탓에 엉덩이에 난 종기가 심해져 두 시간 넘게 수술을 받아 지금도 흉터가 남게 됐다. 오세훈은 사법시험에

---

*   오세훈, 「가끔은 변호사도 울고 싶다」, 명진출판사, 1995.

붙은 직후인 1985년 결혼했다.

연수원을 졸업한 뒤 변호사 생활을 하며 환경 분야에 눈을 떴다. 1993년 인천 부평구의 한 아파트 주민들이 일조권 문제로 대기업과 소송을 준비한다고 찾아왔다. 일조권에 대한 판례가 없어 스스로 일본 등 해외 판례를 손수 번역해 재판부에 제출했다. 결국 재판부는 대기업에 배상금을 지급하라고 판결했고, 이 사건은 대한민국 최초로 헌법상 일조권을 환경권으로 인정받은 판례가 됐다. 이 과정에서 환경운동연합(당시 공해추방운동연합)을 알게 됐고, 시민상담실장과 법률위원장 겸 상임집행위원을 지내며 환경변호사로 활약했다.

> "환경운동연합을 갔는데 충격을 받았어요. 저는 초임 변호사라도 먹고살 만했는데 환경운동연합의 젊은 활동가들이라는 게 대부분 20대인데, 그때 회사원들이 받는 월급의 절반이나 3분의 1을 활동비라는 명목으로 받고 사실상 자원봉사를 했거든요. 그런 시민단체 활동을 보고서 '이 사람들이 이렇게 자기 젊은 시절을 희생하면서 열정적으로 하는구나' 감동을 해서 그 사람들을 돕기 시작한 것입니다. 하다 보니 운동가들과 친해지게 되고 열심히 돕다 보니 여러 직책을 맡게 됐습니다." — 취재 메모 중 🖱

TV 프로그램 진행자로 인기 누리다 정치권 진출

그는 이후 MBC의 법률상담 프로그램인 〈오변호사, 배변호사〉를 진행하면서 인기를 누렸다. SBS 〈그것이 알고 싶다〉 등 각종 시사 프로그램의 진행도 맡았다. 정장 등 TV 광고모델이 돼달라는 요청도 들어왔다.

인지도가 높아지자 정치권에서 '콜'을 받았다. 그도 "사회에 기여하기 위해 현실 정치에 참여해야겠다"는 생각을 했다. 당시 김대중 대통령의 영입 제안도 받았지만, 그는 이회창 총재의 제안을 수용해 한나라당에 입당하며 보수 정치의 길을 선택했다. 기본적으로 국가는 인간의 자율과 동기부여를 중시하는 정책 원리로 운영돼야 한다는 신념이 있었기 때문이다.

그가 정의하는 보수는 이렇다.

"보수는 '물' 같은 것이다. 매일 아침 일어나 마시는 물 한 잔에 특별한 감흥을 가지지 않는 것처럼, 보수는 겉보기에 대단한 이념이나 이상이 들어 있지 않은 것으로 느껴진다. 하지만 속을 자세히 들여다보면 개인의 도전과 국가의 발전을 가능하게 한 근본 이념인 자유와 경쟁이 바탕을 이루고 있다. (중략) 보수 우파는 역사의 저류임과 동시에 현실이다. 재미없고 지루하지만 실수가 적어 시행착오를 최소화할 수 있고 실용적이다."*

반면 진보는 톡 쏘는 시원함과 청량감이 있는 '사이다'였다. 변화와 혁신을 추구하기에 가슴 뛰고 재미있고 흥미진진하다. 그러나

---

* 오세훈, 「미래」, 다이얼, 2019.

102

가보지 않은 길이기에 실수가 잦고 좌절과 오류가 빈번하다는 게 그의 생각이었다.

2000년 16대 총선을 앞두고 한나라당에 입당한 그는 서울 강남을 지역구에서 당선됐다. 당 부대변인, 청년위원장, 이회창 대선 후보의 비서실 부실장을 맡는 등 당 초선으로서 비중 있는 역할을 했다. 자신의 관심 및 전문 분야인 국회 환경노동위원회에서 활동했다.

소장파로 활동하다 불출마 선언… '오세훈법' 주도

국회의원이 됐지만 그는 지독한 마음고생을 했다. 힘없는 정치 초년생에게 수시로 주어지는 '소총수' 역할 때문이었다. 특히 그는 상대 당 소속 국회 부의장의 날치기 법안 통과를 막기 위해 자택 앞에 동원됐을 때 한없이 부끄러웠다고 한다.

중학교 2학년이던 둘째 딸이 선생님으로부터 "정치인은 모두 쓸어서 한강에 처넣어야 할 족속들"이라는 말을 듣고 제 방에 와서 틀어박혀 울었던 일도 있었다. 딸이 아빠를 창피해한다는 게 그의 가슴을 먹먹하게 했다. 이후 그는 마음을 다시 먹었다.

"시인 폴 발레리가 말했던 것처럼 '생각대로 살지 않으면 사는 대로 생각하게 될 것'이라는 두려움과 절박함이 내게 또 다른 용기를 불러일으켰다. 당시 나를 지배하던 가장 큰 생각은, 1인 보스를 중심으로 사람들이 모이는 패거리 정치로부터 자유로워지고 싶다는 것이었다. 그러한 1인 보스 중심의 정치가 지역주의의 심화를 가져왔다고 생각했다. 또 그 집단을 유지하기 위한 막대한 자금 소요가 정치 부패를 낳는 원인이 되고 있다고 여겼다. 따라서 선결 과제는 정치자금 시스템의 혁명적 변화라는 확신이 섰다."*

이에 오세훈은 당내 정풍운동에 앞장섰다. 2003년 소장파였던 남경필, 원희룡 의원 등이 함께한 '미래연대' 대표를 맡아 '5, 6공 세력 용퇴론'을 주장했다.

이후 2004년 1월 그는 부끄러움과 정치 개혁 외침에 대한 책임을 거론하며 총선 불출마를 선언했다. 당 개혁을 외쳐도 공허한 메아리에 그치는 데 좌절했던 그가 "내가 던져야겠구나"라는 생각에 극약 처방을 한 것이었다.

> "지난 4년을 돌이켜보면 참으로 부끄럽습니다. 먼저 정치 현실에 정통하지 못하면서 정치를 바꿔보겠다고 덤벼든 무모함이 부끄럽고, 잘못된 길을 가는 모습을 보고도 아직은 때가 아니라며 묵인한 무력함이 부끄럽고, 묵인을 넘어서서 어느 사이 동화되어 간 무감각함이 부끄럽고, 미숙한 자기 확신을 진리인 양 착각한 무지함이 부끄럽고, 세계관이 다르다는 이유로 내심 무시하고 배척한 편협함이 부끄러우며, 그리고 이렇게 부끄러운 자신의 입으로 역사에 공과가 있음을 애써 무시하고 선배들께 감히 용퇴를 요구한 그 용감함이 참

* 　　오세훈, 「시프트: 생각의 프레임을 전환하라」, 리더스북, 2009년.

으로 부끄럽습니다. (중략) 누구를 탓하기에 앞서 제 자신이 그에 대한 책임을 져야 할 것이며, 조그마한 기득권이라도 이를 버리는 데에서 정치 개혁이 시작된다고 주장했던 대로 이제 실행하려 합니다. 그러한 고민의 산물이 지난번 지구당위원장직 사퇴에 이은 이번 불출마며, 이것이 정치권의 새로운 변화를 바라는 국민의 기대를 충족시키는 밑거름이 될 것이라고 굳게 믿습니다." - 2004년 1월 오세훈의 불출마 선언문 중

'불출마 승부수'는 전화위복轉禍爲福이 됐다. 오세훈의 지지자 2만여 명은 인터넷을 통해 '오세훈을 사랑하는 모임'을 결성해 '오풍을 일으키자'는 캠페인까지 벌이기 시작했다.

또 그는 정치개혁특별위원회 정치자금법소위원장을 맡아 기업의 정치자금 기부 금지, 국회의원 1년 후원금 1억 5000만 원(선거가 있는 해는 3억 원) 제한, 지구당 폐지 등 법 개정을 주도했다. 2002년 대선을 앞두고 여야가 대선자금을 수백억 원이나 받은 것으로 드러나면서 비난 여론이 거세게 일었던 덕분이다. 그의 정치 개혁법안은 그대로 반영이 됐고 나중에 일명 '오세훈법'이라는 이름이 붙었다. 국민에게 그의 이름을 각인시킨 첫 번째 순간이었다.

이후 그는 다시 변호사로 돌아갔다. 같은 해 6월 강원 속초시에서 열린 '2004 설악국제트라이애슬론대회'(철인3종경기)에 출전해 이를 완주하며 강한 체력과 정신력을 과시하기도 했다.

휴지기는 오래가지 않았다. 2006년 지방선거에서 서울시장 후보로 나서며 다시 정치권으로 돌아온 것이다. 경선 과정에서 그는 홍준표, 맹형규 후보 등과 경쟁했지만 압도적인 차이로 승리했다. 홍

준표 대구시장은 당시 그를 향해 "당이 어려울 때 손에 흙을 묻히지 않고 혼자 이미지만 가꾸고 다녔다"고 비판하기도 했다.

당 후보로 선출된 그의 선거캠프는 과거 선거캠프와 달리 벽(파티션), 돈, 종이컵 등이 없는 3무無 캠프로 주목을 받았다. 캠프 부서 간 경계를 허물어 소통하고, 정치 개혁을 앞세운 그의 깨끗한 이미지를 위해 선거비용을 줄이고, 환경보호를 위해 종이컵을 쓰지 않았기 때문이다. 그는 결국 열린우리당 강금실 후보 등과 붙어 승리했고, 최연소 민선 서울시장이라는 타이틀을 거머쥐었다.

디자인에, 복지에, 환경에 '미친' 시장님

오세훈은 시장으로서 신명 나게 일했다. 디자인, 환경, 복지에 미쳤다는 이야기를 들었다. 2010년 세계 디자인 수도에 선정되어 서울을 '디자인 중심 도시'로 만들며 브랜드를 업그레이드했다. 서울시청 청사 신축을 과감히 추진했고 노점상 등을 설득해 동대문야구장을 동대문디자인플라자DDP로 변신시켰다. 반포대교 인근에 세빛섬과 달빛무지개분수 등을 만들어 한강 조경도 바꾸며 행정가로서의 면모를 보여줬다.

특히 그는 인생의 전환 기회를 주는 것이 진정한 복지라는 생각에서 '노숙인 희망의 인문학 코스'를 만들었다.

"10년 전에 인문학 강의로 인생 바뀐 사람이 많습니다. 얼마 전에 경비원 하시는 분을 만났는데, 10년 전에 그 희망의 인문

106

학 코스를 2년을 들었다더라고요. 그래서 인생이 달라졌다고
했습니다. 노숙인들이 중요한 건 알코올중독 때문에 안 바뀌
는 경우가 많은데 그런 교육을 받음으로써 알코올중독을 벗
어날 수 있는 의지가 생기는 것이지요." — 취재 메모 중 🖱

이와 함께 그는 창의행정과 여성이 행복한 도시 프로젝트인 일
명 '여행女幸 프로젝트'를 도입해 'UN 공공행정상'을 2회 연속 수상
했다. 직접 시민인 척 민원실에 전화를 걸어본 뒤 느낀 불편함을 해
소하기 위해 '다산 120콜센터'로 행정 문의 안내를 통합한 서비스
를 정착시켰다. 장기전세주택인 '시프트'도 정착시켰다. 이후 디자
인 도시 서울, 서울 희망플러스 통장, 서울 장기전세주택, 대기질 개
선 등의 정책은 서울에서 시작해 전국으로 확산됐다.

오세훈의 업무 스타일에 대한 전직 서울시 공무원의 이야기다.

"꼼꼼하게 직접 챙기고 매일 아침 회의를 통해서 점검하고 또
문제가 있으면 바로바로 해결하려고 한다. 보고를 하면 바로
피드백을 주고 상황 파악과 업무 장악력, 문제 해결 능력이
뛰어났다. 업무 이해도가 높고 시스템을 장악하고 있으니 공
무원들은 늘 노심초사하고 좌불안석이다. '무관용', '노 머시
no mercy' 스타일이어서 매몰차게 면전에서 단죄하는 스타일
이다." — 취재 메모 중 🖱

2010년 재선에서 성공했지만 2011년 위기가 찾아왔다. 당시
여야는 단계적 무상급식이냐 전면적 무상급식이냐를 놓고 첨예하게

대립했는데, 오세훈이 주민투표로 이를 결정하자고 제안한 것이다. 그해 8월 급기야 오세훈은 정치적 생명을 걸고 투표율이 33.3퍼센트에 미달하면 시장직을 사퇴하겠다는 의사까지 공식 발표했다. 돌파를 위한 승부수였지만 결국 자충수로 돌아왔다. 투표율은 25.7퍼센트에 그쳤고 그는 결국 시장직에서 물러났다.

영국·중국 연수, KOICA 자문단 등으로 활동하며 10년 와신상담

이때부터 오세훈은 혹독한 후반전에 돌입한다. 시장직을 건 결정은 당 지도부의 동의 없이 진행해 당내에선 보수 진영의 궤멸을 자초했다는 책임론이 제기됐다. 그해 10월 치러진 보궐선거에선 서울시장 자리를 박원순 시장에게 내줬다. 정치권과 언론에서는 정치사에 남을 '역대급 헛발질'이라는 평가가 많았다.

그는 이듬해 5월 영국 킹스칼리지 공공정책대학원 연구원 자격으로 유학길에 올라 복지정책에 대해 공부하고, 중국 상하이上海로 넘어가서는 어학 공부를 했다. 2012년 12월 대선 직전 귀국했지만 좀처럼 언론에 등장하지 않았다. 일종의 자숙 시간을 보낸 것이다.

한양대 공공정책대학원 특임교수와 법무법인 대륙아주의 고문 변호사 등을 지내던 그는 2013년 12월부터 2015년 1월까지 한국국제협력단KOICA 중·단기 자문단의 일원으로 중남미 페루에서 6개월, 아프리카 르완다에서 6개월을 보냈다.

수도승같이 지내던 외로운 시간이었다. 그는 매일 혼자 밥을 해

먹었다. 매일 현지 시청에 출근해 배울 게 있으면 배우고 조언할 게 있으면 조언했다. 어머니가 걱정할까 봐 아프리카 등 현지에 있다고 솔직하게 얘기조차 못 했다고 한다. 나태해지지 않기 위해 골프장은 물론 술집 한 번 가지 않았다. 일기를 쓰며 현지에서 느낀 걸 책으로 출간했다. 자신과 마주하는 시간이었다. 르완다에서는 아이들이 맨발로 다니다 거머리에게 물려 결국 발목을 자르는 사례를 보고 신발 보급 활동도 펼쳤다.

오세훈이 사실상 정계에 복귀한 건 2016년 20대 총선이다. 총선을 앞두고 당 지도부로부터 험지 출마 요청을 받았지만 그는 서울 종로 출마를 고집했다. 종로 지역구에서 3선을 했던 박진 현 외교부 장관과 경선 끝에 본선에 진출했지만 민주당 소속 정세균 전 국무총리에게 패배했다. '정치 1번지'에서 당선된 뒤 대선 후보로 부상하려는 '화려한 복귀'는 실패로 끝났다. 이후 2019년 당 대표 선거에서 황교안 전 대표에게 패배했고, 2020년 21대 총선에서 서울 광진을에 출마했다가 더불어민주당 고민정 의원에게 고배를 마셨다.

패배가 잇따르자 2021년 서울시장 보궐선거에 출마할 무렵엔 그의 주변에 사람이 없었다. 캠프 대변인을 시킬 사람조차 없었다고 한다. 광진을 선거에서 떨어지자 '재기 불능'에 가까워졌다고 이야기하는 사람이 많았기 때문이다. 그래서 떠나는 사람들이 하나도 밉거나 섭섭하지 않았고 이해가 됐다고 한다.

그는 2021년 재·보궐 선거 초반 사상 초유의 '조건부 불출마'를 선언했다. 안철수 의원이 국민의힘에 입당하면 시장에 출마하지 않겠다는 것이었는데, 당시 정치권에서는 기이한 행보라는 비판이 나왔다. 무상급식 주민투표 자진 사퇴와 겹치면서 당시 여권 안팎에서는 "오세훈도 이제 정치생명이 끝난 것 같다"는 말까지 나왔다.

하지만 난관 끝에 그는 이를 돌파했고 당선됐다. 후반전 10년 동안 그를 가장 서글프게 한 건 달라진 세상의 인심을 보는 것이었다.

> "2021년 선거에서 4위로 출발했을 때 나는 속으로 당선된다는 확신이 있는데 세상 사람들은 그렇게 보지 않았습니다. 경선에서 나경원 후보를 이기고 나니까 그때는 이제 일할 사람들이 캠프에 찾아오기 시작했지요. 안철수 의원과 단일화에 성공하니까 이제 정말 (생전) 못 보던 사람들까지 전부 캠프에 와 가지고 '자리를 달라'고 난리 치고 싸우기 시작했습니다 (웃음). 그 10년은 굉장히 큰 인생 공부가 됐지요."
>
> ― 취재 메모 중 🖱

서울시장 5선이냐, 대선 도전이냐… 오세훈의 길은?

그렇게 오세훈은 10년 만에 다시 서울시장 자리로 돌아왔고 윤석열 정부가 출범한 뒤 치러진 2022년 지방선거에서 4선에 성공했다. 그는 '약자와의 동행'이라는 시정철학을 통해 안심소득, 안심주택, 서울런Learn 등 복지정책을 추진하고 있다. 한강 수상버스 도입, 상암동 하늘공원 대관람차, 서울 고도 제한 완화 등 다양한 정책도 추진 중이다.

그는 10년 동안 끊어진 서울시 정책을 보면서 무상급식 주민투표에 직을 건 것을 많이 후회했다고 한다. 토건(토목건설) 위주 정책을 반대했던 박원순 전 시장 시절 기반 시설에 대한 투자가 멈춰 있었고, 자신의 재임 시절 추진했던 정책이 중단됐기 때문이었다.

특히 2023년 일본 도쿄에 시찰을 다녀온 뒤 후회를 많이 했다. 지난 10년 동안 일본은 도쿄 올림픽을 준비하면서 디자인과 기반 시설을 준비했고 녹지공간 등 도시계획을 새로 하면서 시민들에게 아름답고 편리하게 공간이 재편된 반면에 서울은 멈춰 있었다는 것이다. 그가 서울 올림픽 유치를 내세운 이유이기도 하다.

> "제가 할 말을 잃었습니다. 지난 10년 동안, 정치를 그만둔 때에도 물론 순간순간 후회하고 반성하고 할 때가 있었지만 이번만큼 진짜 뼈저리게, 절실하게 쇼크를 받은 적이 없어요."
> ― 취재 메모 중 🖱

박원순 시장 시절 자신이 추진했던 정책이 중단된 것을 본 그는 2026년 시장 5선 도전과 2027년 대선 출마에 대해 "지금 마음은 반반"이라고 했다. 자신이 추진하는 프로젝트가 끝날 때까지 시장직을 계속해야 되는 것 아닌가 싶은 생각에서다.

그는 "50년, 100년 후 서울 인프라를 깔아둔 시장이라는 평을 듣고 싶다"며 "후손이 대대손손 잘 먹고 잘살 수 있는 도시를 만드는 게 꿈이다. 그만큼 나의 정치는 (국민이) 먹고 사는 것에 절실하다"고 밝혔다.

여전히 그는 이미지가 좋은 정치인이다. 한국갤럽에 따르면 오세훈은 2023년 9월 추석을 앞둔 정계 주요 인물 호감도 조사에서 1

111

위를 했다. 오세훈 35퍼센트, 한동훈 33퍼센트, 홍준표 30퍼센트, 이재명·김동연 각각 29퍼센트 등으로 나타났다. 지방선거 이후인 2022년 9월의 41퍼센트보다는 낮은 수치지만, 같은 해 12월 홍준표(37퍼센트)보다 낮은 31퍼센트에서 4퍼센트포인트 오른 것이다.

하지만 대선 주자로서 그는 조직과 세력이 약하다거나, 이미지 정치를 한다거나 '선당후사'가 아닌 '선사후당'의 정치를 하며 개인 플레이를 해왔다는 비판을 받아왔다. 기성 정치인답지 않다는 의미도 담겨 있다. 과거의 오세훈은 이런 비판을 내심 무시하며 '일만 잘하면 되지' 하는 생각이었다. 깨끗한 정치가 그의 슬로건이었기 때문이다.

혹한기 10년을 보내며 오세훈은 지금 마음가짐이 달라졌다. 이런 비판을 수용하고 민심을 얻기 위해 노력하고 있다고 했다. 각각 성공과 실패의 원인이 됐던 그의 승부사적 기질이 어떻게 발휘될지 지켜볼 일이다. 승부처는 결국 서울시정의 성과물이 될 것이다.

"한동훈·원희룡, 경선 흥행시킬 좋은 라이벌 될 듯"

2023년 7월 오세훈과 만난 자리에서 돌직구를 던졌다. 그의 핵심 목표인 '약자와의 동행'이 '웰빙 변호사' 이미지, 서민적이지 않은 느낌과 잘 어울리지 않는다는 지적이 있다는 취지였다. 아마 그의 삶의 궤적과 그다지 어울리지 않고 이를 희석하기 위해 오히려 동행을 내세우는 것 아니냐는 생각이 담긴 비판이었다.

그러자 그는 다소 억울하다는 듯 "생긴 게 깔끔해서 약자 동행이랑 안 어울린다고 하면 어쩌라는 얘기냐"라며 "정치인의 말이나 이미지를 보지 말고 행적과 발자취를 봐달라"며 "10년 전에도 서울형 그물망 복지를 추진했다"고 목소리를 높였다. 자신이 서울시장 초재선 시절부터 일관되게 복지에 초점을 맞춘 다양한 정책을 추진해왔다는 것이다.

한동훈, 원희룡 등 여권의 잠재적 대선 주자들에 대해서는 "좋은 라이벌이 될 것 같다"며 "만약에 내가 대선에 나간다고 하면 원래 좋은 라이벌이 있어야 그 진영의 그 사람들이 열광을 하고 모인다. 그리고 그 결과 경선이 아주 치열하게 치러져야 흥행이 되는 거고 또 본선 승리 가능성이 높아진다"고 했다.

> "(한동훈은) 개인적으로 접촉해본 적이 없기 때문에 잘 모르지만, 굉장히 출중한 정치인의 자질을 갖고 있고 본인 일에 대해서도 굉장히 책임감이 있는 걸로 보입니다. 그래서 저는 굉장히 높이 평가합니다. (원희룡은) 우리가 같이 정치를 시작했지요. 16대 국회를 같이 들어갔고 그래서 때로는 서로 도와주고 때로는 경쟁하는 관계로 지금까지 살아왔기 때문에 저는 굉장히 좋은 감정을 가지고 있습니다."

오세훈의 기본 가치는 보수다. 노력하는 만큼 얻게 되는 시스템을 만들고 공평한 기회를 보장하면 저절로 동기부여가 되면서 경쟁 속에서 개인과 사회 모두 발전할 수 있다는 가치관이 깔려 있는 것이다. 이승만, 박정희 전 대통령의 공로도 이 같은 인센티브를 도입해 이 나라의 기반을 만든 것이라는 게 그의 생각이다.

기자들 사이에서는 "성격이 샤이shy(부끄럼을 타는)하다거나 출입기자 등 사람 얼굴을 잘 못 알아본다"는 이야기가 많다고 물었다. 그러자 그는 "굉장히 노력해서 요즘에는 그런 소리 잘 안 하는데, 옛날 얘기를 많이 들은 것 같다"며 "내가 10년 동안 달라진 게 그런 것"이라며 웃었다. 이어 "옛날에 솔직히 기자들한테 관심 없었다. 그냥 취재원과 기자의 관계라고 생각했다. 그러니 얼굴만 알면 되지 이름을 굳이 외울 필요가 없었다"며 "'내가 일만 잘하면 되지' 이런 생각이었는데 이제 (기억해주길 바라는) 인간 심리를 깨달았다. 완전 정치인이 된 거지(웃음)"라고 했다.

그를 만나면서 성격이 솔직담백하고 지도자로서의 소신과 일관성이 있다는 생각이 들었다. 10년의 시간은 결코 헛되지 않았고 정치인 오세훈을 성숙하게 만든 시간이었다. 모가 난 원칙주의자가 정을 맞고 좀 더 부드러워진 것일지도 모른다.

서울시민인 필자도 오세훈에 대해, 그의 성과에 대해 잘 모르고 있었다는 아쉬움이 들었다. 다시 시작된 '연장전'에서는 그의 철학과 진심이 좀 더 많은 이에게 호소력 있게 전달되길 기대해본다.

물론 대선 주자로서 첫 시험대는 2026년 지방선거와 2027년 대선을 선택지로 두고 어떤 명분을 가지고 거취를 어떻게 결단하느냐가 될 것이다.

'국민 금쪽이' 안철수의 시간은
거꾸로 간다

1962년 경남 밀양 출생
1986년 서울대학교 의과대학 졸업
1995년 〈안철수연구소〉 설립
2013년 ~ 2017년 제19 · 20대 국회의원 (서울시 노원구 병. 국민의당)
2016년 국민의당 대표
2018년 바른미래당 인재영입위원장
2022년 제20대 대통령직인수위원회 위원장
2022년 제21대 국회의원 (경기도 성남시 분당구 갑. 국민의힘)

✦

"왜 있잖아. 전교 1등 하고 모범생이라 인기 많던 아들이 험한 동네로 전학을 간 다음에 동네 친구랑 형들한테 자꾸 얻어 터지고 오는 거야. 성적도 떨어지고 맞고 다니니까 답답하고 '이사한 내 탓인가' 싶어 속 터지는데, 쳐다보고 있으면 선한 눈망울에 안타깝고 짠한… 그런 부모 심정 있잖아. '찰스(안 철수의 별명)'를 볼 때 딱 그 느낌이야."

한 국민의힘 안철수 의원(이하 안철수) 지지자의 평가다. '국민 멘토'였던 그는 이제 '국민 금쪽이'(채널A의 〈금쪽같은 내 새끼〉에 나오는 아이들)로 불리며 짠한 마음이 드는 정치인이 됐다.

그는 의사, 컴퓨터 프로그래머, 벤처기업가, 대학교수에 이어 정치인이라는 다섯 번째 직업을 가진 지 10년이 넘었다. 윤석열 대통령이 사법시험 9수를 한 것처럼 안철수 역시 만만치 않은 '장수생'인 셈이다. 국민들은 처음 '새 정치'에 대한 열망을 그에게 투영하며 압도적인 지지를 보냈지만, 그는 10년 넘게 정치인 생활을 하며 그 기대를 대부분 깎아 먹었다.

그는 2011년 서울시장 보궐선거를 앞두고 혜성같이 등장해 국민의 뜨거운 지지를 받았다. 기성 정치에 대한 실망과 새 정치에 대한 국민적 열망이 담긴 '안철수 현상'이라는 말까지 나왔다.

하지만 현실 정치는 녹록지 않았다. 2012년 9월 대선 출마를 선언하며 출사표를 던진 뒤 대선을 세 번 치르며 한 번은 본선에서 패배했고, 두 번은 중도 하차했다. 창당만 세 번 하는 등 산전수전山戰水戰을 다 겪었다. 그 과정에서 새정치민주연합(현 더불어민주당), 2016년 총선을 앞두고 만들었던 국민의당, 2020년 총선을 앞두고 재창당한 국민의당 등 야당 대표직만 세 번 지냈다.

2022년 대선에서 국민의힘 윤석열 후보와 단일화하고 국민의힘에 입당했다. 이듬해 3월 국민의힘 전당대회에 출마해 '네 번째 정당 대표'직에 도전하며 '수도권 대표론'을 내세웠다. 선거 초반 국민의힘을 개혁할 그에게 기대가 쏠렸지만 이변은 없었다. 이른바 윤심尹心이 반영돼 지지층이 집결하면서 친윤(친윤석열)계 후보인 김기현 대표에게 밀려 낙마했다. 그럼에도 그는 이제 오뚝이처럼 다시 일어나 2027년 대선을 향한 마라톤을 시작하고 있다.

공익 활동에 관심… 2000년 출마 제의 받곤
"정치가 중요하다"

안철수는 1962년 경남 밀양군에서 태어나 부산에서 자랐다. 의사인 아버지가 병원을 운영해 유복한 편이었다. 학창 시절 60명 중 30등을 할 정도로 평범했지만 닥치는 대로 책을 읽는 독서광이었다. 고교 시절부터 본격적으로 공부를 시작하면서 1등을 했고 서울대 의대에 입학했다.

그는 대학에서 생리학을 전공했고, 의대 본과 2학년 때인 1983년 애플 컴퓨터를 구입하면서 컴퓨터에 대해 알게 됐다. 의대 박사 과정 시절인 1988년 자신이 갖고 있던 디스켓이 '브레인 바이러스'라는 국내 최초의 바이러스에 감염된 사실을 발견했고, 그때부터 연구를 시작해 치료용 프로그램을 만드는 데 성공했다. 이후 7년간 새벽 3시에 일어나 오전 6시까지 하루 세 시간씩 백신 개발에 매달리며 낮에는 의사, 밤에는 개발자의 이중생활을 했다.

그 결과 안철수는 단국대 의대 교수였던 1990년 처음 언론에 이름을 알렸다. 그의 나이 28세 때다. 국내 최초로 백신 프로그램을 만들어 무료로 배포하며 '컴퓨터 의사'로 명성을 떨쳤다.

1995년 안철수컴퓨터바이러스연구소(현 안랩)를 만들어 V3 프로그램을 개발했고, 신종 컴퓨터 바이러스가 나올 때마다 백신 프로그램을 만들었다. 2000년대 들어 안랩은 코스닥에 상장됐고 그는 벤처기업가로 거듭났다. 자금난을 겪던 중 100억 원 매각 제안을 받았지만, 국가 기간산업이라고 생각해 회사를 해외 자본에 팔지 않는 등 자신의 원칙을 지켰다.

보폭도 넓어졌다. 1999년 국민은행 사외이사, 2000년 대검찰청 중앙수사부 컴퓨터수사자문위원, 2001년 벤처기업협회 부회장, 2003년 한국정보보호산업협회 회장, 2001년 김대중 정부 대통령 자문 정책기획위원 등 직함과 인간관계도 늘어났다.

그가 언제부터 정치에 뜻을 뒀는지 정확하지는 않다. 하지만 이 무렵부터 어느 정도 정치의 중요성과 현실 정치 참여에 대한 눈을 뜬 것으로 보인다. 다음은 김대중 정부의 청와대 출신 인사가 했던 이야기다.

> "1998년부터 2000년까지 인터넷, 전자민주주의 등을 주제로 한 태스크포스TF를 하며 안철수 의원과 처음 만났어요. 2000년 총선을 앞두고 안철수와 (MBC 기자이자 앵커였던) 박영선, 손석희, 엄기영 등이 영입 대상이었습니다. 다른 사람들은 다른 식으로 거절했는데, 안철수는 좀 달랐던 걸로 기억해요. '정치가 중요하다. 그런데 잘할 수 있을지 모르겠다'는 뉘앙스였어요." — 취재 메모 중 🖱

그 뒤에도 그는 노무현 정부에서 정보통신부 장관직을 제안받았지만 거절했고, 이명박 정부에서 대통령 직속 미래기획위원회 등에도 참여했다. 그리고 KAIST 석좌교수, 서울대 융합과학기술대학원장 등 교수로 활동하며 청년들과 함께 미래를 고민했다.

안철수는 봉사와 공익활동에 관심이 많았다. 서울대 의대 재학시절 본과 2학년부터 4학년까지 3년 동안 서울 구로동과 지방 '무의촌' 등에서 진료 봉사활동을 하면서 가난하고 아픈 사람들을 사회가 돌봐줘야 한다는 생각을 했다. 봉사활동을 하면서 1년 후배인 김미경 서울대 교수를 만나 결혼했다.

안랩을 운영하면서도 아름다운재단 등과 함께 물품 등을 기부하고 기부 문화 확산과 관련된 활동을 꾸준히 진행했다. 정치 입문에 앞선 2011년 11월에는 자신이 보유한 안랩 지분 절반을 사회에 환원하겠다고 밝혔다. 이후 동그라미재단이 설립돼 현금 722억 원과 안랩 발행 주식 총수의 약 10퍼센트에 해당하는 100만 주를 현물로 기부했다. 이후 재단은 기술 연구개발과 창업 등에 20억 원 가까운 사업비를 지원하고 있다.

자칭 외유내강外柔內剛 · 대기만성大器晚成형

안철수는 모범생이다. 2016년 6월 국민의당 대표 사퇴 당일 그의 태도에 대해 당시 측근이 했던 얘기다.

> "사퇴한 날 취재기자들이랑 카메라기자들이 2층 대표실부터 엘리베이터, 1층 로비까지 계속 따라붙었잖아. 마지막에 차에 타기 전에 나랑 몇 마디 나눴다. 그때 나한테 한 말이 '오후 교문위(당시 상임위) 회의는 어떡하죠?'였어. 그래서 내가 '오늘은 좀, (회의에) 나가시면 안 됩니다' 라고 했지. 하여튼 진짜 모범생이야." — 취재 메모 중 🖱

그는 선한 인상에 정치인과 어울리지 않을 만큼 말씨가 고와 오히려 단점이 될 정도다. 아재개그를 구사하며 활짝 웃는다.

대학 시절부터 영화 감상과 독서가 취미였고 바둑은 아마추어 2단이었다. 연구소 대표 시절 마음이 답답할 때 사무실이 있는 서초역 인근에서 삼성역까지 걸었다던 그는 2017년 대선 패배 이후 독일에서 휴지기를 갖던 중 뒤늦게 마라톤을 본격적으로 시작했고 풀코스도 여러 번 완주했다. 『안철수, 내가 달리기를 하며 배운 것들』이라는 책도 냈다.

특히 늘 진지하게 배우고 공부하는 노력파다. 생리학 박사 출신에 정치인 이전에도 미국 펜실베이니아대 와튼스쿨 경영학 석사를

✦ 안철수 의원의 아재개그 모음

안 의원의 아재개그 모음

"연대론이 아니고 고대론입니다. 우리 당 고대로(그대로) 가자~"

"세상에서 가장 폭력적인 동물이 뭔지 아십니까? 팬다"

"가장 폭력적인 스포츠 선수는? 펠레"

"여긴 회를 먹고 있으니 진짜 '회'식이네요"

"세종대왕이 만든 우유가 뭔지 아세요? 아야 어여 오요 '우유'"

"대머리의 매력이 뭔지 아세요? 헤어(hair)날 수 없는 매력"

"세상에서 가장 맛있는 라면... 그게 국민과 '함께라면'이랍니다"

마쳤고, 정치적 휴지기에도 독일 막스플랑크 혁신과경쟁연구소 방문연구원, 미 스탠퍼드대 방문연구원 등을 다녀왔다. 책만 열 권 넘게 썼다.

안철수는 자신의 저서 『안철수의 생각』에서 스스로 '외유내강'과 '대기만성'형이라고 자평했다.* 그가 강연에서 자주 했던 얘기 중에는 이런 이야기가 있다. 2016년 7월 서울 노원구에서 했던 '알파고와 우리의 미래' 강연 중 했던 이야기다.

> "권투에서 중요한 건 얼마나 강한 펀치를 날리느냐가 아니라 얼마나 강한 펀치를 맞고도 버티는가가 핵심입니다. 그게 권투에서 이기는 비결이에요. (중략) 시간이 흐르는 걸 x축이라고 하고 그 사람의 진짜 실력을 y축이라고 하고, 보통 열심히 노력하면 그래프로 따지면 시간이 흐르면서 점점 자기 실력도 (우상향으로) 올라갑니다. 그런데 주위 사람의 평가는 반드시 그렇지 않습니다. 처음에는 조금만 성취해도 주위 사람들이 과대평가해요. 언론에 나올 정도면 과대평가되는 거지요. 그러다가 좀 더 지나면 오히려 관심 없어지고 아주 과소평가되는 순간이 옵니다. 나는 좀 더 실력이 올라갔는데 주위의 평가가 낮아지는 그런 순간이 오는 거지요. 처음에 저보다 훨씬 더 능력 있고 인정받던 사람들이 많았는데 그 사람들이 한 사람씩 낙마하는 거 봤습니다. 공통점을 보니까 외부 평가가 진짜 자기인 줄 착각하면서 교만해지는 것입니다. 외부에서 아

---

* 안철수 · 제정임(엮음), 『안철수의 생각』, 김영사, 2012.

주 평가절하되고 과소평가될 때 그 실망감 때문에 너무 절망하고 오히려 더 나빠지는 것이에요. 주위에서 비아냥거려도, 그래도 나는 이 정도도 예전보다는 훨씬 더 발전했다고 자기 중심을 잡는 게 굉장히 중요합니다." —취재 메모 중 🖱

이런 마인드로 무장한 그는 맷집이 세다. 세간의 평가에 일희일비하지 않고 우직하게 자신의 길을 걷고 있다. 실제 정치권에 샛별처럼 등장한 인물 중 윤 대통령을 제외하면 안철수처럼 장거리를, 장시간 뛰고 있는 인사도 없다. 고건 전 국무총리, 문국현 전 유한킴벌리 대표, 정몽준 아산재단 이사장, 반기문 전 유엔 사무총장 등 정치 신인은 모두 잠깐 빛나다 스러져 갔다.

소명의식과 책임윤리 갖춘 IT 전문가

안철수는 정치인으로 활동하면서 박수 받는 '성공'보다 야유 받는 '시련'이 많았다. 본격적인 정치 입문 전 2011년 서울시장 출마 양보, 2012년 대선 후보 단일화와 2014년 신당 추진 등 과정에서 잇따라 물러서면서 그는 '또 철수'라는 별명을 얻었고 이후 2022년 대선에서 국민의힘에 입당하면서 중도개혁정당 실험은 중단됐다.

안철수도 1990년 3당 합당 당시 "호랑이를 잡으려면 호랑이굴로 들어가야 한다"고 말했던 김영삼 전 대통령과 같은 심정이었을 것이다. 세간의 평가도 혹독했고 사람들은 그에게서 등을 돌리기 시작했다. 그럼에도 어느 곳, 어느 정당에서라도 정치 변화를 이끌고 자신이 구상해온 정책을 만들겠다는 게 안철수의 생각이라고 한다.

그는 초지일관 정치권의 혁신을 촉구하는 '메기' 역할을 해왔다. 여전히 안철수는 기성 정치인에 비해 때가 덜 묻고 깨끗하다는 평가를 받는다. 안철수 측 관계자는 "여전히 다른 정치인에 비해 안철수는 정의와 공정 가치에 걸맞다"라며 "인수위원장을 하면서도 일을 잘한다는 능력을 인정받았고 이미 모든 검증을 다 거쳤다. 실사구시實事求是, 실용의 정신과 소명의식을 가지고 정치를 하는 인물"이라고 설명했다.

그는 책임질 줄 알았다. 2014년 새정치민주연합 공동대표 시절 7·30 재·보궐선거에서 패배하자 김한길 당시 대표와 함께 자리에서 물러났다.

특히 2016년 20대 총선에서 그가 창당한 국민의당은 정당 득표율 26.7퍼센트, 의석수 38석을 얻으며 원내 3당에 자리 잡으며 상한가를 쳤다. 하지만 그해 6월 국민의당 리베이트 의혹 사건이 터지고 주요 인물이 구속되자 "정치는 책임지는 것이다"라며 대표직을 던졌다. 당시 관련자들은 혐의를 부인했고 청와대의 기획사정 의혹도 제기됐지만, 왕모 사무총장에 대한 구속영장이 발부되자 안철수는 '일보 후퇴'를 선택한 것이다. 이듬해 1월 연루된 이들은 모두 1심에서 무죄를 선고받았고 이후 대법원에서 최종 무죄가 확정했다.

이와 별개로 2017년 대선 과정에서 문재인 전 대통령의 아들과 관련된 제보 조작 사건이 불거지자 직후 대국민 사과를 하며 고개를 숙인 일도 있다.

그는 무엇보다 정치권에서 몇 안 되는 정책 전문가다. 특히 IT에 대한 전문성이 있고, 이를 바탕으로 '미래'라는 화두를 계속 던지고 있다. 그는 2016년 6월 국회 교섭단체 대표 연설을 통해 "4차 산업혁명 시대에 대응할 수 있게 교육과정이 바뀌어야 한다. 소프트웨어 교육과 코딩 교육이 절실하게 요구된다"고 밝혔다. 당시 정치권에는 낯선 문장이었지만 몇 년 전부터 초등학교에서부터 코딩 교육은 일반화됐다. 이렇게 그는 앞서갔고 '퍼스트 무버'이자 '트렌드 세터'였다.

얼리 어답터이기도 했다. '안철수 마크맨'이던 2016년경 그에게 '주말에 무엇을 하시느냐'고 물었더니 "넷플릭스를 본다"는 답이 돌아왔다. 정보기술IT 문외한인 필자는 당시 공유파일 서비스 등에서 다운로드를 해 영화를 봤고, 안철수가 미국에서 시작한 넷플릭스에 대해 설명을 했지만 제대로 이해할 수 없다. 몇 년 뒤에서야 필자도 우리의 안방을 점령한 넷플릭스를 보기 시작했다.

안철수의 패착 시리즈

정치권에서 안철수의 패착으로 꼽는 장면이 몇 가지 있다. 한때의 잘못된 판단과 결정, 그리고 예상하지 못한 돌출 행동이 그의 미래를 바꿨던 것이다.

첫째는 2017년 4월 대선 TV 토론회에서 당시 문재인 후보를 향해 '제가 MB의 아바타입니까?' '제가 갑철수입니까?'라고 물어 스스로 그 프레임에 갇힌 것이다. 스스로 상대 진영의 주장을 언급하면서 오히려 이를 모르는 사람들에게까지 널리 알리게 된 꼴이었다. 같은 이유로 『코끼리는 생각하지 마』의 저자 조지 레이코프는

'경쟁자의 프레임을 공격하지 말라'고 했다. 특히 안철수 특유의 말투로 인해 '안초딩'이라는 별명까지 널리 퍼지게 됐다.

둘째는 2011년 서울시장 후보 양보와 이후 두 차례 서울시장 선거 출마다. 정치 입문 전 유력 서울시장 후보로 거론됐다가 박원순 전 서울시장에게 후보직을 양보했고, 이후 2018년과 2021년에 두 차례 출마했지만 체면을 구겼다. 2018년에는 박 시장에게 패배했고 박 시장의 사망으로 치러진 2021년 보궐선거에서는 오세훈 서울시장과의 야권 후보 단일화 과정에서 본선에 진출하지 못했다. 역사에서 가정법이 의미가 없다지만 그가 2011년 서울시장에 출마했다면 안철수와 박원순의 미래도 달라졌을지 모른다.

셋째는 국민의당과 바른정당의 통합을 추진해 결과적으로 자기 손으로 만든 국민의당을 소멸시켰다는 것이다. 안철수는 대선 패배 석 달 만에 치러진 2017년 8월 국민의당 전당대회에 출마해 다시 대표가 된 뒤 유승민 전 의원이 주도한 바른정당과 합당을 결의했다. 중도보수와의 통합을 통해 이듬해 지방선거에서 서울시장 당선 등 제3당의 바람을 일으켜보겠다는 취지였지만, 호남계 의원과 갈등을 빚으면서 결국 자신이 만든 국민의당을 역사 속으로 사라지게 했다. 그 뒤 서울시장 후보에 출마한 본인은 3위에 그쳤고, 광역단체장은 물론 기초단체장 한 명도 당선시키지 못했다.

이에 대해 중앙대 법대 교수 출신이자 국민의당 소속이었던 이상돈 전 의원은 "서울시장 선거에 도움도 안 되는 박지원, 정동영, 천정배 등 호남 다선 의원들을 버리고 바른정당과 합쳐서 그럴싸하게 포장해서 바른미래당을 만들면, 교섭단체일뿐더러 2016년 총선에서 국민의당이 얻은 많은 득표수까지 계산이 되어서 거액의 선거

보조금을 받을 수 있다는 계산이 있었던 것"이라고 비판했다.* 이후 국민의당 출신 일부는 바른미래당을 거쳐 보수 정당으로 갔고, 일부는 민주평화당, 민생당 등으로 갔다가 21대 총선에서 대부분 낙선했다.

이밖에 2018년 8월 마포 싱크탱크 사무실에서 벌어진 '줄행랑' 사건은 여전히 미스터리로 꼽히고, 2020년 총선 기간에 벌인 '마라톤 유세'는 유례없는 '뜬금포'였다는 평가가 많다.

안철수를 떠난 측근들 "사회성·공감 능력 떨어져"

고전하고 있는 '안철수의 길'에 대해 혹자는 안철수 개인의 문제(내부 요인)로, 혹자는 정치권의 속성, 그를 이용하는 주변인들의 문제(외부 요인)로 여기기도 한다.

그의 옛 측근은 "안철수의 가장 큰 문제 중 하나는 마이너스의 정치를 한다는 것"이라며 "기본적으로 사회성이 떨어진다. 정치는 플러스를 계속해야 되는데 주변 사람들을 자꾸 버리고 마이너스를 하는데 정치가 되겠느냐? 실패할 수밖에 없는 것"이라고 했다.

안철수가 다른 정치인들에 비해 무심하고 공감 능력이 낮다는 게 공통적인 평가다. 특히 선거 때 모든 걸 걸고 뛰어들었던 캠프 인사들은 안철수와 여러 에피소드를 겪으며 서운해하거나 실망감을 느꼈을 가능성이 높다.

---

*   이상돈, 「시대를 걷다: 이상돈 회고록」, 에디터, 2021.

안철수의 대선 출마 선언 전 비공식 캠프에 합류했다가 2014년 하반기에 사실상 결별했던 금태섭 전 의원. 그는 2015년 8월 『이기는 야당을 갖고 싶다』는 책을 냈다.

이 책에서 화제가 됐던 내용 중 안철수에 대한 두 가지 에피소드가 있다. 먼저 대선이 끝난 직후인 2013년 초, 그가 샌프란시스코로 안철수를 찾아갔을 때의 두 가지 장면이다. 안철수가 금태섭이 머무르는 호텔로 차를 몰고 왔는데 주차장이 길 건너편에 있었다. 호텔 입구라 차가 거의 없어 금태섭은 차도를 건너다녔었는데, 그날 안철수는 좁은 인도를 따라 앞마당을 빙 돌아서 오더라는 것이었다. 이것이 안철수가 법과 규칙을 잘 지킨다는 것을 잘 보여주는 에피소드였다. 금태섭은 "사소해 보이는 이 장면이 왜 많은 사람들이 안철수에게 열광하고 희망을 품었는지 알게 해주는 하나의 단서를 제공한다"고 썼다.

두 번째 장면은 이렇다. 샌프란시스코에서 두 사람은 안 후보의 차를 타고 대학 캠퍼스로 가 두 시간 정도 학교 뒤 언덕을 걸으며 이야기했다. 그런데 시멘트로 포장된 산책길은 편도가 둘이 걷기에는 비좁았다. 한 사람은 진흙길을 걸어야 했다. 안철수가 맞은편에서 오는 사람을 피하기 위해 오른쪽 가장자리 쪽으로 바짝 붙어서 걸었고 금태섭은 진흙길을 걸어야 했다. 다음은 원문에 있는 내용이다.

"무척 흥미로운 경험이었다. 오랜 기간은 아니라도 함께 대선을 치렀기 때문에 안 후보(안철수)의 성품을 어느 정도는 안다. 자신이 편하자고 일행에게 불편함을 강요하거나 혹은 다른 이유에서라도 누구를 괴롭히는 유형은 전혀 아니다. 내가 진흙길로 걷는다고 해서 안 후보가 더 편한 것도 아니었다. 만일 알았다면 나보고 시멘트길로 걸으라고 권유했을지도 모른다. 안 후보는 단지 내가 불편한 길로 걷고 있다는 것을 전혀 몰랐던 것이다. 두 시간 동안 이야기를 나누면서 나란히 함께 걷는데 옆 사람이 어떤 길을 걷는지 눈치를 못 채는 것은 정말로 인상적이었다."*

안철수가 자신의 주변에 관심이 없는 성격이라는 의미이다. 책이 나온 직후 이에 대한 안철수의 반응이 기록에 남아 있었다. 취재원은 익명으로 처리한다. 누구의 말이 맞았는지는 독자의 판단에 맡긴다.

"안철수는 금태섭이 낸 책과 관련해 ○○○에게 금태섭에 대한 서운함을 표시했다고. (중략) 안철수는 '금태섭이 흙길로 걷겠다고 해서 그렇게 됐다'며 뒤통수를 맞았다는 식으로 억울해했다." — 취재 메모 중 🖱

또 다른 일화도 있다. 2013년 3월 미국 샌프란시스코에 머무르던 안철수가 서울 노원병 보궐선거를 위해 귀국한 다음 날이었다. 첫 일정이 국립서울현충원 참배였다. 행사를 마치고 그를 돕던 인사들과 중국집에 모여 점심식사를 했다. 노원병 출마에 대해 이야기하며 "다시 열심히 하자"고 의기투합하는 자리였다.

* 　금태섭, 『이기는 야당을 갖고 싶다』, 푸른숲, 2015.

안철수가 먼저 나간 뒤 남은 사람들이 이야기를 더하고 식당을 나서는데, 식당 주인이 불렀다. "여기 계산 안 하셨는데요."

당시 자리에 있던 한 인사는 "안철수가 '덤터기' 씌우려고 한 건 아니라는 걸 다 알면서도 기분이 좋지 않았다"며 "대선 때 고생하고 보상을 받은 것도 아니고 또 고생하겠다고 모인 건데…. 그 뒤 의원이 된 뒤로는 이날 얘기를 하지는 않고 '그러면 안 된다'고 얘기했다. 안철수는 기억도 못 할 거다"라고 했다.

✦ 안철수 의원의 원내정당 이력

안철수의 원내정당 이력

2014년 3월 26일	새정치민주연합 공동대표 (공동대표 김한길)
2016년 6월 13일	20대 국회 개원 국민의당 상임공동대표 (공동대표 천정배)
2018년 2월 13일	바른미래당 창당 30석
2020년 2월 23일	국민의당 3석 (대표 안철수)
2022년 4월 18일	국민의힘과 국민의당 합당

'마이너스의 정치', 130석 → 38석 → 30석 → 3석

"별 하나에 박경철과 별 하나에 김한길과 별 하나에 박지원…."
시인 윤동주의 「별 헤는 밤」처럼 그를 떠나간 사람들의 이름을 하나
씩 불러봤다. 도저히 셀 수 없을 것 같아 숫자 세기를 포기했다. 그를
떠난 인사들과 안철수가 이끌었던 정당의 의석수를 세보면 왜 '마이
너스', '뺄셈'의 정치를 한다는 평가를 받는지 자명하다.

2012년 진심캠프를 시작으로 안철수를 따르던 많은 캠프 자원
봉사자, 의원, 보좌진, 멘토 등이 그를 떠나거나 아예 정치권을 떠났
다. 그가 이끌던 정당의 의석수는 2014년 130석에서 2020년 3석
으로 줄었다. 영화 〈벤자민 버튼의 시간은 거꾸로 간다〉에서 주인공
이 나이를 거꾸로 먹듯.

지금 그의 옆에 남아 있는 인사는 거의 없다. 핵심 브레인인 이
태규 의원, 최측근인 김도식 전 서울시 정무부시장 등 극소수다. 국
민의힘 전당대회 캠프에서 처음 안철수를 도왔던 김영우 전 의원 등
이 새로울 정도다. 2012년과 비교할 때 안타깝고 아쉬운 대목이다.

안철수가 정치권에 입문할 때 큰 역할을 했던 '시골의사 박경
철'은 2014년경 이전 이미 관계가 끊겼고, 그를 야권으로 데려와 새
정치민주연합 공동대표를 했던 김한길 전 대표도 여러 차례 실망한
채 2022년 대선에서 윤석열을 도왔다.

2017년 대선 당시 국민의당 대표이자 호남의 맹주였던 박지원
전 국가정보원장. 그는 당시 안철수를 열심히 도왔지만 그의 발언을
계기로 결별했다. 안철수가 당선되면 박지원이 국무총리가 될 것이
라며 '상왕 논란'이 일었던 때였다. 그러자 박지원은 전북 정읍 유세

현장에서 "(총리가 아니라) 남북 관계를 개선해서 초대 평양대사가 되는 게 꿈"이라고 했다.

하지만 안철수는 2017년 4월 대선 TV 토론회에서 바른정당 유승민 후보 등에게 공격을 받자 "그분(박지원)의 말씀은, 북한과 언제 관계가 개선되겠나, 수십 년이 걸릴 수도 있다. 그래서 농담 삼아 한 것으로 알고 있다"고 말했다. 김대중DJ 대통령의 비서실장 출신인 박지원으로서는 안철수가 DJ의 철학과 이념, 햇볕정책 등을 부정한 것 같은 느낌을 받았다고 했다. 특히 그때 박지원은 아침에 눈을 뜨면서부터 매일 경쟁자였던 문재인 전 대통령을 비판한다는 의미로 '문모닝' 한다는 비난을 받을 정도로 안철수 당선에 전력을 다하던 때였다.

이처럼 안철수 주변 인물들은 자신의 제안이나 정체성을 부정당하거나 안철수가 말을 바꾸거나 자신을 안 챙기거나 할 때 그를 떠났다. 다음은 2017년 대선을 석 달 앞둔 2월 국민의당 한 의원이 했던 이야기다.

> "안철수가 대화를 해도 피상적인 얘기만 되지, 깊이 있는 대화가 안 된다. 솔직하게 자기 얘기도 하고 그래야 하는데, 그런 대화를 할 수 없다. 광주에서 안철수 열 번 넘게 만나고 돈도 1억 원 넘게 썼다는 지지자가 있는데, 안철수가 자기를 만나도 못 알아본다고 화냈다고 하더라. 권노갑 고문도 목포 행사에서 안철수를 만났는데 다른 사람 악수하듯이 그냥 악수만 하고 지나가서 권노갑 측근들이 부글부글하더라고."
>
> ─ 취재 메모 중 🖱

"사람들 마음을 얻으려면 돈을 좀 써야 되는데…"

2000억 원에 육박하는 자산가인 안철수에 대해 "있는 사람이 더하다"는 말이 계속 따라다녔다. 2015년 10월 들은 이야기다.

> "김한길 대표가 나에게 안철수를 도와주라고 했다. 그러면서
> '그런데 안철수 짠데 어떡하냐'고 했다. 예전에 전당대회 때
> 점심을 시켜 먹는데 전단지 두세 개를 놓고 가장 싼 3800원
> 짜리 짜장면을 시키는 것을 보고 경악했다고 하더라."
>
> ― 취재 메모 중 🖱

3800원짜리 짜장면을 먹는 건 안철수가 검소하다는 증거다. 다만 문제는 주변 사람들을 신경 쓰거나 베풀지 않았다는 것이다. 정치인은 월급이 나오지 않는 선거캠프 식솔들을 위해 돈을 쓰지 않는다면 마음이라도 써야 한다. 부자인 안철수가 돈도 마음도 쓰지 않았다고 느낀다면 그들은 서운하게 느낄 수 있다. 돈보다 중요한 것은 마음이다.(선거 때 정해진 비용이 아니더라도 경조사를 포함해 선거 운동원 밥값 등 사람에게 투자하는 비용이 많이 든다.)

이 같은 일은 선거 때마다 반복됐다. 2017년 8월 당시 국민의당 정대철 상임고문에게 들었던 이야기다.

> "안철수가 전당대회 출마하기 전에 한번 만나자고 해서 고문
> 단 몇몇이랑 만났어. 권노갑 상임고문한테 '같이 가자'고 얘
> 기했더니 고개를 절레절레하더라고. 그래서 권 고문은 안 왔

지. 그날도 전당대회 나가면 안 된다고 말렸는데, 듣기만 하고 알겠다고 하더니 자기 논리를 주장하더라고. 결국 말도 안 들어. 그 뒤로는 전화도 한 번 안 와. '사람들한테 마음을 얻으려면 돈을 좀 써야 된다'고 했는데 고개만 숙이고 있더라. 결국 대선 때 우리가 쓴 교통비, 밥값 등 3000만 원도 우리가 그냥 썼잖아. 달라졌다고 스스로 얘기하는데, 하나도 안 바뀌었어…." — 취재 메모 중 🖊

안철수가 '짠돌이'가 된 데에는 부인인 김미경 서울대 교수가 재정권을 쥐고 있는 탓이라는 이야기도 있다. 중요한 결정을 내릴 때마다 김 교수가 관여했다는 이야기도 많다. 2017년 2월 서울 노원구의 한 극장에서 '안철수, 김미경과 함께하는 청춘 데이트' 행사에서 나온 김 교수의 발언을 듣고 뜨악했다는 측근들도 있었다.

"저희 집에는 아이가 네 명이 있다. 첫아이가 딸, 둘째가 안랩, 셋째가 동그라미재단, 넷째가 국민의당이다. 넷째는 부모가 많다. 아이는 마을이 키운다는 말을 하지 않나. 국민의당은 전 국민이 키우고 계신다. 이 아이를 마지막으로 잘 키워보는 게 저희 인생의 마지막 목표다. 내리사랑이라고 제일 막내라서 마음이 많이 쓰인다."

김 교수 스스로 남편의 창업부터 창당까지 같이 기여했다는 뜻이다. 동등한 부부 관계를 강조한 것이지만, 어떤 결정을 내릴 위치에 있지 않은 사람이 개입한다면 그게 비선이다. 그걸 공개적으로 내세운 것도 역시 문제다. 실제 측근들 사이에서는 김 교수에 대한 불만이 적지 않게 제기됐었다.

결국 2017년 대선을 앞두고선 김 교수를 둘러싼 갑질, 서울대 특혜 채용 등 각종 의혹이 제기됐다. 특히 남편의 의원실 보좌진들에게 2015년경 기차표 예매와 강의 자료 검토 등의 업무를 지시하고, 사적인 일에 의원실 차량을 사용했다는 의혹에 대해서 김 교수가 인정하며 직접 사과하기도 했다.

2027년 향한 안철수의 미래는?

안철수가 당장 22대 총선에서 지역구를 지키면서 4선 의원이 될 수 있을지 관심이다. 당장 국민의힘 내부에서는 안철수 험지 출마설과 함께 친윤계인 김은혜 전 대통령홍보수석비서관을 다시 분당갑에 공천해야 한다는 주장이 나오기도 했다.

이번 윤석열 정부는 안철수와 단일화를 통해 만들어낸 공동정부였지만 이미 인수위 시절부터 양측이 이견을 보이면서 친윤 측과 안철수 측이 사실상 갈라섰기 때문이다. 실제 현재까지 당시 공동정부 선언이 무색할 만큼 안철수 본인은 물론 측근 그 누구도 윤석열 정부의 구성원이 되지 못했다. 본인만 임시직인 대통령직인수위원장만 지내고, 김은혜 전 수석이 경기도지사 선거에 나가면서 공석이 된 경기 성남 분당갑에서 공천을 받아 당선됐을 뿐이다.

이에 대해 안철수는 2023년 8월 출장차 방문한 미국 워싱턴 D.C.에서 필자와 만나 지역구 사수 방침을 밝히며 "분당 건드리면 분당된다?"라고 농담 반 진담 반으로 말하기도 했다. 그는 "(지역구민들에 대한) 예의가 아니다"라며 "재·보궐선거 1년 10개월짜리 들어간 사람이 그다음에 출마 안 한 역사가 지난 10년간 뒤져보니까 단 한 건도 없더라고요. 말이 안 된다"고 잘라 말했다.(국회 외교통일위원인 안철수는 당시 존 볼턴 전 백악관 국가안보보좌관과 미국 싱크탱크 관계자 등을 만나 북핵 문제와 국제 정세 등에 대해 논의했다.)

대신 안철수는 이재명을 향해 총선에서 경기 분당갑에서 정면 승부를 하자고 목소리를 높이고 있다. 분당갑은 이재명이 시장과 도지사를 했던 정치적 고향이고 이번 사건의 중심인 대장동과 백현동이 있는 지역구이기 때문이다. 차기 구도를 '안철수 대 이재명'으로 만들어보려는 프레임이지만 현실화될 가능성은 낮다. 이재명 입장에서는 현재 지지율이 한참 뒤처지는 안철수와 상대할 필요가 없기 때문이다.

안철수는 과거 유력한 대선 주자의 자리를 되찾기 쉽지 않은 상태다. 이미 여권 내부에는 한동훈과 오세훈, 이준석, 홍준표, 원희룡 등 다른 잠재적 대선 주자가 적지 않다. 그만큼 향후 대선 경선이 치러지면 통과 가능성이 높지 않다는 말이다.

결과적으로 안철수는 친윤 세력의 후계자보다는 그 대체제인 당내 비주류의 리더가 될 가능성이 높다. 그만큼 윤석열 정부와 '불가근불가원'의 거리를 유지하면서 꾸준히 당내에서 지지기반을 확대하고 세력을 만들어야 한다. 또 본인의 강점을 토대로 기존에 자신을 지지했던 중도층 흡수 등 외연을 확장하는 게 정답일 것이다.

산 정상을 여러 차례 등반했던 안철수도 이제 다시 산 입구로 내려왔다. 그만큼 새로 시작해 꼭대기까지 올라갈 수 있다는 뜻이기도 하다.

그간 안철수 주변에서는 위기 때마다 "국민들이 그래도 안철수는 한 번 더 살려줘야 된다는 '미워도 다시 한번' 심리가 작동할 것"이라는 이야기를 해왔다. 실제 언더도그(약자를 더 응원하고 지지하는 심리) 효과도 적지 않게 누렸다. 직업정치인 출신이 아닌, 국민의 부름에 호응해서 나온 그였기에 지지자들도 "안철수는 정치한 지 얼마 안 됐으니까…"라고 봐준 측면이 있다. 이제 이 같은 심리도 약발이 다했다는 평가가 많다.

스포츠에서는 '중꺾마(중요한 것은 꺾이지 않는 마음)'라고 하지만, 특히 정치에서는 스스로 물러날 때를 아는 것도 중요하다. 계속 떨어져도 '한 번만 더 하면 될 거 같다'는 게 고시高試와 선거의 공통점이듯 정계 은퇴는 쉽지 않은 결정이다.

이미 그는 새정치라는 화두를 던지고 제3당 실험을 시도한 것만으로도 한국 정치사에 충분한 족적을 남겼다. 안철수는 정치가 아닌 다른 영역에서 우리 사회에 기여할 수 있는 방안이 많이 있을 것이다. 앨 고어 전 미국 부통령은 2000년 대선에서 조지 W. 부시 미국 대통령에게 패배한 뒤 환경운동가로 활동하며 2007년 노벨평화상을 수상하는 등 더 빛났다는 점을 기억할 필요가 있다.

여성 신화 써온 '눈물 많은 센 언니'
박영선

1960년 경남 창녕 출생
1982년 경희대학교 지리학과 졸업
1982년 MBC 아나운서로 입사, 이후 기자와 앵커로 활약
2004년 제17대 국회의원 (비례대표, 열린우리당)
2008년~2019년 제18·19·20대 국회의원 (서울시 구로구 을, 더불어민주당)
2012년~2014년 제19대 국회 법제사법위원회 위원장
2014년 새정치민주연합 원내대표
2019년 제2대 중소벤처기업부 장관

✦

'부드러운 직선'은 시인인 도종환 전 문화체육부 장관이 그의 시를 따 박영선 전 중소벤처기업부 장관(이하 박영선)에게 붙여준 별명이라고 한다. 부드러움과 곧음, 철과 여인. 모두 정반대의 성질을 띠고 있어 모순적이고 역설적인 것 같지만 꼭 그렇지도 않다. 박영선은 부드러우면서도 올곧고 카리스마가 있었다.

'엘레강스'한 공주과인 듯하면서도 억척스러운 무수리과다. 마키아벨리가 『군주론』에서 군주의 자질로 언급한 여우의 지혜와 사자의 용맹함이 있다. 둘 다 가지기 어려운, 양립 불가능한 품성이 동시에 내재된 듯한 미묘하고 복합적인 '멋'과 '맛'이 있다.

마침 이같이 모순적인 표현을 취재 메모에서 발견했다. 2014년 1월 당시 같은 당 중진이었던 유인태 전 의원이 했던 이야기다.

141

> **"박영선이 성질은 ○○워도 외국인투자촉진법안을 소신껏 저지하는 모습은 아름답잖아. 나는 다행히 박영선한테 아직 안 찍혔어(웃음)."** — 취재 메모 중 🖱️

당시 국회 법제사법위원장이었던 박영선은 2013년 12월 31일 여야 지도부가 처리하기로 합의한 외국인투자촉진법 개정안을 '재벌 특혜법'이라는 이유로 반대하며 심야까지 버텼다. 이에 따라 '2014년 예산안'은 해를 넘겨 처리가 지연됐고, 당시 여당으로부터 "몽니를 부렸다"는 지적도 받았다. 하지만 직언직설을 하고 소신이 있다는 점에서 '아름답다'는 평가를 받은 것이다.

그의 화법은 직설적이고 단호하다. 한 우물만 파는 외골수여서 때로는 자기 주장을 관철하기 위해 싸우는 일도 많았다. 전투력이 센 만큼 당 안팎에서 '적으로 돌리고 싶지 않은 사람'으로 꼽혔다. 대화가 안 통한다고 생각하거나 여기에 상처를 받은 이들은 그를 피하거나 '안티'가 됐다.

자신의 강성 이미지를 의식한 듯 박영선은 그해 5월 새정치민주연합(현 더불어민주당) 원내대표 선거 당일 정견 발표에서 다음과 같이 호소했고, 사상 최초로 첫 여성 원내대표에 선출됐다.

> **"제가 그렇게 센 여자가 아닙니다. 저도 눈물 많은 여자입니다. 저도 어머니의 마음으로 의원님들께 그렇게 다가가겠습니다."**

원내대표 선거 두 달 뒤 당시 정성호 의원은 이렇게 평가했다.

의원들을 휘어잡은 박영선의 카리스마를 엿볼 수 있는 대목이다.

> "박영선 원내대표가 된 것은 참 잘됐어. 일단 당이 참 조용해. 다른 사람이 원내대표가 됐으면 당이 난리 났을 것이다. 이미 탄핵당했을 것이다. 지금은 의총 때도 발언 신청자가 없다(웃음)." — 취재 메모 중 🖱

반면 그의 높은 전투력과 강성 이미지, 큰 감정 기복은 지도자로서의 단점으로 꼽히기도 했다. 2014년 8월 한 당직자의 이야기다.

> "지도자는 조지는 것보다는 문제 해결 능력이 필요하다. 그런데 박영선이 아직 적응 중인 거 같다. 아랫사람은 싸워도 본인은 싸우지 말아야 한다." — 취재 메모 중 🖱

박영선을 읽는 첫 번째 코드는 '여성'… 남성 주류 사회에 '도장 깨기'

> "여자의 뉴스 진행 솜씨가 남자를 따를 수 있겠느냐는 우려도 있어요. 그러나 최선을 다해 여성도 단독 앵커를 할 수 있다는 본보기를 보일 겁니다. 한국의 바버라 월터스가 되겠습니다." - 1983년 3월 30일, 「동아일보」 중에서

40년 전 『동아일보』에 처음 등장하는 23세 박영선의 인터뷰

기사에 나오는 내용이다. 당시 그는 밤 11시 50분에 방영되는 MBC TV 마감뉴스의 단독 앵커를 맡아 신문에 나올 정도로 화제가 됐다. 1981년 KBS 춘천지국에 아나운서로 입사한 뒤, 1982년 MBC에 입사한 직후 기자 직군으로 옮겨 입사 5개월 만에 23세의 '수습 여기자' 신분으로 단독 앵커를 맡은 것이다.

이처럼 한국의 대표적 여성 앵커를 꿈꿨던, 청초했던 20대 청년靑年은 MBC의 첫 여성 특파원, 여성 첫 경제부장 등의 꿈을 이룬 뒤 여성으로서 첫 대변인, 첫 정책위의장, 첫 법제사법위원장, 첫 원내대표 등을 지내며 대표적인 여성 정치인으로 변신했다. 남성이 주류였던 사회에서 '도장 깨기'(유명한 무술 도장을 찾아가 그곳의 유명한 강자들을 꺾는다는 의미)한 결과다.

박영선의 저서 『자신만의 역사를 만들어라』에 따르면, 그는 MBC LA 특파원이던 시절 미국 최초의 여성 부통령 후보가 됐던 페라로 여사를 인터뷰했을 당시 "여성으로 살아간다는 것은 남보다 두 배 더 노력해야 된다는 것입니다. 여성이란 콤플렉스를 극복하기 위해서요"라는 말을 들었다고 한다.* 그는 여성이라는 것이 왜 콤플렉스가 돼야 하느냐고 묻고 싶었지만, 극복이라는 의미에서 보면 남성도 콤플렉스가 될 수 있다는 생각이 들어서 질문은 하지 않았다고 한다.

박영선은 '여자이기 때문에…'라는 편견 섞인 말을 듣지 않기 위해서 업무를 빈틈없이 하려고 보다 노력했다. 소신을 지키면서 노력을 통해 실력을 키우고 기회를 만들었다.

---

*   박영선, 「자신만의 역사를 만들어라」, 마음의숲, 2012.

박영선은 어린 아들과 함께 시간을 보내지 못하는 데 안타까워했던 '워킹맘'이기도 했다. 엄마로서의 미안함과 반성 차원에서 똑같은 교재를 두 권 사서 보며 전화로 하루 30분씩 아이에게 수학을 직접 가르치기도 했다. 국회의원을 하면서도 아들 수학 책을 들고 다녀 놀림도 받았다고 한다.

스타 여성 앵커 1세대⋯ 겉은 '백조' 속은 '악바리'

박영선은 1960년 경남 창녕군에서 태어나 서울에서 학교를 다녔다. 그는 어린 시절부터 위인전과 고전, 시 등을 읽는 독서광이었다. 한 아나운서를 보고 방송의 꿈을 키웠다. 고교 2학년 때 방송반에 들어갔고, 방과 후에는 방송실에 남아 음악을 듣거나 친구들과 수다를 떨며 시간을 보냈다. 여기에 몰입하다 보니 3학년 때 성적이 계속 떨어져 1, 2학년 때 갈 수 있던 대학에는 결국 입학하지 못했다고 한다.

대신 대학에서 그는 남들이 잘 하지 않던 토플시험을 준비했다. 1학년 때부터 4년간 꾸준히 영어 공부를 하면서 향후 유창한 영어 실력을 갖추는 데 기반이 됐다. 유학을 다녀온 뒤 대학교수가 되라는 부모님의 희망과 방송국을 놓고 진로를 고민했다. 하지만 경희대 지리학과를 졸업한 뒤 방송국 입사시험에 합격했고 스타 앵커로 성장했다.

박영선은 MBC에서 이름을 떨친 여성 스타 앵커 1세대다. 169센티미터의 큰 키와 수려한 외모, 또박또박한 발음과 고유의 음색. 박영선 이후 백지연, 김은혜, 김주하 등 후배 앵커들이 전성기를 이어갔다.

그는 MBC 앵커 시절부터 욕심이 많고 '악바리'라는 평가를 들었다고 한다. 당시 군사정권인 전두환 정부 시절 메인뉴스인 저녁 9시 〈뉴스데스크〉는 기사 삭제 등 문화공보부의 제재를 많이 받았다. MBC의 한 동료의 전언이다.

> **"마감뉴스가 〈뉴스데스크〉보다 시끌벅적했어. 〈뉴스데스크〉에 못 나간 리포트를 방영하고 장관들 출연시키고 인터뷰도 하고. 감시의 눈이 덜하니까. 자기가 맡은 프로그램을 빛나게 해야 된다는 일념과 욕심…. 지금도 비슷한 거 같은데? 그런 열정 때문에 지금까지 온 거야."** — 취재 메모 중 🖱️

당시 11시 50분에 시작하는 마감뉴스 〈뉴스데이트〉는 15분짜리 방송이었다. 하지만 박영선이 이런저런 정치적 이유로 '킬'된 여러 리포트를 편성하면서 방송 시간이 15분을 훌쩍 넘었다고 한다. 그때마다 문화공보부에서 "빨리 방송을 끝내라"는 전화가 왔지만 비슷한 일은 계속 반복됐다.

박영선은 조명에도 민감하다. 방송에서는 조명의 성능과 위치 등에 따라 화면에 얼굴이 다르게 나오기 때문이다. 한번은 미국 방송국 관계자까지 불러 2000만 원 안팎의 예산을 들여 조명기기를 손봤다고 한다. (2014년 새정치민주연합 원내대표 시절 박영선이 주재하는 원내대책회의 등 회의실에도 조명기기가 설치됐다.)

이런 열정으로 박영선은 기자 시절 발로 뛰며 많은 성과를 냈다. 특히 국내외 유명 인사를 직접 인터뷰했다. 베니그노 아키노 전

필리핀 대통령, 넬슨 만델라 전 남아프리카공화국 대통령, 보리스 옐친 러시아 대통령 등 해외 인사는 물론 김영삼, 박근혜 전 대통령과 정주영, 정몽준 부자와 아티스트 백남준 등도 여기에 포함된다.

"깨끗한 정치로 나라를 바꾸겠다"는
정동영의 설득에 정치 입문

MBC 기자 시절 박영선은 한 번도 정치인을 꿈꾸지 않았다고 한다. 당시 정치권에 많이 진출했던 정치부 기자는 한 번도 하지 않았고, 주로 경제부와 문화부, 국제부 등에서 근무했다. 정치부에서 청와대 출입을 하면서 영부인 관련 보도를 담당하라는 요구도 있었지만 거절했다고 한다.

경제부 기자 출신으로 오히려 한 우물을 판 게 국회의원으로서 도움이 됐다. 그는 이를 기반으로 국회 재정경제위원회(현 기획재정위원회)에서 재벌 개혁을 외치며 '재벌 저격수', '삼성 저격수'라는 별명도 얻었다.

MBC 선배인 정동영 전 열린우리당 의장(당 대표)의 적극적인 권유로 그는 2004년 당 대변인으로 정치권에 입문했다. 정동영은 지인인 이원조 국제변호사를 박영선에게 소개해줬던 사이다.(박영선과 이 변호사는 1997년 3월 로스앤젤레스LA에서 결혼식을 올렸다. 당시 박영선의 나이는 37세였고, 이 변호사의 나이는 43세였다.)

박영선이 2015년 발간한 저서 『누가 지도자인가』에는 그가 정동영의 제안을 수락한 과정이 상세히 기록돼 있다. 2004년 1월 11

일 열린우리당 전당대회가 열리던 날 오후 4시경 정 전 의장이 전화를 걸어 저녁에 남편과 함께 보자고 했다.

> "중요한 부탁이 있어서 이렇게 보자고 했소. 깨끗한 정치를 국민께 전달하려면 그 이미지에 걸맞은 당 대변인이 필요한데, 그 역할을 꼭 맡아주시오. 당선 축하 모임에도 가지 못하고 여기로 왔습니다. 당 의장이 돼서 처음 하는 간절한 부탁이니 맡아주시오."
> 예상하지 못한 제의였지만 크게 놀라지는 않았다. 그렇지만 나의 대답은 부정적이었다.
> "정치하는 것은 제 일이 아닌 것 같습니다"라고 답하며, 정 의장을 당 공식 축하모임에 보내고 자리에서 일어났다.[*]

사실 그가 정치권의 러브콜을 받은 것은 사실 그보다 훨씬 전이었다. 2000년 총선을 앞두고 한나라당과 민주당 양쪽에서 제안이 들어왔지만 딱 잘라 거절했다고 한다.

하지만 의외로 남편은 "대한민국 사회는 좀 더 깨끗해질 필요가 있고, 정 의장이 그런 정치를 하겠다고 하니 가서 한번 도와주는 것도 의미 있는 일이라는 생각이 드는데…"라고 찬성했다. 이틀 뒤 아침 정 의장은 깨끗한 정치로 나라를 바꿔보겠다고 거듭 설득했고, "남편을 중매해줬으니 그 빚을 갚으라"는 말까지 하자 박영선은 그날로 MBC에 사표를 내고 당 대변인직을 수락했다.

[*]　　박영선, 「누가 지도자인가」, 마음의숲, 2015.

정치인으로 변신한 그는 2004년부터 열린우리당 비례대표 의원으로 활동했다. 그 과정이 순탄치만은 않았다. 정치권 입문을 이끌었던 정동영은 17대 대선에서 후보로 나섰다. 박영선은 그 과정에서 경제 분야 취재 경험 등을 바탕으로 2007년 당시 한나라당(현 국민의힘) 이명박 대선 후보의 BBK 주가 조작 의혹 제기에 앞장섰다. 하지만 정동영은 이명박 전 대통령에게 패배했고, 박영선은 관련 의혹 제기에 대한 명예훼손 혐의로 고발됐다. 가족과 주변인에 대한 검찰 수사가 시작된 게 그에게는 큰 상처였다.

2008년 3월 검찰로부터 출석요구서가 날아와 검사와 직접 통화를 했는데, 그 검사는 "혹시 이번 선거에 출마 안 하십니까? 출마하시면 소환을 조금 뒤로 미룰 수 있을 것 같아서…"라며 지나가는 말처럼 물었다고 한다.

그 말을 계기로 재선 출마 결심을 굳힌 박영선은 서울 구로을 지역구에서 출마해 당선된다. 그는 그해 5월 말 검찰 조사를 받았고 무혐의 처분을 받았다. 하지만 검찰 수사 과정에서 한국에서 근무하기 힘들어진 남편은 초등학교 5학년인 아들을 데리고 일본으로 건너갔다. 당시 가족이 흩어진 건 평생 회한이 됐다.

하지만 그는 자신의 약점을 강점으로, 위기를 기회로 바꿀 줄 알았다. 재선 의원이 되면서 그는 상임위를 기획재정위원회 등 경제 분야가 아니라 법무부와 검찰을 담당하는 법사위로 바꾸며 검찰 개혁 목소리를 냈고, 3선 의원 때는 법사위원장을 맡았다. '나를 죽이지 못하는 것은 나를 더 강하게 만들 뿐이다'라는 니체의 말처럼, 박영선은 점점 강인해지고 '철의 여인'이 되어갔다.

2016년 분당 과정에서 국민의당 대표 제안 받았지만 잔류

정치권만큼 "영원한 동지도, 영원한 적도 없다"는 말이 잘 들어맞는 곳이 없다. 여야가 고성이 오가며 싸우다가도 '하하~ 호호~' 웃으며 손잡고 사진을 찍는 게 여의도다. 인간관계보다 어쩌면 이해관계가 더 중요한 곳이다. 그런데도 배신자 프레임은 잘 먹힌다.

박영선은 '독고다이'형이다.(독고다이는 특공대特攻隊의 일본어지만, 특공대와는 어감이 좀 다르다.) 계파에 속해 수장의 리더십을 배우고 따르며, 수장의 지원사격을 받아 성장하는 기존 정치의 문법을 벗어나 있다.

박영선은 정동영의 삼고초려로 영입된 대표적인 DY계였다. 하지만 정동영이 2007년 대선에서 패배하고 2009년 3월 탈당하면서 사실상 DY계는 역사 속으로 사라졌다.

박지원 전 국가정보원장이 원내대표이던 시절인 2010년 김태호 총리 후보자 인사청문회 등에서 호흡을 맞추며 박선숙 전 의원과 함께 세 사람은 '박남매'로 불렸다. 박영선은 2011년 서울시장 보궐선거에서 당내 경선에서 1위를 하며 존재감을 드러냈다. 하지만 통합경선에서 결국 박원순 서울시장에게 뒤처졌다.

손학규 대표 시절에는 정책위의장을 맡으며 두각을 드러냈다. 하지만 2012년 대선에서는 일찌감치 경희대 선배이자 유력 주자였던 문재인 의원을 도왔다. 어느 계파 소속이라고 보기 어려운 이유다. 2015년 2·8 전당대회를 앞두고 김부겸 전 국무총리의 전당대회 출마를 밀었다. 문재인, 박지원 등보다 젊은 사람들이 나서야 한다고 생각했기 때문이다. 그러나 김부겸은 출마하지 않았다. 이 때문에 박지원과도 당시 이상 기류가 흘렀다. 2015년 1월 박지원의 이야기다.

> "지난해 9월 박영선 탈당 기사를 썼던 CBS 김OO 기자가 '형님' 하며 전화가 왔다. '박영선 탈당하면 당내에서 같이 나가려는 움직임이 있을까?' 라고 얘기를 하기에 '박영선이 탈당하면 129 대 1이 될 것이다. 하지만 한 명도 따라 나가지 않을 것' 이라고 얘기했다. 근데 그걸 기사로 썼잖아. 그걸 박영선이 보고 불쾌하게 생각했어." — 취재 메모 중 🖱

당시 박지원은 박지원대로 박영선이 자신의 전당대회 출마를 돕기는커녕 '김부겸을 적극 돕겠다'고 선언하자 상당히 섭섭해했다고 한다. 그러다 2016년 안철수 의원이 국민의당을 만들자 박영선은 탈당을 고민하다 고심 끝에 민주당에 잔류했다. 탈당한 뒤 국민의당에 합류한 박지원 등 이른바 '비문(비문재인)' 의원들과는 다른 길을 걸은 것이다.

박영선은 당시 안철수로부터 국민의당 대표직을 제안받았지만 이를 거절했다.* 당시 문재인 대표가 사퇴를 선언한 데다 '30년 인연'이 있는 김종인 비상대책위원장의 설득에 잔류하기로 결심했다는 것이다. 박영선은 기자 시절 김종인이 청와대 경제수석 시절부터 만나 인연을 쌓아왔고, 김종인은 박영선을 비상대책위원으로 선임해 지도부에 포함시켰다.

---

*   황형준, 「당 잔류 박영선 "국민의당 대표직 거절"」, 「동아일보」, 2016년 1월 22일.

박영선은 2017년 대선을 앞두고 경선 과정에서 안희정 전 충남도지사 캠프에 참여했지만, 같은 해 4월 문재인 후보가 대선 후보로 선출되자 캠프 공동선거대책위원장을 맡았다.

시련의 계절 맞았던 2014년 여름… '논개 전략'으로 되치기

박영선이 2012년 대선과 달리 안희정 캠프에 들어간 것은 2014년 원내대표 당시 친문(친문재인) 진영으로부터 공격받았던 경험과 무관치 않다. 그는 2014년 5월 '투표함을 까보기 전까지는 누가 될지 예상하기 어렵다'는 원내대표 선거에서 여성으로서 처음으로 당선되며 주목을 받았다. 그러던 중 2014년 7·30 재·보궐선거에서 민주당이 패배하면서 김한길, 안철수 당시 공동대표는 다음 날 바로 사퇴했다. 원내대표였던 박영선이 비상대책위원장을 잠시 겸임하게 됐다. 그러면서 내분이 시작됐다.

시작은 박영선이 여당인 새누리당(현 국민의힘)과 세월호 참사 특별법에 합의하면서다. 당시 야당으로서는 특별조사위원회와 특검 구성 방식 등에서 유가족 등에게 보다 유리한 법안을 밀어붙여야 하는 상황이었다. 하지만 여야가 특별법 처리를 두고 기싸움을 이어가면서 식물국회라는 비판이 이어졌다. 이에 유가족과 시민단체는 세월호 특별조사위원회에 수사권과 기소권을 부여하자고 주장했지만, 박영선은 새누리당이 이 같은 안을 절대 받지 않을 것이라고 생각해 수사권과 기소권을 삭제한 타협안을 합의했다.

그러자 유가족 등은 거세게 반발했고, 당내 주류였던 친노(친노무현) 강경파 의원들이 의원총회에서 특별법 합의안을 거부하며 혼란이 벌어졌다. 당시 의원이었던 문재인 대통령이 "유족이 반대하는 특별법은 반대한다"는 취지로 합의안 반대 목소리를 냈고, 급기야 세월호 참사 유족인 김영오 씨의 단식에 동참했다.

박영선은 의원들 설득에 나섰지만 여야 재합의안도 야당 내부에서 반대하면서 리더십에 상처를 입었다. 급기야 비대위원장을 내려놓았지만 친노 강경파들은 원내대표직 사퇴를 요구했다. 그때 박영선은 참 많이 울었다. 당시 그의 옆에 있던 한 당직자의 말이다.

> "회의를 하는 동안 바로 옆에서 의원들이 번갈아 면전에서 박영선을 조졌어. 얼마나 굴욕적이었겠어. 그런데도 박영선은 그 의원들 앞에서 20~30분 꿋꿋하게 버티더라. 그러다 회의가 끝나자마자 내실로 들어가 결국 소리 내서 울더라고. 분에 못 이겨서…." — 취재 메모 중 🖱

후임 비대위원장 영입을 놓고도 혼란이 이어졌다. 특히 새누리당 비대위원을 지낸 이상돈 중앙대 교수 영입을 타진했다가 우여곡절 끝에 불발되면서 박영선은 사퇴 위기에 몰렸다. 강경파 의원들은 "독단적 결정"이라며 박영선의 원내대표직 사퇴를 요구하며 연판장까지 돌렸다. 박영선 측은 당시 문재인 의원도 이 교수를 함께 만나 영입에 동의했는데, 측근과 지지층이 강하게 반대하니 한 발 물러났다고 억울해했다.

3자 회동과 당시 제안이 철회되는 과정에 대해 이상돈 전 교수가 회고한 내용이 있다.

"화제가 선거와 공천으로 옮겨가자 문재인 의원은 기존 당원과는 달리 모바일 당원이 주축이 된 정당 민주주의에 대해 잠시 이야기를 했다. 문재인 의원은 나한테 박 의원과 함께 도와달라고 부탁했다. (중략) 돌이켜보면, 박 의원이 문재인 의원의 말을 너무 믿은 것이 잘못이었다. (중략) 아마도 친노를 계승한 친문 세력은 안철수-김한길 공동대표 체제에 이어서 박영선-이상돈 공동 체제로 이어지면 자신들의 당내 입지가 약화하는 것이 아니냐고 생각했을 수도 있다."[*]

결국 박영선은 이상돈 카드를 철회했고, 당은 '문희상 비대위' 체제로 전환됐다. 당권을 노렸던 문재인, 정세균, 박지원 모두 비대위원으로 합류했다. 거듭된 원내대표직 사퇴 요구에 탈당까지 시사했던 그는 선출 5개월 만에 10월 초 세월호 특별법 합의안이 마련되자 원내대표직을 내려놓았다. 그러면서 '사퇴의 변'을 의원들과 언론에 보냈다.

"직업적 당 대표를 위해서라면 그 배의 평형수라도 빼버릴 것 같은 움직임과 일부 극단적 주장이 요동치고 있었던 것도 부인할 수 없습니다."

범친노계의 수장이자 '직업적 당 대표'로 지목된 정세균은 당시 "'박영선'스러운 사퇴문"이라며 불편한 심경을 드러냈다. 이미

---

[*] 이상돈, 『시대를 걷다: 이상돈 회고록』, 에디터, 2021.

당 대표를 세 번 했는데도 또 욕심을 내냐는 뉘앙스가 담긴 표현이었다. 직격탄을 맞은 정세균은 결국 이듬해 전당대회에 출마하지 않았다. 죽어도 혼자 죽지 않겠다는 일종의 '논개 전략'이었던 셈이다.

이후 박영선은 한동안 당내 고질적인 문제 중 하나인 계파주의에 주목하며 이를 청산해야 한다고 목소리를 냈다.

22개월간 국무위원 경험 뒤 서울시장 재도전

박근혜 전 대통령 탄핵으로 조기에 치러진 2017년 5월 대선에서 문재인 정부가 출범한 뒤 박영선은 2019년 3월 2대 중소벤처기업부 장관으로 발탁됐다. 무엇보다 추진력과 성과를 낼 줄 안다는 평가 덕분이었다. 2021년 1월까지 2년가량의 국무위원으로서 그는 신명나게 일하며 정책을 추진한 시기였다.

제2의 벤처붐을 강조한 결과 벤처 투자액도 늘었고, 상생을 목표로 대기업과 중소기업 간 인프라와 노하우 등을 공유하는 프로그램도 진행했다. 코로나19에 따른 마스크 대란 해결, 소상공인 피해 지원금 신속 지급 등 국난 극복에도 힘을 보탰다.

그 결과 그는 중기부 직원들한테도 인기가 높았다. 2018년 중소기업청에서 격상된 지 얼마 안 됐던 중소벤처기업부로서는 힘 있는 정치인 출신이 수장을 맡아 역대 최대 예산을 따오고 숙원이었던 대전에서 세종으로의 청사 이전을 관철시켰다.

국회의원을 하며 쌓였던 상처와 트라우마 등도 상당히 극복된 것처럼 보였다. 자신을 원내대표에서 몰아냈다고 여겼던 정세균 전 국무총리와의 악연도 총리와 장관으로 다시 만나면서 관계가 개선됐다. 박지원이 문재인 정부에서 국가정보원장에 임명되고 민주당으로 복당하면서 두 사람도 다시 예전과 같은 '찰떡궁합'으로 돌아왔다.

박영선은 2021년 4월 치러진 서울시장 보궐선거에서 당의 강한 출마 요구를 받으면서 결국 중기부를 나왔다. 그는 퇴임 인사로 "때로는 '질주 영선', '버럭 영선'을 꾹 참고 따라와 주신 직원 여러분께 뜨거운 사랑을 보낸다. 이제 제가 꼭 보듬고 싶었던 여러분들에게 모든 것을 맡겨두고 갑니다"라고 밝혔다.

박영선은 비례대표 의원을 지낸 뒤 구로을에서 내리 3선을 지내며 선거에 강한 모습을 보였다. 여성 앵커 출신이자 중량감 있는 4선 의원 출신으로 전국적인 인지도를 쌓아왔기 때문이다. 하지만 대선주자급으로 도약할 수 있는 계기인 서울시장 선거에서는 경선을 포함해 세 번이나 실패했다. 세 번 중 두 번은 모두 당의 뜻에 따라 억지로 떠밀려 나간 선거였다.

특히 2021년 서울시장 보궐선거가 그랬다. 부동산 대란에 이어 민주당이 보궐선거 사유 제공 시 무공천하겠다고 한 약속을 뒤집으면서 이미 민심은 기운 상태였다. 당시 그는 몇 개월 동안 서울시장 출마를 고사하며 김동연 현 경기도지사 등 다른 인사의 출마를 권유했다고 한다. 하지만 김동연 등이 최종적으로 출마를 고사하자 그도 최종적으로 이를 거절할 수 없었다고 한다. 물론 이런 상황이라야 선거에서 지더라도 '다음'이 있을 것이라는 생각을 했을 것이다.

결국 박영선은 출사표를 던졌지만 57.50퍼센트를 얻은 오세훈 후보에 이어 39.18퍼센트의 득표율을 얻으면서 2위에 그쳤다. 이후 이재명 캠프의 디지털대전환위원장을 맡아 대선을 도왔지만 민주당은 정권 연장에 실패했다.

그 덕에 박영선은 쉼표가 거의 없던 인생에서 다시 오지 않을 휴지기를 보내고 있다. 한편으로는 전화위복인 셈이다. 2021년 9월부터 3개월간 미국 전략국제문제연구소CSIS 수석고문으로 활동하며 미국 내 기업, 연구소, 대학 등 최첨단 산업기지를 둘러봤다.

2023년 초부터는 미국 매사추세츠주에 위치한 하버드대 케네디스쿨에서 선임연구원으로 지내며 공부를 했다. 특히 자신의 SNS에 저명한 교수들의 수업 내용을 공유하며 국제정치와 미국 지도자들의 전략 등을 배우며 한국의 외교안보 전략을 고민했다. 또 이 기간 동안 세계 강대국 간에 벌어지고 있는 '반도체 전쟁'을 소재로 한 책을 준비했다.

눈길을 끄는 것은 두 차례 유학의 주제가 '서울시장 그 이상의 것'이라는 것이다. 그는 언론, 경제, 법조, 산업, 외교안보 등 전문 분야들을 하나하나씩 섭렵해왔다.

특히 그해 6월 이탈리아 벨라지오 록펠러센터에서 3박 4일간 열린 세계여성 리더 서밋Global Women Leaders Summit에도 참석했다. 이 회의는 워싱턴 D.C. 조지타운대학 '여성 평화 안전 연구소 GIWPS' 창립의장으로 있는 힐러리 클린턴 전 미국 국무장관이 록펠러재단의 후원을 받아 매년 전직 여성 대통령과 총리, 장관을 초청해 지혜와 통찰력을 나누는 회의다. 힐러리 전 장관, 메리 로빈슨 전 아일랜드 대통령(1990~1997), 오스트레일리아에서 여성으로서 처음으로 총리를 역임한 줄리아 길라드 전 총리(2010~2013), 헬렌 클라크 전 뉴질랜드 총리(1999~2008) 등과 함께 박영선이 세계적 여성 리더 반열에 오른 것이다.

국내 복귀 이후 박영선의 세 가지 길

1999년 영화 〈주유소 습격 사건〉에서 등장인물 '무대포'(배우 유오성)는 "난 한 놈만 패!"라는 명대사를 남겼다. 전쟁터에서 장수의 목을 가져오거나 학교에서 '짱'의 코피를 터뜨리면 싸움에서 이기는 게 세상의 이치다. 일종의 선택과 집중인 셈이다.

'부드러운 직선'인 박영선도 싸울 때 가장 센 놈만 골라 팬다. 그는 '재벌 저격수'로 이름을 날릴 때 1등 기업인 삼성을 겨냥했고, 2007년 대선에서는 이명박 전 대통령의 BBK 주가 조작 의혹을 집중 공략했다. 앞서 언급한 대로 정세균에게는 '직업적 당 대표'라는 오명을 붙였다. 중기부 장관 때는 부처 위상을 높이기 위해 다른 부처 장관과 신경전도 불사했고, 대전 지역의 반대 여론에도 불구하고 세종시로 청사 이전을 밀어붙였다.

박영선은 당내 주요 주자 중에서는 드물게 이재명 대표를 향한 쓴소리도 주저하지 않고 있다. 그는 2022년 6월부터 이재명이 전당대회에 출마할 경우의 분당 가능성을 거론하며 경고했고, 이듬해부터는 미국에 체류하면서도 라디오 등을 통해 "이 대표가 공천권을 내려놓는다면 사법 리스크에서 탈출할 수 있고, 민주당이 총선에서 승리할 것"이라고 목소리를 냈다. 공천 혁신 없이 총선 승리가 어렵다는 뜻이다. 특히 공천권을 당원들에게 돌려주기 위해 블록체인 기술로 탈중앙화된 자율 조직, 이른바 'DAODecentralized Autonomous

Organization'를 정당에 접목시킨 'DAO 정당', '디지털 정당' 도입도 주장하고 있다.

이는 의무감은 물론 박영선과 이재명의 오랜 인연과 신뢰가 있기에 가능한 일이다. 그가 2007년 정동영 대선 후보의 총괄지원실장이었던 시절 이재명은 그 밑에서 부실장을 지냈던 사이다. 박영선은 한 언론 인터뷰에서 '청출어람靑出於藍'으로 자신보다 체급이 높아진 이재명을 거론하며 "정치 인생이 역전당했다"고 웃으며 말한 적도 했다.

총선 국면에서 박영선이 국내로 돌아오면 세 가지 과제와 역할이 부여될 것으로 보인다. 먼저 친명(친이재명)과 비명(비이재명)의 갈등이 높아지는 가운데 그가 어느 편에 설지, 또 당내 중진으로서 갈등 해소를 위해 어떤 해법을 제시할지다. 2015년 친문과 비문 갈등의 중심에 섰던 그가 경험과 지혜를 살려 당내 갈등을 조화롭게 해소할 묘안을 제시한다면 존재감을 높일 수 있다.

두 번째는 총선 출마다. 서울 구로을 지역구는 이미 윤건영 의원이 물려받았던 만큼 당으로부터 다른 수도권 격전지에서 출마 요구를 받을 가능성이 높다. 여권에서 검사檢事 출신 인사들의 대거 공천이 예상되는 만큼 이에 맞서 민주당이 국회 법사위원장 출신이자 한때 '검찰 저격수'로 불렸던 그를 '자객 공천'할 수 있을 것이다.

세 번째는 비대위원장이나 당 대표 선거 출마다. 총선 이후 2024년 8월 민주당 전당대회가 예정돼 있다. 민주당이 총선에서 패배할 경우 시기가 앞당겨질 수도 있고, 그 사이 비대위원장도 누군가 맡게 되는 상황이 올 수도 있다. 어쨌거나 박영선은 주요 당권 주자 중 한 명으로 주변에서 전당대회 출마를 압박할 것으로 보인다.

당권 도전에 성공한다면 이를 기반으로 2027년 대선에 도전하는 것도 충분히 가능한 시나리오다.

그는 이미 40년 전 스스로 소망했던 '한국의 바버라 월터스'를 넘어 '한국의 힐러리'로 평가받는다. 박영선은 "신은 진실을 알지만 때를 기다린다"는 말을 좋아한다. 때가 되면 진실은 밝혀지게 된다는 의미다. 다만 그 진실이 꼭 과거의 것만을 얘기하는 것은 아닐 것이다. 그 자신의 운명과 미래도 수면 위로 드러날 때를 기다리고 있다.

7화

20년째 비상 못하는 '완전연소남'

원희룡龍

1964년 제주 서귀포 출생
1989년 서울대학교 공법학과 졸업
2000년~2012년 제16·17·18대 국회의원 (서울시 양천구 갑. 한나라당)
2010년 한나라당 사무총장
2011년 한나라당 최고위원
2014년~2021년 제37·38대 제주특별자치도지사
2020년 미래통합당 최고위원
2022년 제7대 국토교통부 장관

강의가 귀에 쏙쏙 들어온다. 뒤늦게 재능을 찾은 것 같았다. 국민들도 그를 다시 보기 시작했다. '공부의 신'이라고 해서 꼭 남을 잘 가르치는 것은 아니지만, 그는 학습도 교습 능력도 둘 다 갖췄다. 본인도 정치를 잘 배우고 주변에 정치를 잘 가르칠 수 있었다면 '정치의 신'이 될 수 있었을까.

　전국 수석과 대장동 1타 강사로 국민적 인지도를 얻었던 원희룡 전 국토교통부 장관(이하 원희룡)의 이야기다. 그는 1982년 대학 입시에서 전국 수석과 서울대 법대 수석 입학, 1992년 34회 사법시험 수석 합격이라는 진귀한 기록을 가지고 있다.

　원희룡은 장관 취임 이후인 2023년 7월 〈원희룡 TV〉에서 유튜브를 다시 시작했다. 그는 정치적 발언은 하지 않는다는 단서를 달고 국무총리로부터 겸직 허가까지 받았다고 했다. '세계 최초 유튜버 겸직 장관'이라는 게 원희룡 측 주장이다.

그는 유튜브를 시작하며 당시 "여러 장관 중에 대표 주자로 유튜버 겸직 장관으로서 여러분 앞에 섰다"며 "어떤 분들은 매정하게 '야, 장관이 일이나 똑바로 하지 무슨 유튜버야?' 그런 분들은 아시죠, 시대에 뒤떨어진 것"이라고 웃으며 말하기도 했다.

늘, 참, 열심이다. 윤석열 대통령에 이은 대한민국 2호 영업사원을 자처하며 중동 수주를 위해 발로 뛰기도 했고, 전쟁 중인 우크라이나의 볼로디미르 젤렌스키 대통령을 만나 재건 사업에 참여하겠다는 의사를 교환하기도 했다.

원희룡은 2023년 기준으로 정치에 입문한 지 23년이다. '차세대' '소장파'로 이름을 날린 그도 이제 어느덧 환갑을 앞두고 있다. 더 이상 차세대가 아니라는 것이다. 국회 외교통상통일위원장을 지냈고, 당 사무총장과 최고위원 등을 역임했으며, 제주도지사에 두 번 당선됐다. 하지만 전당대회에서 당 대표가 되지 못했고, 2007년과 2022년 대선을 앞두고 대통령선거 경선에 출마했지만 주목받지 못했다. 꽃이 너무 빨리 핀 것일까. 좀처럼 뜨질 않는다.

한국 사회에서 주류이면서도 당내에서는 비주류였기 때문인지 모른다. 그는 보수 성향의 여당에서 개혁적인 목소리를 내왔고, 제주도 출신으로 영남이 기반인 당에서 활동했다.

정치를 오래 했지만 최근 국민들에게 깊게 각인된 건 대장동 1타 강사였다. 일각에서는 지금이라도 그냥 1타 강사로 전업해 교육업계로 진출하는 게 어떠냐는 조롱도 들린다. 2020년 총선을 앞두고 '마라톤 유세'를 펼친 안철수 의원에게 '마라토너로 전업하라'던 비난처럼…. 공교롭게 원희룡도 마라톤에 심취해 2005년에 『나는 서브쓰리를 꿈꾼다』라는 제목으로 자서전을 발간하기도 했던 마라토너다.

그가 정치를 하는 이유는 국민의 고통을 덜어주고 그들의 눈물을 닦아주기 위해서다. 정치적 부침은 있었지만 그의 정치에는 진정성이 느껴진다.

> "우리 사회에 고통이 있는 한, 누군가는 이 고통을 나누고 덜어내고 치유하기 위해 노력해야 할 것입니다. 저는 이 일을 저의 운명으로 받아들입니다. (중략) 긍정의 정치의 근본 뿌리에는 우리 사회를 있는 그대로의 모습으로 끌어안는 '사랑의 철학', '사랑의 정치'가 있습니다."*

연수원 동기 "제주도에서 '원희룡 아냐?' 물으면 다 알아"

그는 1964년 제주도 서귀포에서 2남 4녀 중 차남으로 태어났다. 시장에서 고무신, 농약 등 물건을 팔아 생계를 유지하던 부모님 밑에서 자랐다. 늘 가난과 함께했다. 중학교 3학년까지는 전깃불도 없었다. 빚 독촉에 시달리는 부모님을 보면서 함께 떨었던 적도 있었다. 부모님이 마지막에 하다 망한 게 책 장사였다고 한다. 그는 어린 나이에 가정의학 대백과 사전부터 동화책, 만화책, 심지어 농사에 관한 책까지 다 읽었다.

---

*   원희룡, 『사랑의 정치』, 미지애드컴, 2010.

제주제일고를 졸업한 뒤 1982년 서울대 법대에 입학했다. 나경원 전 의원, 조국 전 법무부 장관, 김난도 서울대 교수 등이 같은 학번 동기였다.(이에 대해 원희룡은 "학교 다닐 때는 내가 더 유명했다"며 웃었다.) 전두환 정부 시절 들어간 대학 캠퍼스에서는 군사독재에 대한 투쟁이 한창이었다. 그도 바로 사법시험을 보지 않고 학생운동을 함께했다. 독재에 반대했다는 이유로 몇 번이나 경찰서에 끌려갔고 철제 의자로 숱하게 맞았다고 한다.

실제 『동아일보』에 처음 등장하는 원희룡은 가리봉동 오거리 시위와 관련해 경찰 조사를 받고 있는 서울대생의 모습이다. 구로공단에 있는 야학에서 연합해 공동으로 유인물을 뿌리며 가두시위를 벌인 것.

"서울남부경찰서는 지난 25일의 구로구 가리봉동 5거리 시위와 관련, 원희룡 군(20·공법학과 3년) 등 서울대생 4명을 소환, 사건 경위를 조사하고 있다."

- 「경찰 시위 주동 대학생 일제 소환」, 『동아일보』, 1984년 6월 4일.

그는 학업을 중단하고 경인 지역 공장에 위장 취업해 2년 가까이 지하 노동운동을 벌이기도 했다. 동구 공산권이 몰락하고 1987년 6월 민주항쟁 이후 제6공화국이 들어서자 고민이 깊어졌다. 석 달 동안 무전여행을 떠나고 여러 사람을 많이 만나면서 생각이 바뀌었다. 전투적인 사회주의나 민족주의 이념이 아닌 자유주의를 통해 헌법 내에서 자신의 이상을 충분히 담아내고 살기 좋은 사회를 만들수 있다는 생각. 그리고 투쟁적·조직적으로 진지전을 벌이는, 집단주의 이념에서 자유로워져야겠다는 생각이 든 것이다.

그는 사법시험 준비에 나섰고 1992년 사법시험에 수석 합격했다. 수석 합격 기록이 많던 그는 연수생 사이에서도 유명했다. 24기 연수원 동기의 전언이다.

> "연수생들 사이에 리더 같은 존재였다. 연수원 때 우리가 다 모여서 무슨 민사 판결문이 어쨌다, 형사 판결문이 어쨌다, 시험 얘기만 할 때 희룡이 형은 '지금 세계정세가 어떻고, 아시아가 어떻고…' 이런 굉장히 들을 만한 얘기를 많이 하셨다. 그때도 앨빈 토플러의 『제3의 물결』 등 미래학에 관한 책도 많이 봤다. 그때부터 '정말 이 사람은 똑똑하다' 그러고, '정치할 것 같다' 그런 평이 많았다. 그때 연수생들이 놀란 게 제주도를 놀러 가서 택시를 타서 '혹시 원희룡 아시냐?' 그러면 다 알 정도로 제주도에서 수재秀才로 유명했다."
>
> — 취재 메모 중 🖱

최상위권 성적으로 사법연수원을 마친 그는 검사를 지원했다. 판사보다는 현장을 다니며, 백지인 무無에서 유有를 만들어내는 검사직에 더 끌렸기 때문이다.

서울지검(현 서울중앙지검) 2년, 여주지청 1년, 부산지검 6개월 등 3년 6개월간 검사 생활을 했다. 하지만 1998년 외환위기를 맞으면서 국가적 위기에 자신의 역할에 대한 회의가 들었다. 마약 사건도 많이 맡았는데, 검사를 계속하면 스스로 너무 거칠어질 것 같다는 점도 고민 지점이었다고 한다.

결국 그는 사표를 냈고 소프트웨어와 지적재산권 관련 사건을 많이 다루는 변호사로 활동했다. 그러던 중 이회창 당시 한나라당 총재의 권유를 받고 한나라당(현 국민의힘)에 입당했다. 그는 보수 정당을 선택한 배경에 대해 이같이 설명했다.

"대한민국 안보와 경제 성장을 이끌어온 게 보수였습니다. 보수가 변해야 한국이 압도적으로 바뀔 것이라고 생각했지요. 그리고 선진국의 우파나 보수들이 갖고 있는 그 품격과 실력에 대해서 상당히 부러웠습니다. 그래서 한국도 그렇게 가야 되지 않겠나 이렇게 봤고…. 386 운동권의 상당히 부패하고 자기 합리화적인 오만한 그런 구석들도 많이 봤기 때문에 그들과 동화되기 싫은 측면도 있었습니다. 그게 20년 뒤에 조국 사태로 '피크'를 친 것이지요." — 취재 메모 중 🖱

소장파 개혁운동 이끌어… '한나라당의 유시민' 평가도

원희룡은 2000년 16대 총선에서 서울 양천갑 지역구에 출마해 국회에 입성했다. 그의 나이 만 36세였다. 그는 당내에서 남경필, 정병국 전 의원 등과 함께 움직이며 소장 개혁파의 대표 선수가 됐다. 그는 이회창 후보가 대선에서 패배한 뒤 2003년 "당내 60세 이상은 물러가라"고 주장하기도 했고, 2004년 당시 최병렬 대표 퇴진 카드를 꺼내 드는 등 쇄신의 깃발을 들었다.

2004년 7월부터 2006년까지 최고위원을 지내며 쓴소리를 이어갔다. 국가정보원의 X파일 처리와 감세안, 대북 지원 방안 등 여야가 대치하는 주요 현안마다 당론과 다른 견해를 공개적으로 밝혔다. 이에 '한나라당의 유시민'이라는 평가까지 받았다. 2006년 1월에는 당의 사학법 장외 투쟁과 관련해 당시 대표였던 박근혜 전 대통령을 향해 "박 대표의 이념적 편견은 병病"이라며 비판했다가 당내 반발이 커지자 공개 사과하기도 했다.

> "저는 그동안 당내에서 별로 인기가 없었습니다. '소장 개혁파'로 당내에서 쓴소리를 많이 하니까 한나라당 지지자들 사이에서는 인기가 별로 없고 오히려 야당 지지자들 사이에서 인기가 많았습니다. 참 당혹스러운 상황이었습니다."
>
> – 원희룡, 『사랑의 정치』 중

당 안팎에서 주목을 받았지만 여당에서는 "좌파"라고 하고, 야당에서는 "변절자"라고 하는 등 양쪽으로부터 비판을 받았다. 그는 학생운동권 출신이 보수 정당에 몸을 담는다는 것부터 각오는 했고, 내부에서 비판적 목소리를 내는 역할로 '포지셔닝'을 하려 했다. 하지만 생각보다 힘들었다. 소신대로 하고 불이익은 감당하면 된다고 생각했지만 변화하지 않으려는 집단의 관성은 공고했다.

그가 여당 내 비주류로 자리 잡으면서 크게 주목받지 못하게 된 이유다. 소장파로서 그에게 주어진 역할도 딱 거기까지였다. 원희룡은 2007년 대선 경선에서 이명박, 박근혜, 홍준표 당시 후보와 경선했지만 낙마했다. 2010년 서울시장 경선에서는 오세훈 당시 시장에게 패배했다. 2011년 전당대회에서 당 대표 선언과 함께 19대 총선 불출마를 선언하며 배수진을 쳤지만, 홍준표 현 대구시장에게 밀려 당 대표의 꿈은 좌절됐다. 특히 당시 전당대회에서 유승민, 나경원 후보에게 밀려 4위 성적표를 받은 것은 당내에서 그의 좁은 입지와 한계를 명확히 드러낸 것이었다. 수재秀才라고 주변에서 대우만 받던 그도 줄줄이 쓴맛을 본 것이다.

'잃어버린 10년' 이후 다시 중앙 무대로

2012년 총선에 불출마한 그는 영국 케임브리지대와 중국 베이징대 등에서 방문연구원을 지내고 휴지기를 가졌다. 2014년 지방선거를 앞두고 당에서 '중진 총동원령'이 내려지자 원희룡도 제주도지사 출마 압박을 받았다. 당초 그는 출마를 고사해왔지만 당과 제주도민 의 거센 요구에 생각을 바꿔 출마해 60퍼센트의 높은 득표율로 당 선됐다.

도지사로 7년간 근무하며 원희룡은 차근차근 행정 경험 등을 쌓았다. 2017년 유권자시민행동이 수여하는 '대한민국 유권자 대 상'을 3년 연속 수상했다. 제주 신항만 건설과 영리병원, 제주도가 추진하는 탄소 없는 섬 프로젝트 등을 추진했다. 하지만 그는 중앙 무대에서는 조금씩 잊혀져갔고 소외됐다.

2016년 탄핵 사태가 불거진 뒤 원희룡도 유승민 전 의원, 남경 필 전 경기도지사, 오세훈 전 서울시장 등이 참여하는 바른정당에 합류했다. 그는 대선 경선 후보로 주목받았지만 "(제주도) 현안 업무 와 대선 출마 활동을 병행하는 것은 현실적 여건상 많은 무리가 따른다"며 불출마했다.

그는 이후 안철수 의원이 창당한 국민의당과 바른정당이 합당해 바른미래당 소속이 되자 탈당을 고민하다 지방선거를 앞둔 2018년 4월 탈당했다. 그는 무소속으로 그해 6월 치러진 지방선거에 출마했고 도지사 재선에 성공했다. 이후 21대 총선을 앞두고 2020년 2월 미래통합당(현 국민의힘)이 출범하면서 원희룡도 사실상 3년여 만에 복당했다.

'소장파' 이후 약 10년간 존재감이 지지부진했지만, 그가 2021년 대선 경선에 출마하면서부터 반전은 시작됐다. 원희룡은 그해 10월 더불어민주당 이재명 대표가 성남시장 시절 벌어진 대장동 개발사업의 특혜 의혹이 불거지자 유튜브를 통해 관련 의혹에 대해 '대국민 강의'를 했다. 반응은 폭발적이었고 누리꾼들로부터 '대장동 1타 강사'라는 별칭을 얻었다. 윤 대통령도 당시 "원 후보의 '대장동 게이트 1타 강사' 동영상을 봤다. 아주 잘 설명하셨다"며 "솔직히 말하면 원 후보의 그런 능력이 부럽기까지 했다"고 공개적으로 칭찬하기도 했다.

2021년 11월 경선 결과 윤 대통령이 대선 후보로 선출되고 원희룡은 4위에 그쳤다. 하지만 윤 대통령은 그를 선거대책본부 정책본부장으로 임명해 정책을 총괄하도록 했다. 대선 뒤에도 대통령직인수위원회에 기획위원장을 신설해 원희룡에게 위원장을 맡긴 뒤 5년의 핵심 국정 과제를 조율하도록 했다.

윤 대통령의 신임을 받은 원희룡은 2022년 4월 윤석열 정부 초대 국토부 장관으로 발탁됐다. 서울대 법대 3년 선후배 사이지만 학창 시절에는 전혀 친분이 없었다고 한다. 그는 윤 대통령의 장점에 대해 "결단을 내렸을 때 그 결단을 믿고 밀고 나가는 어떤 결기와 강단, 뚝심이 있다"며 "또 사람에 대해서 굉장히 관심이 많고 사람 관계 속에서의 인간적인 결속력을 굉장히 중시하는 리더십이다. 그러니까 '석열이 형'으로 불리고 보스 기질이 있고 친화력이 있다"고 평가했다.(그가 '석열이 형'이라고 직접 윤 대통령을 불러 본 적은 아직 없다고 했다.)

이제 그는 부동산 정책, 지역 균형 발전, 화물연대 파업 등 각종 현안의 주무 장관으로서 현장을 누비고 있다.

서울~양평고속도로 백지화 승부수…
윤석열 정부의 '투 톱' 자리매김

특히 원희룡은 2023년 7월 서울 양평고속도로 사업 전면 백지화를 선언하면서 여권 지지자들에게 존재감을 드러냈다. 국토부는 같은 해 5월 고속도로 종점을 양평군 양서면에서 강상면으로 변경했는데, 이것이 윤 대통령 부인 김건희 여사 일가에 특혜를 주기 위해서라는 의혹이 야당에서 제기됐다. 그러자 원희룡이 사실무근이라며 "제가 전적으로 책임진다. 정치생명과 장관직을 걸겠다"며 이를 아예 백지화해버린 것이다.

원희룡은 그 이유에 대해 "민주당의 공세에 의해 노선을 바꾼다면 그동안 김건희 여사에게 특혜를 주려다가 민주당이 공격하니까 포기한 걸로 기정사실화할 것"이라며 "이 상황에서 어느 노선이 최선인지 주민 의견을 물어 결정하더라도 그게 민주당의 의견과 다른 노선이면 예산을 안 넣어줄 것"이라고 지적했다. 이어 "민주당의 정치공세가 이렇게 계속되면 예산도 나올 수 없고 주민과 미래를 위한 최선의 노선을 결정할 수 없기 때문에, 그럴 거면 차라리 4년 뒤 대통령 임기 뒤로 미루든가 아니면 민주당의 정치공세를 국민들이 심판한 뒤에 하자는 게 제 입장"이라고 덧붙였다.

이를 두고 민주당은 "국책사업이 장난이냐", "예비 타당성 조사까지 통과한 사업을 백지화하는 건 무책임하다"고 비판했다. 대신 원희룡은 "예타를 통과한 사안도 절반 이상이 본 타당성 조사에서 시점과 종점이 바뀐다. 도로사업에 알지 못하는 이들의 주장"이라며 반박했다. 이 밖에 양 측은 사업 전반은 물론 의혹 제기와 해명 과정에 대해 공방을 계속 벌였다.

원희룡의 '백지화' 강수는 논란을 해소하지 못하면서도 여야 공방의 비용을 고스란히 국민에게 떠넘긴 무책임한 태도라는 비판도 나온다. 하지만 이 과정에서 원희룡은 최소한 '노이즈 마케팅'에 성공한 것으로 보인다. 야당의 공세를 '거짓 선동'으로 몰아 붙이며 2021년 대장동 1타 강사에 이어 '원희룡 대 이재명' 구도로 전선을 구축한 덕분이다. 특히 그의 승부수는 대통령실의 의중이 반영된 것이고 여권 지지층으로부터 박수를 받는 데 큰 역할을 했다는 평가가 나온다.

원희룡은 2023년 9월 한국신문방송편집인협회 초청 토론회에서 '서울~양평고속도로 건설 백지화 선언은 무책임한 게 아니냐'는 지적이 나오자 "알아보니 (더불어민주당의) 이해찬 전 대표, 이재명 대표, 이재명 측근으로 이어진 편대를 다 짰더라"며 "제가 이재명을 한두 번 상대해본 게 아니다. 좋은 게 좋은 것이라는 식으로 대응하면 갈수록 책임 뒤집어씌우기 프레임이 되고, 의혹을 총선과 그 이후까지 무조건 끌고 갈 것이기에 통상적인 방법으로는 끊어낼 수가 없었다"고 말하기도 했다.

이 과정에서 원희룡은 이제 한동훈 법무부 장관과 함께 윤석열 정부의 '투 톱'이 됐다는 평가가 나온다. 정치컨설팅 민의 박성민 대표는 "야당의 공세에 맞서서 굉장히 공격적으로 하고 있다"며 "한동훈 장관이 (야당에) 안 밀리게 하고 있고 이런 점이 여권 지지자들에게도 환호를 받고 대통령도 아마 흡족해했을 수도 있고, 아마 그런 것이 또 원희룡 장관도 조금 오버페이스하는 이유가 되지 않을까 싶다"고 했다.[*]

반면 중도개혁적 이미지의 원희룡을 지지하던 중도층은 "원희룡이 윤석열 정부의 호위무사가 됐다", "우경화됐다"는 평가를 하며 일부 이탈할 것으로 보인다.

학보사 기자 한동훈이 '연수원생 원희룡' 인터뷰

이처럼 원희룡은 이제 한동훈 법무부 장관과 함께 명실상부한 윤석열 정부의 '투 톱'이요, 운명 공동체가 됐다. 대통령과 서울대 법대, 검사 출신이라는 공통점이 있는 원희룡, 한동훈은 윤석열 정부의 후계자라는 이미지를 공통으로 갖고 있는 것이다.

[*]   SBS 라디오 〈김태현의 정치쇼〉, '박성민 "원희룡 오버페이스, 원인은 한동훈?"', 2023년 8월 2일.

특히 서울대 법대 10년 후배인 한동훈과는 특별한 인연이 있다. 원희룡은 대학 시절에서부터 전국 수석 등으로 유명했던 만큼 그가 사법연수원을 다닐 시절 한동훈이 그를 찾아온 적이 있다고 한다. 서울대 법대의 학보사인 『법대신문』 기자로서 그를 인터뷰하기 위해 찾아온 것. 향후 원희룡을 만난 한동훈이 약 30년 전 일을 또렷하게 기억하며 이를 언급해 원희룡도 기억이 났다고 한다. 그는 한동훈에 대해 "아주 명석하고 상황에 대한 감각도 뛰어나고 저랑도 옛날에 인연이 있는 선후배 관계"라고 평가했다. 한동안 '차세대'로 불렸던 원희룡은 이제 한동훈에게 '차세대'란 바통을 물려줄 수밖에 없고 이미 인지도 면에서는 한동훈에게 뒤처진 형국이다.

차기 대선을 놓고 국민의힘 주자 중에서는 한동훈, 원희룡, 오세훈, 홍준표, 안철수 등이 본격적으로 경쟁할 가능성이 높다. 이 중 원희룡은 정치적 경험이 한동훈보다 앞서고, 오세훈보다는 좀 더 여권 주류인 친윤(친윤석열)계의 지지를 받을 수 있다는 장점이 있다. 한동훈과 원희룡이 윤석열 정부와 보완재라면 오세훈, 홍준표, 안철수 등 세 명은 대체제에 가까운 것이다. 그만큼 원희룡의 미래는 윤석열 정부의 성공 여부와 궤를 같이할 수밖에 없다.

2024년 총선을 앞두고 여야는 국민들의 지지를 끌어모으기 위해 누구를 얼굴로 선거를 치를지 고심하고 있다. 특히 여권 내에서는 선대위원장 인선 및 출마자 공천, 개각 등 여러 변수에 따라 장기판의 말이 순차적으로 이동할 것으로 예상된다. 원희룡을 두고도 정치권에서는 국무총리 발탁이나 2024년 총선 출마 및 향후 당 대표 도전 등 여러 가능성이 제기된다. 이에 대해 2023년 6월 원희룡은 이 같이 말했다.

"아직 국토부에서 해야 될 임무가 좀 많이 남아 있는 것 같아요. 개인의 어떤 미래의 진로를 따로 생각하기보다는 윤석열 정부를 어떻게 뒷받침하고 거기서 우리 대통령께서 가장 좋은 구상을 펼쳐 가실 수 있게 해야 한다. 그래서 우리가 국민들에게 단체전 평가 점수를 잘 받을 거냐, 여기에 대해서 최선을 다해야 되는 거고요. 그런 점에서는 한동훈 장관이나 저나 마음이 똑같다. 만약에 총선을 앞두고 윤 대통령이나 당에서 '당으로 돌아가라', '총선을 뛰어라'라고 하신다면 나는 '가기 싫어요'라고 하기는 어렵겠죠."

그는 대선 가도에 대해서도 "무슨 정해진 궤도가 있다거나 톨게이트에 들어가야 되는 정해진 도로가 있는 것이 아니다"라며 "어찌 보면 들판이고 어찌 보면 위아래, 공중 지하 다 뚫려 있는 곳 아닌가. 그런 어떤 정해진 수순이나 그런 경로라는 거에 대해서 오히려 얽매이면 안 된다고 생각한다"고도 했다.

이후 원희룡은 결국 총선에 나가라는 지령을 받았던 것일까? 그는 2023년 11월 25일 국민의힘 인요한 혁신위원장과 만나 "혁신은 선택이 아니라 우리의 생명줄"이라며 "국민과 당을 위해서 필요한 일이라면 무엇이든 제 역할을 아끼지 않을 생각"이라고 밝혔다. 그를 두고 더불어민주당 이재명 대표의 지역구인 인천 계양을 저격수, 비대위원장 영입 등 이야기가 나오던 상황에서 나온 언급이었다. 그만큼 본인 스스로 친윤·지도부 중진을 향한 험지 출마 요구에 응하겠다는 결심이 선 것으로 분석된다. 이후 같은 해 12월 박상우 국토부 장관 후보자가 지명되면서 원희룡의 총선 출마는 현실화됐다.

어느덧 60이 된 '완소남' 원희룡

정치인으로서 그는 낮은 인지도와 세력의 부재라는 명확한 한계점을 갖고 있다. 원희룡도 이를 잘 알고 있는 것 같다. 그는 필자에게 "스스로 부족한 점을 알고 또 거기에 진정성과 전력을 다하면, 뿌린 만큼 열매를 거둘 것"이라며 "함께할 세력을 만들기 위해서 그 사람들하고 모든 걸 나눠야 되는데, 원희룡이 안 나눠줄 것 같고 자기 혼자 깨끗할 것 같은 이런 느낌 때문에 안 되는 거라면 그건 제가 문제"라고 했다. 그러면서 "결국은 내가 안 변했기 때문에 국민들의 인식이 안 변하는 문제일 테니까 제가 변화하면 저에 대한 국민들의 인식도 변화할 것"이라며 "길이 열릴 거라고 생각한다"고 했다.

원희룡은 자칭 '완소남'이다. '완전 소중한 남자'가 아니라 '완전연소를 꿈꾸는 남자'라는 의미다. 그는 자신의 저서 『사랑의 정치』에서 "되돌려주는 삶, 이것이 우리가 인생의 방향을 잡거나 속도를 조절함에 있어 가장 지혜로운 철학"이라며 "되돌려주는 삶은 '지금 바로 여기에서' 시작해야 한다"고 썼다. 자신이 한국으로부터 많이 받은 인생을 산 만큼 자신을 불살라 한국에 바치겠다는 뜻으로 보인다.

그는 20년 전 "당내 60세 이상은 물러가라"고 외쳤다. 2024년 그도 60세가 됐고 자신의 말은 자신을 향하고 있다. 대표적인 개룡남(개천에서 용이 된 남자)인 그는 과연 비상에 성공해 승천하는 용이 될 수 있을까.

8화

중도실용의 새 정치 꿈꾸던
'원 웨이ONE WAY' 김한길

1953년 일본 도쿄에서 태어나 7세 때 한국(서울)에 귀국
1976년 건국대학교 정치외교학과 졸업
1996년 제15대 국회의원 (비례대표. 새정치국민회의)
2000년 제37대 문화관광부 장관
2004년 제17대 국회의원 (서울시 구로구 을. 열린우리당)
2012년 제19대 국회의원 (서울시 광진구 갑. 민주통합당)
2013년 ~ 2014년 민주당 · 새정치민주연합 대표
2022년 국민통합위원회 위원장

✦

"내가 생각하는 정치는 이런 거야. 우리 사회 구성원들 저마다의 꿈과 자유의 한 부분씩을 저당 잡아 생긴 큰 힘으로 뭔가를 해내서, 그래서 결과적으로는, 사람들에게 저당 잡았던 것보다 더 큰 꿈과 자유를 되돌려주는 일이야."

김한길 국민통합위원장(이하 김한길)이 1981년에 쓴 단편소설 「세네카의 죽음」에는 남자 주인공이 이같이 말하는 내용이 나온다. 작가로서 이름을 날리던 김한길이 향후 정치에 뛰어들게 된 이유를 미리 암시하는 듯하다.

기성 정치권에서 '이단아'였던 김한길은 학창 시절에도 모범생이 아니었다. '모든 시험문제에는 모범답안만 있을 뿐 정답은 없다'고 생각하고, '농담이나 하면서 실속 없이 살자'고 생각했던 한량이

181

었고, '아무것도 각오하지 않고 딱 일 년만 살아보고 싶다'던 청년이 었다. 삶을 사랑하고 이별할 줄 알며, 아파할 줄 알고, 성장통을 겪으며 보낸 청춘이었다.

한때 젊은이의 우상이었고 여성 팬이 많았다. 본인 스스로 필자에게 어느 여성잡지에서 당시 대통령이었던 김영삼YS 전 대통령을 제치고 '인기남 1순위'였다고 말한 적이 있다. 실제 그는 당대 최고 여배우였던 탤런트 최명길과 1995년 결혼해 한길이, 명길이 '길길이' 부부가 됐다.

정치권에 진출한 뒤 김대중DJ 정부에서 문화관광부 장관과 대통령정책기획수석비서관을, 민주당에서 4선 의원과 당 대표를 지냈다. 중도개혁 성향으로 탈당과 중도정당 창당을 반복했던 그는 윤석열 대통령의 멘토 역할을 하며 윤석열 정부 출범 직후 장관급인 국민통합위원장에 임명됐다.

특히 김대중, 노무현 전 대통령의 선거 기획을 맡았고, 새천년민주당과 열린우리당 의원 시절 전략기획위원장, 총선기획단장 등을 맡는 등 그의 이력엔 유독 '기획企劃'이 많다. 그는 2000년과 2004년 두 번이나 총선기획단장을 맡았는데, 이는 거의 전례가 없다고 한다. 그는 선거 '판'을 짜고 '킹메이커' 역할을 잘하는, 여의도식 표현으로 '그림'을 그릴 줄 아는 사람이었다.

2016년 20년 가까이 몸담았던 민주당을 떠난 뒤 국민의당을 거쳐 2022년 대선에서 윤 대통령을 도왔다. 애연가였던 그는 2018년 폐암으로 사경을 헤맸지만 신약을 통해 기적적으로 완치됐고, 다시 정치의 중심에 뛰어들었다.

야당 지지자들은 그가 탈당했을 때마다 그를 향해 '창당 전문가'라거나 '정당 브레이커breaker'라는 등의 비난을 해왔다. 민주당에 있을 때부터 중도 노선으로 '우클릭'한다는 공격도 받았다.

하지만 그가 실천해온 정치는 '끝까지 포기하지 않고 버티면서 희망을 탐색하는 직업'이요, DJ의 금언인 '서생적 문제의식과 상인 적 현실감각'을 조화시키는 중도실용의 정치였을 것이다. DJ가 영 입했지만 그는 박지원 전 국가정보원장처럼 DJ맨도 아니었다. 노무 현 전 대통령이 그를 아꼈지만, 친노(친노무현)계와 특히 각을 세우 며 '계파 패권주의'를 외친, 어쩌면 정치권의 외로운 이방인이었다.

정치인 아들로 일본에서 태어난 김한길… 영원한 이방인

김한길은 김철 전 사회민주당 위원장의 3남 중 2남으로 1953년 일 본 도쿄에서 태어났다. 아버지가 도쿄에서 유학하던 때 그가 태어난 것이다. 그는 일곱 살 때까지 일본에서 자랐다. 그 시절부터 그는 이 방인이었다.

> "우리는 물론 간혹 다투기도 했다. 그럴 때면 아이들은 나를 어김없이 '조센징'이라고 놀렸다. 일본 사람들의 어느 명절날, 때때옷을 입은 아이들이 나를 끈으로 묶어 앉혀놓고 자기들 이 지어낸 노래를 불렀다. 조오세엔징… 조오세엔징… 그러 면서 한 녀석씩 내게 다가와서 나를 쥐어박았다. 조센징에게 는 그러는 것이 너무나 당연하다는 듯이. 그 얼마 뒤부터 나는 서울에서 살게 되었다. 나는 아직 우리 말을 잘하지 못했지만

조센징들의 나라에서 초등학교에 다니게 된 것이 너무나 기뻤다. 나는 다시 시작해보려고 했다. 아무도 나를 모르고 있었으므로 나는 아주 착한 아이인 체하였다. 새로 사귄 친구들이 나를 '쪽발이'라고 놀려대기 전까지는. (중략) 나는 나를 조센징이라고 놀려대던, 지금은 사십 대가 돼 있을 어린 날의 옛 친구들을 진작부터 용서했다. 왜냐하면 무엇보다도, 내가 그 옛 친구들을 용서하지 않고 품고 있으면 내가 더 망가지기 때문이었다. 잊자 한들 잊혀질 일은 결코 아니었다."*

한국의 대표적인 사회민주주의 계열 정치인이었던 김한길의 아버지는 가정에 소홀했다. 외국을 오가며 가족과 떨어져 지냈다. 1971년에는 사회당 후보로 대선에 출마했고, 박정희 정부에서 탄압을 받았다. 1975년 긴급조치 위반으로 징역 2년의 실형을 선고받고 복역하기도 했다. 아버지의 진보정당 이력으로 인해 김한길은 공안당국의 감시를 받았고, 대학생일 때 쓴 글이 문제가 돼서 기관에 잡혀갔다가 돌아온 적도 있었다. 아버지가 그를 시대의 반항아로 만들었던 것이다.

"내가 이제까지 누군가를 미워했던 양으로 친다면, 가장 많이 미워한 사람이 바로 내 아버지가 아닐까 싶다. 늘 민주화와 통일과 민족과 못사는 사람들의 삶을 말하면서 정작 당신이 거느린 식솔들에게는 한없이 무력했던 분. 세상에서는 옹고

*   김한길, 「김한길의 세상읽기: 일본의 옛 친구에게」, 「동아일보」, 1995년 8월 16일.

집, 반골로 불리면서도 정작 당신 둘째 아들의 반항에는 속
수무책이었던 분. 통일이고 민주화고 개뿔이고 간에 아버지
제발 우리한테도 좀 신경을 써주셔야 하는 것 아닙니까라고
내가 대들면 말없이 한숨만 내쉬시던 분⋯."*

20대의 김한길은 "무슨 꿈 같은 것도, 희망 같은 것도, 야망도
욕심도 없었다. 그런 알량한 낱말들은 혼잣말로 중얼거리고 있는 것
조차 허락되지 않는 상황이었다. 하여간 그랬다"고 썼다. 합격한 대
학을 때려치우고 구두닦이를 하기도 했다. 방랑 속에 세상을 배웠다.

건국대 국문과에 입학했다가 제대한 뒤 정치외교학과로 전과
해 졸업했다. 이후 서울 중앙여고에서 잠시 교편을 잡았다. 1978년
김한길이 군에 입대하고 나서 처음 넉 달 동안 쓴 「병영일기」는 월간
『문학사상』에 실려 화제가 됐다. 하지만 중앙정보부와 보안사는 이
글이 완결되는 것을 허락하지 않았다고 한다. 김한길이 미국행을 택
한 것도 그런 이유였다. 독재정권하의 고국은 우울했고 미래는 보이
지 않았다.

"내가 쓴 어떤 글이 마음에 들지 않는다는 이유로 내가 모 기
관의 지하실에 끌려가서 야단을 맞고 나온 뒤로는, 주위 사
람들이 더욱 적극적으로 내게 권했다. 일단은 해외에 나가서
관망해보는 게 좋을 거라고."**

*   김한길, 「내가 가장 미워했던 사람」, 「동아일보」, 1994년 7월 5일.
**   김한길, 「눈뜨면 없어라」, 해냄출판사, 2011.

그는 이어령 전 문화부 장관의 딸인 이민아 목사와 결혼식을 올리고 미국으로 건너갔다.

주유소 등에서 일하다 5년 만에 언론사 지사장

1981년 6월 미국 로스앤젤레스LA에 도착한 그는 목수 보조, 주유소 계산원, 햄버거 가게 요리사 보조 등으로 일하기도 했다. 흑인들이 많이 살아 '흑석동'으로 불린, 홍등가에 있는 주유소에서 방탄유리 안쪽에서 카운터를 맡았다. 밥벌이를 하면서도 글을 써야겠다고 생각했지만 노동과 생활의 무게는 그를 짓눌렀다. 수면 부족과 지나친 흡연으로 인한 두통에 시달렸다.

> "나는 주유소 주인인 최 씨를 미워한다. 최 씨는 매일 아침 교대 시간보다 삼사십 분씩 늦게 오기 때문에 나는 그를 미워한다. 그러면서 단 한 번도 미안하다고 말하지 않는 그를 나는 진짜로 미워한다. 나를 삼사십 분씩 덤으로 더 부려 먹는 것이 자신의 순이익이라고 생각하는 최 씨의 그 낯간지러운 꾀를 미워한다. 또 최 씨는 내게 단 한 번도 보수를 제날짜에 준 적이 없기 때문에 나는 그를 더 미워한다. 며칠을 참다가 내가 마지못해 말을 꺼내면 그제야 잔뜩 목에 힘을 주며 돈을 던져주는 최 씨를 나는 속으로 미워한다. 일한 만큼의 정당한 보수를 받는 나를 괜스레 초라해지게 만드는 최 씨를 나는 무지무지 미워한다. - 김한길, 수필집 「눈뜨면 없어라」 중

"완전히 미국 사람이 되지는 말라는 너희들의 충고는 엉터리다. 생각해보렴. 내가 어디 여탕에 뛰어든다고 갑자기 여자가 되겠니, 이 바보들아. 우리는 어떤 '인종'이나 한 '세대'에 대해서가 아니라 '사람' 그 자체에 대한 이해를 키워가야 할 거라고 나는 생각한다. 그 길만이 세상에 대한 우리의 숱한 의문과 혼돈을 조금씩이나마 풀어줄 수 있을 거야."

- 김한길, 수필집 「눈뜨면 없어라」 중 제자들에게 보낸 편지

이듬해 3월 이후 그는 미주한국일보 샌프란시스코지사에 기자로 취직했다. 그는 미주한국일보 기자로 일하면서부터 억척으로 일했고, 남에게 지고는 잠을 잘 수가 없었다고 했다. 충성스럽게 일하고 뛰며, 기사와 칼럼을 썼다. 이후 미국에 간 지 5년 만에 중앙일보 미주지사장까지 지내는 등 성공적으로 정착했다. 하지만 얻는 만큼 잃는 것도 있었다. 외지에서 외롭고 힘겨운 생활 탓이었는지 몰라도 부부 관계는 멀어졌고 5년 만에 이혼하게 됐다.

1987년 88서울올림픽을 앞두고 강원용 목사가 조직위원회 문화예술행사추진위원장을 맡으면서 업무를 도와달라고 해 한국으로 돌아와 위원회에서 일을 시작했다. 이듬해 강 목사가 방송위원장을 맡으면서 방송위 기획국장으로 일했다.

그러면서도 틈틈이 글을 썼고 글쟁이로 이름을 날렸다. 1981년에 소설 「바람과 박제」가 문학사상에서 소설 부문 신인상을 수상했고, 「병영일기」, 「미국일기」 등 에세이와 『여자의 남자』, 『낙타는 따로 울지 않는다』 등 소설을 써 베스트셀러 작가가 됐다.

특히 방송국에서 구성작가로 일하는 남자 주인공과 대통령의

외동딸인 여자 주인공의 러브스토리를 다룬 장편소설『여자의 남자』
는 1992년 출간돼 400만 부가 넘게 팔렸다. 1993년 MBC에서 같
은 이름의 드라마가 만들어졌고 정보석, 김혜수 씨가 주연을 맡았다.

김한길은 1988년 발표된 가수 조영남의 〈화개장터〉를 작사하
기도 했다. 2015년 1월 그가 직접 했던 이야기다.

> "내가 화개장터가 있다는 걸 조그마한 기사를 보고, 영호남
> 사람이 어울리는… 그래서 작사하자고 했는데 조영남 씨가
> 건전가요라 팔리지도 않는다며 반대했어요. 그런데 조 씨가
> 레코드 만드는 데 노래가 몇 개 없어서 화개장터도 넣은 거
> 죠. 그게 조 씨 노래 중 톱 10에 들어간 유일한 노래가 된 겁
> 니다. 그게 26년 전인데 저작권법이 없었다고 조 씨가 얘기하
> 더라고요. 어쨌든 그때 미국에서 오래 있다 보니까 영호남 문
> 제가 오래갈 거 같은데 강연하고 책 쓴다고 될 일도 아니고
> 그래서 가요 만들자고 한 것입니다. '국민들 마음속에 영호남
> 이 화합해서 같이 살면 좋겠다'는 그런 마음을 담아서 우리나
> 라 전체가 하나의 화개장터가 됐으면 좋겠다고 작사를 했습
> 니다." — 취재 메모 중 🖱

작가·방송인 등으로 전국적 인기 누린 김한길

김한길은 소설 외에도 위트와 풍자, 촌철살인 등이 담긴 칼럼을 썼
고 라디오와 TV 방송에서 토크쇼를 진행했다. 이 과정에서 여배우

최명길 씨를 만났다. 두 번째 결혼이었다.

MBC 라디오의 진행자로 평소 알고 지내던 두 사람은 1994년 MBC 방송대상 라디오 부문 수상자로 나란히 선정돼 각종 행사에 참석하면서 자주 만난 것이 서로에 대한 호감을 사랑으로 발전시키는 계기가 됐다. 대뜸 1995년 1월 그가 "나에게 시집오면 어떻겠느냐"고 전화로 청혼을 했고 최 씨도 이를 받아들였다.

그는 그 무렵부터 본격적인 정치활동을 하고 있었다. 자신이 그토록 미워했던 아버지였지만 마지막에 화해한 것도 영향을 미친 것 같다.

> "나는 이 땅에서는 가망이 없다는 주위 사람들의 말을 좇아 미국으로 도망갔는데 아우의 편지가 나를 못살게 굴었다. '아버지를 보고 있으면 말이야. 내가 당신의 아들이라는 생각이 들질 않아. 위인전을 읽을 때처럼 거리감이 느껴지는 거야. 너무나 성실하게 자기 갈 길을 가는 한 거인을, 결코 좌절할 줄 모르는 한 영웅을 아버지에게서 보는 거야.' 문민정부가 들어섰을 때 아버지는 텔레비전을 보면서 우셨다. 나는 이제 아버지를 미워했던 마음의 열 배쯤 내 아버지가 자랑스럽다."
>
> - 「동아일보」, 기고문 「내가 가장 미워했던 사람」 중

1996년 15대 총선을 앞두고 김영삼 전 대통령과 김대중 전 대통령 등 여야 양쪽에서 러브콜을 받았다. 한국 사회의 지역주의와 지역 갈등이 제일 큰 걸림돌이라고 봤던 그는 문화적으로 차별당하는 쪽에 힘을 보태는 게 맞는다는 생각에 야당을 택했다. 새정치국

민회의에 입당해 비례대표 의원으로서 본격적인 정치의 길로 접어들었다.

그가 자주 언급했던 단어 중 하나는 희망이었다. 그가 정치를 하게 된 이유는 여기에서 들여다볼 수 있다.

> "(정치는) 차라리 산문 쪽에 가깝다. 우리들 자신과, 우리가 모여 사는 사회의 크고 작은 실체와 끊임없이 맞닥뜨리는 일이 정치의 시작이니까 그렇다. 우리의 현실을 고스란히 담은 거울 속의 풍경은 종종 황량하고 을씨년스럽다. '동물의 왕국'에서처럼 야비하고 잔인하고 냉혹하다. 그 속에서나마 끝까지 포기하지 않고 버티면서 희망을 탐색하는 직업이 정치가 아닐까 싶다."*

필자는 그가 국민통합위원장 자리를 맡았을 때 참 적합한 자리라고 생각했다. 그는 이방인 경험이 많았고 지역주의와 계파주의의 문제를 직시했고 늘 통합과 갈등 해소, 희망을 이야기했다.(물론 그의 대척점에 있던 정치인들은 '정당 브레이커'라거나 갈등을 만드는 인물이라고 비판했다.)

그는 과거 세월호 참사를 겪은 이후 '인간화 시대'에 대한 생각을 자주 언급했다.

> "인간화 시대라는 것은 궁극적으로 추구해야 하는 시대적 가

---

*   김한길, 「김한길의 희망일기」, 해냄출판사, 2000.

치이자 시대정신입니다. 소위 우리가 겪은 산업화 민주화 시대 다음에 어떤 시대를 우리가 지향해야 하는가. 산업화 시대가 최소한의 물질을 추구하고 민주화 시대가 민주적 제도를 갖춰가는 시기였다면, 이제 물질과 제도가 사람을 위해서 쓰이는 시대가 되어야 한다는 것. 그런 의식은 상당 기간 숙성해왔다고 생각합니다. 많은 국민이 그런 인식 갖고 있었던 것 같습니다. 그런 희망을 살려 나가는 게 우리 정치를 살려 나가는 것입니다." ― 취재 메모 중 🖊

김한길을 '제갈공명' 급으로 평가한 김중권 전 비서실장

베스트셀러 작가였던 김한길은 1996년 14대 국회의원 선거에서 DJ에 의해 영입돼 새정치국민회의 비례대표 후보로 당선되며 정치인으로 변신한다. 총선 선대위 대변인을 거쳐 총재특보, 1997년 대선에서 TV 토론회 등을 맡아 DJ의 승리를 이끌었고, 대통령직인수위원이자 당선자 공보팀장, 대변인 등으로 활약했다.

1999년 3월 대통령정책기획수석비서관으로 발탁되면서 비례대표 의원직을 사퇴했다. 정책기획수석으로서 각종 정책 조율과 행사 기획, 국정 홍보 등을 맡았다. 소설가이자 방송인 경험을 활용해 DJ의 메시지 및 홍보전략 등을 맡았던 것이다.

2000년 총선을 앞둔 1999년 11월 총선 출마자들이 청와대를 나가자 DJ는 "실장도 나가고, 정무수석도 그만두는데 김한길 수석만큼은 절대로 안 된다. 김 수석은 여기 남아 계속 나를 도와주어야 한다"며 김한길의 총선 출마를 반대했다고 한다. 하지만 이후 DJ가 마음을 바꾸면서 그에게 "총선기획단장을 맡아라"는 임무를 주며 2000년 새천년민주당 비례대표 후보로 총선에 내보냈고, 그는 다시 국회로 돌아왔다. 당 총재를 겸하던 DJ가 그에게 비례대표 의원직을 두 번이나 준 것이다.

DJ는 그해 9월 박지원 당시 장관의 후임으로 그를 문화관광부 장관으로 지명해 김한길은 1년간 내각 경험을 쌓았다. 2001년 10월 비례대표 의원직을 버리고 서울 구로을 재선거에 출마했지만 낙선했다.

김한길은 DJ에 대해 자주 언급하지 않았지만 "아버지 같은 분"이라며 "내가 평가하기에 너무나 큰 거인"이라고 했다. 김중권 전 대통령비서실장은 당시 청와대에서 함께 호흡을 맞췄던 김한길에 대해 이렇게 평가했다.

> "역사가들은 중국 역사상 뛰어난 참모의 전형으로 제갈공명을 거론하면서 그를 '식치識治의 양재良才'라고 평했다. 어려운 시기에 대통령을 지근거리에서 보좌하면서 그의 진면목을 직접 체험한 사람의 입장에서 평하자면, 김 수석은 이 시대가 필요로 하는 '식치의 양재'라는 평가가 결코 과분하지 않은 사람이다." – 「김한길의 희망일기」 추천사 중

"김한길 아니었으면 내 당선도 없었다"고 했던 노무현

김한길은 향후 비노(비노무현)계의 수장으로 불렸지만 친노, 친문(친문재인)의 계파주의를 경계했을 뿐 노무현 전 대통령에 대한 '사감'은 없었다.

2002년 9월 대선 지지율이 하락했던 노 전 대통령은 김한길을 찾아와 도와달라고 했다. 선대위 미디어특별본부장을 맡기면서 사실상 전권을 줬다고 한다. 그는 노무현-정몽준 후보 단일화 협상에서 노 후보 측 협상단 대표로 나서 정 후보 측과 단일화 협상을 타결하기도 했다. 대선 직후에는 당선자 기획특보를 맡았다.

노 전 대통령이 그를 아꼈다는 일화도 많다. 대선 승리 뒤 소장파 의원들과 부부 동반으로 63빌딩에서 자체 축하연을 하고 있는데, 바로 옆방에 노 전 대통령이 다른 사람들과 식사 중이었다. 노 전 대통령은 잠깐 그 자리에 들러 김한길 부부를 앞으로 나오라고 한 뒤 "김한길 본부장 아니었으면 내 당선도 어려웠을 것이다"라고 했다고 한다. 그 자리에 있던 다른 의원들의 입장에서는 별로 기분 좋은 일이 아니었을 것이다. 이후 김한길은 다른 의원들로부터 은근한 견제를 받았다고 한다.

2003년 열린우리당 창당이 추진되자 그도 새천년민주당을 탈당해 열린우리당에 합류했고 2004년 17대 총선 서울 구로을 지역구에서 당선됐다. 3선 의원으로서 당시 국회 건설교통위원장을 지냈고, 2006년에는 열린우리당 원내대표로 선출됐다. 특히 2위 후보와 88 대 49의 역대급 표 차이를 보일 정도로 압도적 지지를 받았다.

2006년 6월 치러진 4회 지방선거에서 열린우리당은 16개 광역단체 중 전북 한 곳에서만 당선자를 냈고, 한나라당이 광역자치단체 열두 곳을 차지했다. 지방선거 참패 여파로 2007년 대선 패배 위기감이 돌자 당내 신당 논의에 불이 붙기 시작했다. 같은 해 11월 당시 원내대표였던 김한길은 국회 교섭단체 대표연설에서 "열린우리당의 창당은 우리 정치사에 크게 기록될 만한 의미 있는 정치실험이었다. 하지만 이제는 정치실험을 마감하고 지켜가야 할 것과 버려야 할 것이 무엇인지를 가려내서 또 한 번 '다시 시작하는 아침'이 필요하다"고 목소리를 높였다.

김한길은 탈당하기 전날 청와대에 가서 노 전 대통령을 만났다. 그는 "당시 박상천 대표의 '꼬마 민주당'과 힘을 합쳐야 된다"고 주장했지만, 노 전 대통령은 "지역주의 극복을 외친 내가 어떻게 지역당과 합치느냐"며 뜻을 굽히지 않았다고 한다.

> **"제가 열린우리당을 나오기 전날 만난 노 전 대통령은 내 옆에서 가슴을 치면서 '우리가 이렇게 헤어지더라도 내가 김 대표에게 진 마음의 빚은 여기에 담아두고 잊지 않겠습니다'고 말씀하셨습니다. 그 때문인지 노 전 대통령이 탈당한 다른 의원들에 대해선 실명을 거론하며 비난했지만 나에 대해서는 끝까지 욕을 안 했습니다. 그 마음의 빚이라는 게 이런 건가 나중에 생각했지요."** — 취재 메모 중 🖱

열린우리당을 탈당한 김한길은 2007년 통합신당모임을 이끌며 중도개혁통합신당을 창당했고, 열린우리당 창당 당시 분당됐던 민주당과 통합 등 합종연횡 과정을 거쳐 11월 대통합민주신당으로의 통합을 완성시키는 데 기여했다.

그러나 2007년 12월 대선은 정동영 대통합민주신당 후보의 참패로 끝났다. 김한길은 "대선 참패 후 아무도 책임지는 사람이 없다는 지적이 매우 아프다. 나를 버려 우리가 사는 데 도움이 된다면 나부터 기득권을 버려야겠기에 18대 총선 불출마를 결심했다"며 불출마를 선언했다. 당시 서울에서는 자신의 지역구인 구로을을 포함해 네 곳만 민주당 승리가 예상되는 상황이었지만, 그는 당선될 수 있는 사람이 책임을 져야 된다고 생각했다.

4선 의원으로 복귀하자마자 전당대회 출마

4년간 야인으로 지냈지만 공백은 그리 오래가지 못했다. 2012년 김한길은 선거를 한 달여 앞두고 서울 광진갑에 전략공천을 받아 당선됐다. 한명숙 당시 대표의 출마 권유를 여러 차례 사양했지만, 공천 마감일이 끝난 뒤에도 출마 요구가 거듭되자 이를 거절하지 못한 것이다. 대선을 8개월 앞둔 시기였다.

김한길은 총선 직후 당선자 신분이 된 2012년 4월부터 존재감을 보였다. 그는 "총선 패배의 중요한 원인이 계파 공천"이라며 쓴소리를 시작했고, 당시 '이해찬 당 대표-박지원 원내대표'로 지도부를 꾸리자는 이른바 '이-박 담합' 논란을 비판하기 시작했다.

그는 곧장 주변 의원들의 독려를 받아 6·9 전당대회에 당 대표 후보로 나섰다. 이해찬 전 대표가 24.3퍼센트(6만 7658표)를 얻어 김한길(23.8퍼센트, 6만 6187표)을 0.5퍼센트포인트(1471표) 차로 제치고 1위를 차지했다. 충남과 부산을 제외한 지역 대의원 투표에서 김한길이 앞서 있었지만 모바일 투표에서 결과가 뒤집어졌다. 모바일 선거인단 불법 모집 의혹이 불거졌지만 그는 승복을 선언했다. 몇 년 뒤 그가 했던 이야기다.

> "2012년 당 대표 경선에서는 모바일 투표에서 뒤집히면서 제가 지고 이해찬이 당선됐습니다. 나를 따르던 의원들은 전부 다 불복 선언하라고 난리를 쳤습니다. 그런데 그때가 대선 6개월 남았을 때였어요. 제가 불복하면 당이 엉망이 되고 대선에서 이길 가능성이 없어질 거 같았습니다. 그래서 이해찬에게 다음 날 '결과를 수용하겠다. 대신 이번 지방 경선에서 나타난 당원들 표심을 잊지 말아달라'고 했고, 이해찬도 '알겠다'고 했습니다." — 취재 메모 중 🖱

이후 민주당 대선 후보였던 문재인 전 대통령과 안철수 후보 측이 단일화 협상을 진행하는 과정에서 안 후보 측이 당 혁신을 요구했고, 이해찬은 11월 대표직에서 사퇴했다. 대선에서도 패배하면서 이듬해 치러진 5·4 전당대회에서 김한길이 결국 당 대표로 선출됐다.

야당 대표 시절, 정권교체 위해 안철수 신당과 통합 결단

제1야당 대표가 된 김한길은 그해 8월 국가정보원의 대선 개입 의혹 등에 대한 대통령의 사과 등을 요구하고 45일간 서울광장 천막

당사에서 노숙 농성을 벌이며 박근혜 정부와 각을 세웠다. 국회를 식물 상태로 마비시켰다는 비판도 받았지만 야당의 존재감을 보여 줬다는 긍정적 평가도 있었다.

당시 그가 각을 세웠던 박근혜 전 대통령에 대해 그가 밝힌 일화다.

"처음 만난 게 '박근혜 수필가'였습니다. 제가 MBC 토크쇼 진행할 때였는데 여러 차례 출연 제의가 들어왔지요. 클로징 멘트에서 '우리는 동갑인데 같은 세월을 살았지만 서로가 너무 다른 세월을 살았다. 박근혜 씨가 어머니를 대신해 청와대에서 안주인 노릇을 하는 동안 나는 긴급조치로 감옥에 갇힌 아버지를 면회 다니면서 세월을 까먹은 사람이다. 이렇게 다른 우리가 한 시간 동안이나 사이좋게 얘기한 것은 아마 좋은 일일 겁니다', 뭐 이런 멘트였는데 (그가) 이거를 빼달라고 요구했습니다. 결국 나가긴 나갔더라고요. (중략) 대통령이 돼서도 회동하면 편하게 얘기했습니다. 박 대통령도 격식을 안 따지더라고요. 항상 준비 많이 해서 수첩에 빼곡히 써 와요. 중간에 내가 말을 끊고 하면 다시 볼펜으로 짚어가면서 써 온 것을 읽더라고요. 또 제가 열린우리당 원내대표 시절에 박 대통령이 여당 대표였습니다. 생일날 꽃을 사 들고 찾아갔더니 기자들이 많이 와 있는데, 기자들에게 그가 '우리가 동갑인데 난 머리에 물감을 안 들였다'고 내 백발을 가리키며 얘기해 한바탕 웃었습니다. 재미있는 구석이 있지요." ─ 취재 메모 중 🖊

김한길은 2014년 3월 창당을 추진하던 안철수와 합당을 선언해 새정치민주연합을 출범시켰다. 중도층을 흡수하고 야권 통합을 이뤄내야 정권교체와 대선 승리가 가능하다는 평소 소신을 발휘한 것이다.

북한인권법을 여야 합의로 통과시켰고, 북한의 무력도발을 비판하는 등 튼튼한 안보를 강조하며 중도 노선을 강화했다. 그 탓에 당내 친문 진영 등 전통적인 지지층으로부터 '우클릭'을 한다는 비판을 받았다. 하지만 그는 비판을 감수하며 "진영 논리와 막말과 이전투구로 국민을 불안하고 걱정하게 만들었던 정치와 결별해야 한다"고 강조했다.

합당한 뒤 안철수와 함께 새정치민주연합 공동대표를 맡았던 그는 7·30 재·보궐선거에서 패배하자 다음 날 즉각 당 대표직에서 사퇴했다. 이후 비대위 체제를 이어가던 당은 2015년 2·8 전당대회에서 문재인 전 대통령이 대표로 선출되며 친문-비문 진영 간 갈등이 극심해졌다. 이 무렵부터 김한길도 제3지대 신당 창당과 '창조적 파괴'를 고민하기 시작했다. 2015년 1월 그가 했던 이야기다.

"우리 정치가 전반적으로 양당 중심 체제에서 적대적 공생 관계에 안주하고 있다는 지적을 아프게 받아들여야 한다고 생각합니다. 그런 지적을 극복하기 위한 진지한 모색이 있어야 돼요. 중요한 문제예요. 지금은 이념과 지역과 세대 간의 일종의 분열을 기반으로 기득권을 누리고 있다고 볼 수 있거든요. 과감하게 그 기득권을 벗어버린다는 각오가 있어야 우리 정치에 새로운 장이 열리고 적대적 공생이 아닌 경쟁적 상생

관계가 되어야 국민으로부터 박수를 받고 국민이 정치에 희망을 가지지 않을까요." — 취재 메모 중 🖱

　이후 김한길은 친문 진영의 패권정치에 절망하다가 안철수와 함께 국민의당을 창당했다. 2016년 총선을 앞두고 당시 야권의 압도적 승리를 위해 민주당과 수도권에서의 야권연대를 강하게 주장하기도 했다. 하지만 그의 주장이 관철되지 않자 책임정치 차원에서 불출마를 선언했다. 당시 국민의당은 38석을 얻어 약진했다. 연대를 거부한 안 의원이 옳았다는 시각도 있지만, 만약 김한길의 주장대로 야권연대가 성사됐다면 (국민의당이) 더 큰 성과를 거뒀을 것이라는 지적도 있다.

　결과적으로 박 전 대통령이 탄핵되면서 치러진 2017년 5·9 대선에서 문재인 후보가 당선됐다. 정치권의 제갈공명으로 불렸던 그의 판단도 결과적으로는 어긋난 셈이다.

윤석열과 묘한 인연… 킹메이커 된 김한길

국민의당의 대선 주자였던 안철수는 대선에서 패배했고 바른미래당과 합당하며 결국 사라졌다. 이 무렵 김한길은 정치무대에 거의 나서지 않으며 휴지기를 가졌다. 폐암 선고를 받은 뒤 방사선 치료 등을 받고 2018년 12월 3주가량 의식을 잃을 정도로 사경을 헤맸다. 다행히 신약이 몸에 잘 맞아 사실상 완치됐다. 자연스럽게 정계를 은퇴한 것으로 보였지만 세상은 그를 가만두지 않았다. 윤석열이 유력 야권 대선주자로 급부상하면서 그를 찾아왔고, 그는 결과적으로 킹메이커로 다시 성공한다.

어찌 보면 윤 대통령이 지금 자리에 있는 것도 김한길과 무관치 않다. 당시 김한길은 의원총회에서 2013년 국정원 댓글 수사팀장이었던 윤석열에 대해 "윤석열 검사와 같이 정의로운 검사를 야당 국회의원들이 보호하지 못하면 안 된다"고 여러 차례 이야기를 했다고 한다. 이에 야당 법사위원들이 윤석열을 국감 증인으로 신청했다. 이어 법사위에 나온 윤석열은 외압을 폭로하며 "사람에 충성하지 않는다"는 말을 남기면서 국민들에게 깊은 인상을 남겼다. 이날 김한길도 법사위 회의실을 찾아 구석에서 '검사 윤석열'을 멀리서 처음 봤다고 한다.

김한길은 윤 대통령에 대한 마음의 빚도 있었다. 장외투쟁을 하던 김한길이 박 전 대통령과 영수회담에서 윤석열 검사 등 댓글수사팀의 신분 보호를 요구했는데, 이듬해 1월 인사에서 좌천됐기 때문이다. 자신의 요구가 오히려 윤석열을 좌천되게 한 것 아닌가 싶은 생각이 들었다는 것이다.

김한길은 2014년 7·30 재보선 당시 대구고검으로 좌천됐던 윤석열에게 출마 의사를 타진하기도 했다. 2019년 5월 서울중앙지검장 시절 윤석열이 했던 이야기다.

"김한길 전 민주당 대표가 2014년에 누구 통해서 재보선 나오라고 하기에 '정치 안 합니다'라고 했어. 2016년에도 민주당, 국민의당에서도 전화가 오더라고. 그런데 내 적성도 아니고 국정원 사건 재판 진행 중인데 정치판 간다는 게 말이 안 돼서 기분 안 나쁘게 거절했어. 재판 진행 중인데 성향이 야당 쪽이라 기소한 거 아니냐는 말 나올 수 있으니까 당에 부담될 거라고 말했어." — 취재 메모 중 🖱

이후 종종 만남을 이어오던 두 사람은 검찰총장직에서 사퇴한 윤석열이 본격적으로 대선 출마를 결심하면서 정치적 멘토와 멘티 관계로 발전했고 김한길은 또 한 번 킹메이커로 불렸다.

윤석열과 자주 독대하며 현안 논의

"행정부와 입법부 관계라고 볼 때 이 여당과 청와대 역시 견제와 균형이 원칙인 것이죠. 우리 정치가 크게 잘못된 거 하나가 청와대가 여의도를 우습게 여긴다는 거죠. 청와대와 여당과의 관계는 굉장히 어려운 관계거든요. 청와대가 여의도, 국회를 업신여겨서는 안 되고요. 특히 여당과의 관계가 여당이 청와대의 졸이 아니잖아요. 문제가 크지요. (중략) 왜 정치의 중심이 국회여야 하냐. 어쨌든 국회의원들은 민심에 민감하니까 이렇게 막무가내할 수 없거든요." — 취재 메모 중 🖱

박근혜 정부 시절인 2015년 1월 김한길이 필자에게 했던 이야기다. 정도의 차이는 있지만 윤석열 정부에 대해서도 적용될 수 있는 부분이 있고 그의 역할이 중요한 이유기도 하다.

김한길은 윤 대통령과 한 달에 한두 번은 독대를 하며 현안에 대해 이야기를 나누고 조언과 쓴소리도 적지 않게 하는 것으로 알려졌다. 정치권에서는 김한길이 국무총리, 대통령비서실장은 물론 국민의힘 비상대책위원장 등 다양한 역할을 할 것이라는 관측이 나온다.

특히 윤 대통령은 2023년 10월 강서구청장 보궐선거에서 국민의힘이 패한 뒤 김한길과 함께 국민통합위원회 만찬에 참석해 "국민통합위원회의 활동과 정책 제언은 저에게도 많은 통찰을 줬다"며 "통합위의 제안이 정책집행으로 이어졌는지 저와 내각에서 많이 돌이켜보고 반성하겠다"고 말하기도 했다. 보궐선거 참패 후 신당 창당설이 나온 가운데 윤 대통령이 이 같이 말하며 김한길에게 힘을 실어주자 김한길이 '윤석열 신당' 창당을 고민하는 것 아니냐는 관측이 나오기도 했다. 이에 김한길이 직접 "저는 정치를 떠나 있는 사람이다. 일부 언론 등이 말하는 신당 창당은 생각해본 일도 없고 앞으로도 그런 일은 없을 것"이라고 수습하는 '해프닝'이 벌어지기도 했다.

어쨌거나 현 정부의 킹메이커이자 '실세'인 김한길도 윤 대통령에 대해 무한한 신뢰를 갖고 있다. 솔직하고 뚝심 있고 적어도 거짓말을 하지 않는, 보기보다 훨씬 더 괜찮은 정치인이라는 것이다.

다만 그가 윤 대통령을 돕기 시작한 이래 모든 게 계획된 대로 흘러간 것 같지는 않다. 김한길과 가까웠던 한 야당 인사는 김한길로부터 "윤석열 대통령이 국민의힘이 아닌 제3지대로 갈 줄 알았다"는 이야기를 들었다고 전했다. 그는 여전히 적대적 공생 관계라는 구조적 모순을 갖고 있는 양당제를 깨고 제3당을 꿈꿨던 것이다.

"지난 대선 마지막 토론회에서 윤석열, 이재명, 안철수 등 모든 후보가 정치발전의 첫 단계로 한국이 다당제가 돼야 한다

는 데 동의했습니다. 다당제는 결국 양당이 아닌 제3당이 있어야 하죠. 정당 설립은 범죄도 아니고 헌법에 있는 기본권이에요. 그런데 창당하려고 하면 여기저기서 벌떼같이 달려들어 공격하고 창당하려고 하면 역적이 됩니다. 제가 비록 실패는 했지만 3당을 만들려고 했던 노력들이 적어도 비난받을 대상은 아니지 않을까요? 제가 대선 끝나고 본 문구 중 마음에 와닿는 문구가 '오늘날 우리가 누리고 있는 이 세상도 수많은 이상주의자의 좌절을 통해서 이룩된 것이다'라는 말입니다."

그를 향한 세상의 삐딱한 시선에 대한 항변이자 이상주의자의 면모가 드러나는 말이다. 김한길이 정치 경험이 적은 윤 대통령의 부족한 점을 잘 채워주기를, 그가 말했던 '인간화 시대'를 여는 마중물이 되기를 기대해본다.

9화

박지원, '산소 같은 남자'에서
'한국의 바이든'까지

동아일보

1942년 전남 진도 출생
1967년 단국대학교 상학과 졸업
1999년 제36대 문화관광부 장관
2002년 제25대 대통령비서실장
2008년 ~ 2020년 제18 · 19 · 20대 국회의원 (전남 목포, 민주통합당 · 국민의당)
2012년 민주통합당 원내대표
2017년 국민의당 대표
2020년 제35대 국가정보원장

"내가 아는 명리학자가 있는데 앞으로 7년간 운이 제일 좋다고 하더라. 원래 정치인이 고난을 겪는 사주여야지 대성한다. 나는 감방도 한 번 갔다 왔고(웃음). 1942년생의 시대가 온다. 조 바이든 미국 대통령, 고이즈미 준이치로 전 일본 총리, 후진타오 중국 국가주석, 김정일 전 북한 노동당 총비서⋯. 1942년생 중에 국내에서 제일 유명한 이건희 전 삼성전자 회장은 죽었고, 그 다음이 나다. 청와대에 잘 출입하고 있어라. Next is me(웃음)" — 취재 메모 중 🖱

2021년 4월 청와대 출입기자였던 필자를 포함해 기자들과 사석에서 만난 박지원 당시 국가정보원장(이하 박지원)은 이렇게 말했다. 그는 대한민국에서 '내로라'하는 자리는 이미 다 한 상태였다.

그러면서도 대통령과 국무총리, 국회의장 등 끊임없이 권좌를 지향한다.

> "방송에선 얘기를 못 하는데… 내가 돈을 많이 줘보기도 하고 받기도 해봤는데, 부스럭거리는 소리는 안 나와~(웃음)."
>
> ― 취재 메모 중 🖱️

2023년 3월에는 2022년 12월 한동훈 법무부 장관이 더불어민주당 노웅래 의원의 체포동의안 통과를 요청하기 위한 국회 본회의 발언에 대해 이같이 말하기도 했다. 당시 한동훈은 "구체적인 청탁을 주고받은 뒤 돈을 받으면서 '저번에 주셨는데 뭘 또 주냐', '저번에 그거 제가 잘 쓰고 있는데'라고 말하는 노 의원의 목소리, 돈 봉투가 부스럭거리는 소리까지도 그대로 녹음돼 있다"고 했는데 이를 반박한 것이다.

이 같은 두 발언으로 글을 시작하는 이유는 여기에 그의 오랜 정치 경험과 연륜, 정치 현상을 꿰뚫어 보는 통찰력과 분석력, 타고난 유머와 재치가 담겨 있다고 판단했기 때문이다. 또 솔직하면서도 노회한 정치인이라는 평가와 그 이미지 등도 고스란히 묻어난다.

그는 한국 현대 정치사에서 빼놓을 수 없는 '산증인'이다. 박지원은 현재까지 4선 의원과 문화관광부 장관, 대통령비서실장, 국정원장 등을 지냈고, 2024년 총선에서 전남 해남·진도·완도 지역구에 출마할 예정이다. 전남 진도 출신으로 김대중DJ 전 대통령의 '마지막 비서실장'으로 불리는 그는 80대의 고령임에도 여전히 건재하고 가장 영향력 있는 정치 초고수 중 한 명이다.

자고로 일찍부터 그를 중용한 DJ는 그를 이같이 평가했다. 1996년 박지원이 발간한 저서 『넥타이를 잘 매는 남자』 발간 축사에서다.

> "'지칠 줄 모르는 성실함. 놀라운 정치적 순발력.' 박지원 대변인을 한마디로 말하라면 이렇게 표현하고 싶다. 나만의 느낌은 아닐 것이다. 정치인의 최고 덕목은 신언서판身言書判이다. 생김새와 언변과 문필력, 판단력이 모두 잘 어우러지면 어느 분야에서든 단연 두각을 나타내는 법인데, 박 대변인이 그런 정치인이다. (중략) 소신과 원칙에도 강한 박 대변인이다. 그러면서도 유연함과 해맑은 미소를 늘 잃지 않는다. 누가 박 대변인을 '산소 같은 남자'라고 해서 아주 적절한 표현이라고 생각한 적도 있다."*

'산소 같은 남자'란 1990년대 히트를 친 배우 이영애 씨가 나오는 아모레퍼시픽의 '산소 같은 여자' TV 광고에서 따온 표현으로 보인다.

그는 방송이나 강연에서 "제가/ 그/ 유~명한/ 박지원입니다"라고 너스레를 떤다. 이름부터 『열하일기』를 쓴 연암 박지원과 같아 한국에서 의무교육을 받은 사람이면 다 아는 이름이다. 게다가 그 역시 언론과 SNS에 끊임없이 매일 등장하니 삼척동자도 모르지 않을 것이다.

---

*　　박지원, 『넥타이를 잘 매는 남자』, 청맥, 1996.

중학생 때부터 박지원의 꿈은 '야당 총무'

박지원은 건국포장을 추서받은(1993년) 독립운동가 박종식 선생의 4남 1녀 중 막내로 1942년 전남 진도에서 태어났다. 그는 네 살 때 아버지를 여의었다. 바다가 친구이자 놀이터였고 육지를 동경하는 섬 소년으로 자랐다. 늑막염을 앓아 건강이 좋지 않았다.

밀양 박 씨 집안 어른 중에 국회의원이 있어 가까이에서 본 그는 정치의 꿈을 키웠다. 초등학교(당시 국민학교) 시절부터 장래 희망은 국회의원이었고, 중학교 때부터는 '야당 총무(현 원내대표)'였다고 한다.

> "고등학교 때 우리 반 친구 중 한 놈이 나처럼 정치에 관심이 많았다. 한번은 그 친구가 내게 한 가지 내기를 제안했다. 누가 현직 국회의원의 이름을 더 많이 써내는지 한번 해보자는 것이었다. 그때 그 친구는 100명 정도를 썼고, 나는 150명 정도를 써내 이긴 기억이 있다." - 박지원, 「넥타이를 잘 매는 남자」 중

박지원은 머리가 좋다는 이야기를 들었지만, 공부보다 놀기를 더 좋아했다고 한다. 목포 문태고를 다니다 대입에서 떨어져 광주에서 재수를 했다. 그 당시 부인 이선자를 만나면서 연애에 빠졌다. 단국대 경영대에 입학한 뒤로는 이전과 달리 아주 열심히 공부했다. 졸업 후 군대를 다녀온 뒤 어려운 취업문을 뚫고 LG그룹 계열사였던 당시 반도상사(현 LX인터내셔널)에 취직했다. 그는 맡은 바 임무를 한 치의 빈틈도 없이 처리했고, 성실성을 인정받아 미국지사로

발령받았다고 한다.

미국지사에서 근무하던 중 그는 사업을 시작했다. 친형이 미국에서 무역업을 하고 있었는데, 형님이 회사 생활에 재미를 못 느끼고 있던 그에게 사업을 권유하며 사업자금을 대준 것이다. 뉴욕에 사무실을 내고 처음 가죽 수입을 시작했지만 돈만 날렸다. 대신 실패를 딛고 가발 수입을 시작했다. 새벽에 집을 나와 화장실 갈 시간이 없어 소변을 종이컵으로 받아둘 정도로 악착같이 일했다.

유행에 민감한 패션산업이었기에 유명 패션쇼나 헤어쇼, 그리고 뷰티숍을 두루 살펴보며 트렌드를 파악했다. 수요를 정확히 파악한 덕분에 사업은 날로 번창했다. 뉴욕 맨해튼에 건물 몇 채를 가질 정도였다고 한다.

그러자 다른 고민이 생기기 시작했다. 그의 오랜 꿈인 국회의원이 하고 싶었다. 미국에서 그냥 돈만 벌어 한국으로 돌아갈 수는 없었다. 당시 교민들은 미국에서 어려운 생활을 하고 있었고 한인회 일을 거들어야겠다고 결심했다.

일종의 정치 연습으로 뉴욕 한인회 활동을 열심히 해 회장 후보로 추천받게 됐다. 15대 뉴욕 한인회장에 출마했지만 낙마했고, 2년 뒤 역대 최연소 회장이 됐다. 그 뒤 교민사회에서 뉴욕 한인회를 성공적으로 이끌었다는 평가를 받으면서 1981년 8월 미주 한인 총연합회에서 98개 한인회장의 만장일치로 총연합회 회장에 당선됐다.

전두환 동생 전경환과 DJ 사이… 뒤바뀐 박지원의 '운명'

미주 한인 총연합회장을 맡던 그는 전두환 전 대통령의 동생 전경환과 가깝게 지냈다. 전 전 대통령의 미국 방문 환영위원장을 맡았고, 그 일로 한국의 민주화를 위해 애쓰던 수많은 양심적인 인사들로부터 손가락질을 받았다고 한다. 전경환은 그의 정계 입문을 도와주려고 애썼고 여당인 민정당의 전국구 의원 입성을 도와주려 했다. 하지만 전 전 대통령이 해외 동포에게는 전국구를 줄 수 없다는 지시를 내리면서 무산됐다. 미안했던 전경환은 엄청난 이권이 있는 사업을 제의했지만, 박지원은 바로 거절했다. 그가 그때 민정당 의원이 됐거나 사업을 챙겼더라면 아마 지금의 박지원은 없었을 것이다.

> **"어쨌든 잘못된 행동이었음은 분명하다. 그리고 그 때문에 나는 얼마 뒤 김대중 선생을 만나면서 심각한 인간적 고뇌에 빠지기도 했다."** - 박지원, 『넥타이를 잘 매는 남자』 중

박지원의 운명이 바뀐 건 뉴욕에서 『독립신문』을 발행하던 김경재 전 의원의 소개로 망명 중이던 DJ를 만나면서부터다. 1983년 5월이었다. "절대권력은 반드시 부패하게 돼 있다. 1980년대 후반에는 반드시 우리나라에도 민주화가 온다"는 등 DJ의 말에 감명을 받은 박지원은 무릎을 꿇고 "선생님, 제가 잘못 살아왔습니다"라고 참회했다. 첫 만남 이후 그는 김대중 사단의 말석에 자리 잡게 됐고, DJ가 하던 인권문제연구소 일을 돕고 국내에서 동교동계 인사들에게 DJ의 메시지를 전하는 '밀사'역 등을 맡았다.

이는 '일급비밀'이었다. DJ의 최측근인 권노갑 고문조차 그의 존재를 몰랐다고 한다. 1987년 평화민주당 창당 과정에서 박지원은 고향인 전남 진도위원장을 맡았다. 권노갑도 "어디서 갑자기 나타난 굴러온 돌"로 여기고 이를 반대했다. 미국에서 맺어진 DJ와 박지원의 관계를 모르던 권노갑의 입장에서 보면 옳은 진언이었다. 이후 권노갑이 처음 미국을 방문하면서 박지원을 만났다. 권노갑은 "이번에 미국 오기 전에 동교동에 들렀더니 사모님과 총재께서 미국 가면 꼭 박 회장을 만나라고 말씀하셨소. 그러면서 그간 박 회장과의 관계에 대해서 자세하게 설명을 해주셨소"라며 손을 꽉 잡고 "전에 정말 미안했다"며 몇 번이나 사과를 했다고 한다.

"50이 넘어야 관운이 풀린다"는 이야기를 사주가들에게 들었던 박지원은 실제 3수 끝에 전국구 의원이 됐다. 대입에서 재수한 것을 합쳐 "내 인생은 오수伍修"라는 게 그의 말이다.

1984년에는 야당인 신민당에서 전국구(현 비례대표) 의원직을 제의받았으나, 당선권 순번을 받기 어려울 것 같아 거절했다. 선거 결과는 당선권이었다. 첫 번째 실패였다. 미국에서 들어온 뒤 진도위원장과 총재 언론특보 등을 맡았지만 1988년엔 지역구가 통합되면서 출마가 좌절됐다. 전국구로 출마하기로 했지만, 마지막에 DJ가 자신에게 주겠다던 전국구 순번을 다른 인물에게 줘 기회가 없었다. 다시 4년 뒤에 전국구 국회의원 후보 21번으로 간신히 당선됐다. 그의 나이 만으로 50세였다.

1987년과 1992년 대선에서 DJ의 지근거리에서 선거운동을 도왔다. 특히 1992년에 그는 수석부대변인을 맡아 4월부터 12월까지 매일 오전 6시 10분이면 동교동에 도착해서 DJ와 함께 하루 종

213

일 선거운동을 했다. 기자들과 '떡'이 되도록 폭음을 해 늦었던 이틀을 빼고는 하루도 그 시간에 도착하지 않은 적이 없었다.

대선을 열심히 뛰었지만 결과는 김영삼YS 전 대통령의 승리로 끝났고, DJ는 다음 날 정계 은퇴를 선언했다. DJ 대통령을 만들려던 박지원에게는 눈앞이 깜깜한 순간이었다.

몸으로 때운 '독설' 명대변인… "부활한 예수님, '기자들 왔나'고 물을 것"

> "나는 본변인이 아닌 대변인이니 좀 봐주시오. 큰 정치 하는 분들이 그깟 대변인의 말에 신경을 써야 되겠느냐."

'대변인 박지원'은 간혹 자신이 논평에서 비판한 당사자가 직접 전화를 해 "너무 심한 것 아니냐"고 항의하면 이같이 달랬다고 한다. 일부 논평에 인신공격성이나 조롱이 들어가는 등 센 논평을 낸 적이 적지 않았는데 이로 인한 항의를 융통성 있게 해소한 것이다.

그는 명대변인으로도 이름을 날렸다. 1992년 대선에서는 YS가 재산을 공개했을 때 "머리부터 공개하라"며 공격했고, TV 토론을 거부하자 "연설 때 사용하는 원고를 가져와도 된다"고 비꼬았다. 항간에서 DJ에 비해 YS가 덜 총명하다는 지적을 겨냥한 것이었다.

또 1994년 당시 박찬종 신정치개혁당 대표가 DJ의 정계 복귀론에 대해 비판하자, "연탄가스는 틈만 있으면 비집고 나와 인체에 해만 주고 있는데 박 대표도 틈만 있으면 비집고 나와 야당 분열을 조장하고 있다"고 비난해 화제가 되기도 했다. 1995년 11월에는 당시 민자당이 당명 개칭을 추진하자 "호적 이름을 바꿨다고 해서 사람이 바뀌지 않는다. 호박에 줄 친다고 수박이 되지는 않는다. 민자당은 이름을 바꾸어도 대통령이 되기 위해 야합했던 김 대통령과 민자당 그 이름으로 역사는 기록하고, 국민은 기억할 것이다"라고 했다.

그러면서 그는 "대변인 성명이 개떡 같더라도 기사는 찰떡같이 써주시오"라고 기자들한테 너스레를 떨었다고 한다. 당의 언론 정책이 맘에 들지 않을 때는 "만약 예수님이 부활하신다면, 가장 먼저 하실 말씀이 무엇인지 아십니까? 바로 '기자들 왔느냐?'고 물으실 것입니다. 그래야 예수님이 부활한 사실이 일반인들에게 알려질 것 아닙니까?"라고 말했다.

일각에서는 "보좌관이 쓴 것을 읽기만 한다"고 비난하기도 했지만, 이는 사실과 달랐다. 대변인 명의 논평은 대부분 그가 직접 썼다고 한다.

그 시절부터 박지원을 오래 지켜본 박선숙 전 의원의 말이다.

"DJ는 여러 장점을 가진 지도자지만 기준이 높아 모시기 어려운 지도자예요. 성실함과 집중력을 요구하고 듣기 좋은 얘기만 하는 사람은 곁에 안 둡니다. 그 기준에 부합하는 게 박 대표고 내가 본 사람 중에 그만큼 순발력이 있고 성실하고 집중력이 있는 사람이 없습니다. 그 시절 낮밤으로 기자들과 폭탄주를 마시면서도 매일 아침 일찍 DJ가 있던 일산과 청와대로 출근했어요." — 취재 메모 중 🖱

215

1996년 그는 부천 소사에 출마하며 재선에 도전했다. 상대는 신한국당 후보였던 김문수 현 경제사회노동위원회 위원장. 박지원의 저서 『넥타이를 잘 매는 남자』도 1996년 총선을 앞두고 발간됐는데, 이를 두고 '넥타이' 공방도 있었다고 한다. 당시 노동운동가 출신에서 여당 신한국당의 후보로 변신한 김문수가 먼저 『아직도 나는 넥타이가 어색하다』라는 책을 냈는데, 이후 박지원이 이 같은 제목의 책을 내자 김문수 측에서 '저격용'이라고 반발한 것이다. 박지원은 전에도 "넥타이를 제법 잘 맨다는 보도가 있었다"고 반박했지만, 김문수는 박지원을 저작권법 위반으로 고소하기도 했다.

선거에서는 박지원이 고배를 마셨다. 당시 그를 향해 좌익이라고 공격하는 등 상대 후보 측에서 색깔 논쟁, 용공 몰이를 한 탓도 컸다.

굴러 들어온 돌이 박힌 돌을 빼내… '대代통령'으로 회자

낙선한 뒤에도 박지원은 정계 복귀를 선언하며 새정치국민회의를 창당한 DJ의 특보 등을 맡았다. DJ는 자유민주연합의 김종필 총재와 DJP연합을 성사시키며 결국 대선에 성공한다.

박지원은 당선자 대변인, 대통령공보수석비서관, 문화관광부 장관 등을 거치며 DJ를 대리해 대북 특사를 다녀와 6·15 남북정상회담 성공에 기여했다. 또 대통령비서실장을 맡으며 명실상부한 DJ의 '2인자'로 자리 잡았다.

여기에는 DJ의 기존 가신그룹인 '동교동계'가 2선으로 물러나면서 그가 빈자리를 메우게 된 것도 영향을 끼쳤다. 동교동계는 1997년 대선 직전에 선출직을 제외한 임명직은 맡지 않겠다고 선언했으며, 2000년 12월 좌장인 권노갑은 정동영 당시 최고위원으로부터 2선 후퇴를 요구받고 최고위원직을 사퇴했다. 이 같은 상황에서 DJ의 심복이지만 동교동계와는 거리가 있는 박지원이 전면에 나서게 됐고 권력이 쏠리게 된 것이다. '굴러 들어온 돌이 박힌 돌을 빼냈다'는 이야기도 많았고 그는 시기와 질투, 미움도 많이 받았다.

김창혁 전 동아일보 기자가 정리한 권노갑 회고록 『순명』에는 박지원에 대해 이 같은 비화가 나온다.

> 18대 총선을 앞둔 2008년 초, 전남 무안으로 향하는 권노갑의 승용차 안. DJ의 차남인 김홍업 의원의 선거를 돕기 위해 내려가는 길이었다. 권노갑의 휴대전화가 울렸다. DJ였다.
> "무안 가는 김에 목포도 좀 다녀오소."
> 김홍업 지원 유세를 마친 다음 목포에 가서 박지원도 좀 도와주고 오라는 말이었다.
> "무안은 가겠지만 목포는 도저히 못 가겠습니다."*

권노갑이 DJ의 '외유 권유'를 물리치자 박지원이 DJ의 뜻을 직접 전한 것, 2002년 4월 '진승현 게이트'에 권노갑이 연루됐다는 보도가 나왔는데 박지원이 이를 권노갑에게 전하지 않은 것 등 일련의 과정에서 권노갑도 그에게 적지 않은 서운함을 품었던 것이다.

---

*   권노갑·김창혁, 『순명: 권노갑 회고록』, 동아E&D, 2014.

그는 마지막 비서실장을 지내면서는 '대신할 대'자가 붙은 '대代통령'이라는 별칭이 붙을 정도로 위세를 떨쳤다. 이에 그도 항상 처신에 유의하고 몸조심을 했지만 미움을 받았다. 언론사 인사에 개입하거나 언론사 세무조사를 그가 기획했다는 의구심과 눈총을 받으면서 그의 전문 분야이자 동반자였던 언론들도 일부 등을 돌렸다.

대북 송금 사건으로 구속돼 징역 3년 살아

'태양에 너무 가까워지면 타죽을 수 있다'는 말처럼 권력에 가장 가까이 서 있던 박지원도 DJ 정부가 끝난 뒤 갖은 고초와 수난을 겪게 된다. 이 또한 그의 운명이었다.

박지원이 검찰에 구속돼 징역 3년의 유죄 판결을 받는 계기가 된 '대북 송금 의혹'은 2002년 9월 국정감사장에서 처음 불거졌다. 한나라당(현 국민의힘)은 현대상선이 2000년 6월 남북정상회담을 전후해 산업은행에서 4900억 원, 당시 환율로 4억 달러를 긴급 대출받아 현대아산을 통해 북한에 넘겨줬다고 주장했다. 이듬해 1월 말 감사원은 '4000억 원 중 1760억 원은 현대 계열사 운영자금으로 사용됐고, 나머지 2240억 원은 북한에 지원한 것으로 보인다'는 내용의 감사 결과를 발표했다.

파문이 커지자 DJ도 퇴임을 앞둔 이듬해 2월 사실관계를 인정하며 "어떻게 하면 한반도에서 전쟁을 막고 민족이 서로 평화와 번영을 누릴 수 있을 것인가, 어떻게 하면 우리 국민이 안심하고 살면서 통일에의 희망을 일궈 나갈 수 있도록 할 것인가 하는 충정에서

행해진 것"이라며 "저는 이번 사태에 대한 책임을 지겠다"고 대국민 사과를 했다.

결국 송두환 특별검사팀은 6월 김대중 정부와 현대그룹이 2000년 4월 8일 북한과 남북정상회담 개최에 최종 합의하면서 정부가 1억 달러, 현대가 4억 달러를 북한에 지급하기로 약속했다는 사실을 파악해, 이에 관여한 박지원을 직권남용 및 남북교류협력법 위반 등의 혐의로 구속 기소했다.

그는 수감 중 녹내장 등 건강이 악화돼 구속집행정지와 형집행정지를 반복하다 석방됐고, 2007년 2월 노무현 대통령의 특별사면 대상에 포함됐다.

당 대표 1회, 비대위원장 3회, 원내대표 3회 신기록

재기는 순탄하지 않았다. 박지원은 DJ의 '정치적 고향'이자 자신이 고등학교를 나온 전남 목포에서 민주당 소속으로 출마하려 했지만, 공천심사위원회의 '금고 이상 형 확정자 배제' 원칙에 따라 공천을 받지 못했다. 그러자 "무소속으로 출마해 목포시민의 평가를 받겠다"며 탈당한 뒤, DJ의 부인 이희호 여사의 지원 유세와 동교동계의 전폭적인 지원을 받으며 당선됐다.

이후 재선 의원으로는 이례적으로 2010년 5월 민주당 원내대표로 선출됐다. 그는 이를 시작으로 2012년 민주당 원내대표와 비상대책위원장을 지내는 등 의원 시절 동안 민주당에서만 원내대표와 비상대책위원장을 두 번씩, 2016년 안철수 의원이 창당한 국민의당에서 원내대표와 비대위원장, 당 대표까지 지내는 정치사의 신기록을 세웠다.

국회 법제사법위원회에서는 정보력과 전문성을 중심으로 두각을 드러냈다. 2009년 7월 당시 검찰총장 후보자였던 천성관과 스폰서 박모의 해외 골프 여행, 천성관 부인의 면세점 쇼핑 명세 등을 폭로하며 후보자 사퇴에 결정적인 영향을 미쳤다. 이를 포함해 원내대표로 청문회를 지휘하면서 일곱 명의 청문 대상자를 낙마시켜 '청문회 낙마 7관왕'으로 불렸다.

여의도를 중심으로 활동하면서도 거의 매주 지역구인 전남 목포를 방문할 정도로 지역에도 공을 들였다. 금요일 귀향해 지역구 업무를 보고 월요일 새벽 서울로 돌아오는 것을 뜻하는 '금귀월래金歸月來'라는 말을 유행시켰다. 그 결과 18~20대 총선까지 목포에서 내리 3선에 성공했다.

2015년 2·8전당대회에서는 당 대표 후보로 나선 문재인 전 대통령에게 고배를 마셨다. 당초 노무현 정부 시절 대북 송금 특검법을 통과시키고 특별사면이 미뤄지는 등의 과정에서 친노·친문 세력과는 멀어진 그였다. 다음은 그가 2014년 12월 한 이야기다.

"2년 전 문재인 낙선(2012년 대선) 직후 만났다. DJ의 길을 갈 거냐, 이회창의 길을 갈 거냐 선택해야 한다며 설명해줬다. DJ는 낙선하고 정계 은퇴를 선언하고 영국으로 갔다. 하지만 지지자들은 DJ가 떠났다고 생각하지 않고 언젠가 DJ가 돌아오고 대통령을 만들 거라고 생각했다. 그래서 DJ는 결국 돌아와 대통령 후보가 됐지만 약점을 보충하기 위해 보수우파인

김종필JP 전 총재를 영입해 대통령에 당선되지 않았느냐. 이회
창의 길을 봐라. 대통령선거에 실패하고 정계를 떠났다. 그러
나 바로 복귀해서 손에 피를 묻히더라. 자기에게 대통령 후보
를 양보한 조순 총재를 쳐내고, 야당에서 여당으로 넘어온 이
기택을 쳐내고, 박근혜 당시 대표가 오겠다는 걸 쳐내버렸다.
피를 묻혀서 대통령 후보는 됐지만 대통령은 안 되더라. 그
랬더니 그가 굉장히 좋은 얘기라고 참고하겠다더니…."

─ 취재 메모 중 🖱

대선 후보로서 정책 준비에 골몰해야지, 당 대표로 각종 논란에
휘말리면 안 되는 만큼 당 대표로 나서는 게 적합하지 않다는 취지
였지만 이를 따르지 않았다는 것이다.

전당대회에서 낙마한 뒤에도 문 전 대통령과 각을 세우던 그는,
2015년 당시 새정치민주연합(현 민주당)에서 '친노패권주의'가 논
란이 되며 안철수 의원이 국민의당 창당을 추진하자 2016년 1월 탈
당했다. 같은 해 3월 그는 국민의당에 합류했고, 4·13 총선에서 국
민의당이 38석을 얻는 기염을 토하며 박지원도 20대 총선에서 당
선됐다. 당선 직후 그가 사석에서 했던 말이다.

"안 대표가 미래를 보는 안목이 있다. 탁월하다. 그런 정치 지
도자가 얼마나 있냐. 깜짝 놀랐다. IT 강국, 신지식을 얘기했
던 김대중 대통령에 이은 안목이다. 나도 통합론자였지만 결
국 김한길, 천정배, 박지원이 틀리고 안철수가 맞았던 거 아니
냐. 깔끔하게 인정하고 따라가야지." ─ 취재 메모 중 🖱

221

4월 총선 전에 민주당과 국민의당이 야권연대와 후보 단일화 논의를 해야 한다는 '통합론' 목소리가 커졌지만, 안철수가 이에 동조하지 않은 덕분에 국민의당이 '녹색 돌풍'을 일으켰다는 뜻이었다. 이후 그는 국민의당 원내대표로 추대됐고, 안철수를 DJ급으로 모시며 킹메이커 역할에 전념했다.

안철수 대통령 만들기 총대 멨지만… '문모닝' 별명만 남아

그가 당 초선 의원들에게 한 '십계명' 강의는 지금 봐도 정치인들이나 예비 정치인들이 배울 점이 있다. 필자가 썼던 기사다.

국민의당 신임 원내대표로 추대된 박지원 의원이 3일 초선 당선자를 대상으로 특강에 나섰다. 대통령비서실장, 장관을 지냈고, 4선에 원내대표만 3번째인 자신의 다양한 경험을 '깨알 전수'한 것이다. 박 의원은 이날 국회 의원회관에서 열린 '초선 당선인 정책 역량 강화 집중 워크숍'에서 "국회의원이 되면 기자의 전화를 잘 받아야 한다"며 "자기 가족하고 친구하고 밥을 먹는 사람은 (국회의원) 자격이 없다. 정치인은 삼시세끼 기자와 먹는 게 제일 좋다"고 조언했다. 이어 "언론은 잘못한 것만 쓴다. 지도자는 맞아 가면서 큰다"며 "아무리 얻어맞아도 다운만 안 되면 된다"고 했다. 언론을 통해 끊임없이 국민과 소통해야 한다는 주문이다. 박 의원은 또 메시지는 간결하게 반복적으로 전달할 것을 당부했다. 그는 자신과 함께 '박 남매'로 불렸던 더불어민주당 박영선 의원을 예로 들며 "앵커 출신이라 전달력이 좋다"며 "박 의원이 야성野性에다 미모를 갖춰 법제사법위원회에서 항상 히트를 쳤다. 게다가 적당할 때 눈물을 흘린다. 이게 백미白眉"라고 치켜세웠다. 그는 "박 의원과 저는 매일 밤 전화한다. '도청되는데 말씀하셔도 되나'라고 하는데, '내가 돈을 받나 여자를 만났나. 결국 박근혜 대통령 욕만 하지 않나'라고 대답했다"고 일화를 소개하기도 했다. 반면 손학규 전 더민주당 상임고문에 대해선 "말을 길고 어렵게 하는 천부적 소질을 타고났다"며 다소 낮은 점수를 줬다.

박 의원은 이어 "발목을 잡는 것을 바꿔야지, 야당임을 포기하면 절대 안 된다"며 "투쟁력이 있어야 한다. 야당은 야당다워야 한다. 야당이 여당다우면 (여당의) 2중대다"고 했다. 또 "최근 의원들이 보좌관, 비서관 돈을 걷어서 쓴다고 한다"며 "치사한 일"이라고 지적했다. 의정 활동과 관련해선 출석은 물론이고 질의에 대한 답변까지 잘 들으라며 "상임위 속기록을 꼼꼼히 읽어 보라"고 조언했다.*

박지원은 제3당의 원내대표로서 법안 처리 등의 캐스팅보트를 쥔 3당의 존재감을 드러내며 국회의 중심에 섰고, 안철수가 국민의당 총선 리베이트 사건으로 대표직에서 물러나자 비대위원장을 맡았다. 그해 8월 당시 국민의당 6선 의원이었던 천정배 전 법무부 장

* 황형준, 「초선의 선생님 된 박지원 '깨알 강의'」, 「동아일보」, 2016년 5월 4일.

관은 사석에서 이렇게 평가했다.

> "박지원 대표가 잘하고 계신다. 어떤 분은 몇백 년 만에 한 번 나올 분이라고 하던데… 삼국지에 나오는 영웅들을 다 합친 것 같다." — 취재 메모 중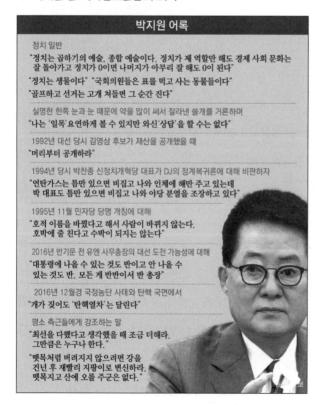

국정농단 사태가 터지고 박근혜 전 대통령 탄핵소추안 처리 국면에서도 그는 "탄핵 열차는 출발했다", "개가 짖어도 '탄핵 열차'는

✦ 박지원 전 국가정보원장의 어록

박지원 어록

정치 일반
"정치는 곱하기의 예술, 종합 예술이다. 정치가 제 역할만 해도 경제 사회 문화는 잘 돌아가고 정치가 0이면 나머지가 아무리 잘 해도 0이 된다"
"정치는 생물이다" "국회의원들은 표를 먹고 사는 동물들이다"
"골프하고 선거는 고개 쳐들면 그 순간 진다"

실명한 한쪽 눈과 눈 때문에 약을 많이 써서 잘라낸 쓸개를 거론하며
"나는 '일목'요연하게 볼 수 있지만 와신'상담'을 할 수는 없다"

1992년 대선 당시 김영삼 후보가 재산을 공개했을 때
"머리부터 공개하라"

1994년 당시 박찬종 신정치개혁당 대표가 DJ의 정계복귀론에 대해 비판하자
"연탄가스는 틈만 있으면 비집고 나와 인체에 해만 주고 있는데 박 대표도 틈만 있으면 비집고 나와 야당 분열을 조장하고 있다"

1995년 11월 민자당 당명 개칭에 대해
"호적 이름을 바꿨다고 해서 사람이 바뀌지 않는다. 호박에 줄 친다고 수박이 되지는 않는다"

2016년 반기문 전 유엔 사무총장의 대선 도전 가능성에 대해
"대통령에 나올 수 있는 것도 반이고 안 나올 수 있는 것도 반. 모든 게 반반이어서 반 총장"

2016년 12월경 국정농단 사태와 탄핵 국면에서
"개가 짖어도 '탄핵열차'는 달린다"

평소 측근들에게 강조하는 말
"최선을 다했다고 생각했을 때 조금 더해라. 그만큼은 누구나 한다."
"뗏목처럼 버려지지 않으려면 강을 건넌 후 재빨리 지팡이로 변신하라. 뗏목지고 산에 오를 주군은 없다."

달린다", "법꾸라지 김기춘" 등 어록을 내놓으며 정국의 중심에 섰다.

나무에서 떨어진 '정치 9단' … 국정원장 지명 반전

하지만 '정치 9단'인 그도 결국 틀렸다. 당시 문재인 후보 비판으로 하루를 시작해 '문모닝'이라는 별명도 얻었지만, 2017년 5월 대선은 문재인 후보의 승리로 끝났다. 국민의 선택은 안철수 후보는 물론 박지원과 국민의당이 아니었던 것이다.

이후 시련의 계절이 찾아왔다. 2017년 10월 안철수가 당시 탄핵 사태를 계기로 갈라져 나온 보수 정당인 유승민 전 의원의 바른정당과 합당을 추진하면서다. 결국 안철수를 비롯한 통합파와 박지원을 포함한 호남 의원이 결별하면서 이들은 바른미래당과 민주평화당으로 분당됐다.

단독으로 원내교섭단체를 구성하기 위한 의석수(20석)가 모자랐던 민주평화당은 정의당과 공동교섭단체를 구성했지만, 여야 관계에서 존재감을 보이지 못했다. 대선과 그 이후 호남에서 문 전 대통령이 압도적인 지지를 받고, 문 전 대통령이 DJ의 햇볕정책을 계승한 남북 대화 분위기를 조성하자 박지원의 문 전 대통령에 대한 입장도 비판에서 지지로 선회하게 됐다.

2018년 2월 민평당이 창당된 이후 박지원의 입지도 쪼그라들었다. 민평당이 원내정당이긴 했지만 의정활동에서 존재감을 보이지 못했고, 당 대표였던 정동영 전 의원을 중심으로 한 주류와 비주류의 반목이 심해졌다. 결국 박지원을 포함한 광주·전남 의원 아홉

명은 탈당해 2020년 1월 대안신당을 창당하고 이후 민생당으로 통합됐지만, 2020년 4월 21대 총선에서 원내 진출에 실패했다.

그도 전남 목포에서 더불어민주당 김원이 의원에게 패배하면서 2008년 이후 12년 만에 자유인이 됐다. 물론 그는 각종 방송에서 출연 요청을 받으며 '과로사 직전의 백수'였다. 여의도 주변에서는 총선에서 민주당이 180석을 얻으며 압도적 지지를 받은 만큼 문 전 대통령이 박지원 등을 중용해 통합 인사를 하고 협치 내각을 구성해야 한다는 목소리도 나왔다.

실제 문 전 대통령은 같은 해 6월 박지원을 국정원장에 내정하는 깜짝 인사를 발표했다. 그는 국내 정치에 개입하지 않고 국정원 개혁에 힘을 쓰겠다고 소감을 밝혔다. 또 국회 인사청문회 서면 답변서에서 문모닝 행보에 대해 '후회나 반성을 하느냐'는 질의에 박 후보자는 "치열한 선거 유세 과정에서 나온 발언이었음을 양해해달라"고 답했다.

그해 12월 사석에서 박지원이 한 이야기다.

> "내가 호가 단재旦齋야. 유명한 한학자 선생님이 지어주셨어. 주역을 만든 주공周公을 중국 사람들이 존경해서 '단旦'자를 이름에 잘 안 쓰는데 나에게 그 단자를 지어줘. 주공이 문왕에 이어서 무왕도 엄청 잘 모셔서 중국을 이끌었다. 당시 다 주공이 무왕을 치고 왕이 될 거라 했는데 오히려 무왕을 극진히 모셨다." — 취재 메모 중 🖊"

당시 이에 대해 DJ에 이어 문 전 대통령, 두 왕을 모시는 것을 예견한 것이냐고 묻자 그는 "그런 것일 수도 있지"라고 답했다.

"정치는 생물… 다음은 나Next is me"

문 전 대통령이 박지원을 국정원장에 지명한 것은 그만큼 남북 관계 개선에 대한 의지가 높았기 때문이다. 하지만 박지원이 임명된 이후에도 상황은 녹록지 않았다. 이듬해 초부터 코로나19 위기가 찾아왔고, 서해 공무원 피살 사건이 발생하면서 남북 관계는 더욱 경색됐다. 그는 도널드 트럼프 전 미국 대통령이 재선에 성공하면 남북 정상회담이 재개될 수 있을 것으로 전망했지만, 미국 대선은 조 바이든 대통령의 승리로 끝났다.

박지원은 국정원 내부에서 여성 간부를 중용했다. 2020년 8월 사상 최초로 여성 차장이 임용됐고, 여성 최초 선임 국장도 배출됐다. 정치 개입 금지와 대공 수사권 이관을 골자로 하는 국정원법 개정안을 임기 중에 통과시켰고, 국정원의 사이버보안 기능과 마약 등 해외 연계 범죄 대응 능력도 강화했다.

구설수도 여전했다. 그는 원장으로 재직하며 2021년 6월 국가정보원 창설 60주년을 계기로 원훈을 '국가와 국민을 위한 한없는 충성과 헌신'으로 바꾸고 원훈석을 교체했다. 그런데 원훈석에 고 신영복 성공회대 교수의 손글씨를 본뜬 '신영복체'가 쓰였다는 점이 논란이 됐다. 신 교수는 과거 국가보안법 위반 혐의로 20년간 복역한 전력 등이 있어 부적절하다는 비판이 나왔다. 또 페이스북과 트위터 등 SNS를 하루에도 몇 차례씩 직접 써온 그가 원장 취임 뒤에도 미국을 방문해 자신의 동선을 노출해 논란이 됐다.

재직 당시 벌어진 서해 공무원 피살 사건과 관련해 사건 다음 날 국정원 직원들에게 관련 첩보와 보고서를 삭제하게 한 혐의 등으로 기소돼 현재 재판을 받고 있지만, 그는 "그런 사실이 없다"고 반박하고 있다.

2022년 5월 대선 이후 국정원장 임기를 마친 뒤에는 다시 방송 등에 출연하며 정치 현안에 대해 끊임없이 목소리를 내고 있다. 또 그해 12월 결국 복당해 약 7년 만에 민주당으로 돌아와 이재명 대표를 중심으로 뭉쳐야 한다고 목소리를 내고 있다.

그가 자주 하는 말처럼 '정치는 생물'이다. 박지원이 2024년 총선에서 5선 의원이 된다면 국회의장이나 민주당 대표 등이 될 수도 있다. 어쨌거나 최종 목표는 '엉클 조'라는 친근한 별명이 있는, 동갑내기 조 바이든처럼 대통령일 것이다. "다음은 나Next is me"라는 말은 그냥 내뱉는 말이 아니다.

물론 그에게는 약점이 적지 않다. 냉정하게 판단하면 유력 정치인 중에 비호감 1순위일 정도로 '안티'가 많을지도 모른다. 특히 DJ의 계승자이자 햇볕정책 전도사인 그에 대한 근거 없는 비난도 적지 않고, 대통령비서실장 시절부터 공작정치와 구정치 이미지를 갖고 있는 게 사실이다.

누리꾼은 그를 '여기 붙었다 저기 붙었다 한다'는 의미로 '박쥐원'이라는 별명을 붙이기도 한다. 2012년 '이해찬 대표-박지원 원내대표'로 친노(친노무현) 세력과 호남 세력이 결탁했다는 '이박 담합' 논란을 불러왔고, '문모닝'을 하다 문재인 정부에서 국정원장을 지낸 탓이다.

잦은 SNS와 방송에서 가끔 근거 없는 의혹 제기나 말실수를 해서 구설수에 오른 적도 적지 않다. 2014년 1월 당시 같은 당 중진 의원이 박지원을 거론하며 했던 비판이다.

> **"SNS에 글 올리기 좋아하는 X들은 먼저 생각을 안 하고 말이랑 행동이 앞서서 문제야. 너무 경망스러워."** — 취재 메모 중 🖱

박지원은 DJ 정신을 기리고 국민들에게 계속 알리는 걸 사명으로 생각하지만, 일각에서는 지나치게 DJ를 팔아 자기 정치를 하려 한다는 비난도 제기된다. 이에 일각에서는 "노욕老慾에 끝이 없다"는 비난과 함께 "그래도 그만큼 열정적인 경험과 지혜가 많은 원로가 없다"는 평가가 엇갈린다. DJ가 감탄할 정도로 '지칠 줄 모르는 성실함과 놀라운 정치적 순발력' 때문에 호불호를 떠나 '대단한 정치인'이라고 평가받는 이유다. 그의 왕성한 활동에는 권력욕이 있기 때문에 그만큼 건강한지 모른다. 그에게는 '질투는 나의 힘'이 아니라 '권력욕은 나의 힘'인 셈이다.

"정치가 0이면 경제 문화 등이 잘 돌아가도 전체가 0"

박지원은 술자리에서 건배를 할 때 현직 대통령을 붙여 '○○○ 대통령을 위하여'를 많이 외친다. 박근혜, 문재인 전 대통령부터 윤석열 대통령은 물론 국민의당 시절에는 '안철수를 위하여'까지 들어봤다. 그의 정치에는 기본적으로 나라 걱정과 충성심이 깔려 있고 집권 세력이 잘해야 국민들이 편안해진다는 생각을 갖고 있는 것이다. 그는 "정치는 곱하기의 예술, 종합 예술이다. 정치가 제 역할만 해도 경제 사회 문화는 잘 돌아가고 정치가 0이면 나머지가 아무리 잘해도 0이 된다"며 "정치는 남의 불행이 나의 행복으로 오지 않는다. 타 당이 잘못하면 결국 정치권 전반이 문제가 된다"라며 자신의 정치관觀을 밝힌 적도 있다.

박지원은 1996년 『넥타이를 잘 매는 남자』 이후 자서전 성격의 책을 내지는 않았다. 그에게 '왜 1996년 이후 자서전을 쓰지 않았느냐'고 물었더니, "DJ와 관계된 얘기를 안 쓸 수가 없기 때문"이라고 했다. 일각에선 "DJ 장사 그만 좀 해라"라는 말도 나오지만, 그는 항상 DJ에 누가 되지 않겠다는 생각으로 자신을 경계하고 있는 것으로 보였다. 그가 현재까지 낸 책은 세 권이다. 『넥타이를 잘 매는 남자』에 이어 2018년 10월 부인 고 이선자 여사가 뇌종양으로 세상을 뜬 뒤 발간한 추모집 『고마워』, 2024년 총선 출마를 앞두고 그간 방송과 강연에서 했던 이야기를 정리해 2023년 12월 낸 『지금 DJ라면』이다.

그를 보면 '노병은 죽지 않는다, 다만 사라져갈 뿐이다'는 맥아더 장군의 말이 생각난다. 물론 그의 '안티'들은 "제발 TV 방송 등 시야에서 사라졌으면 좋겠다"라고 하지만 여전히 국민들은 그의 정치평론을 듣고 싶어하고, 그의 향후 역할을 기대하는 사람도 적지 않다. 그의 건강 상태를 보더라도 그가 TV에서 사라지길 기다리기보다는 채널을 돌리는 게 현명할 것이다. 그는 여전히 매일 최소 1만 보 이상 걷기 운동을 하며 식사 전후에 비타민을 챙겨 먹고, 점심 저녁으로 사람들과 대화하며 엔돌핀을 얻는다.

'나는 새도 떨어뜨릴 수 있다'던 자리에 있던 그 역시 미움을 많이 받으며 영욕의 세월을 겪었다. 그는 그 과정에서 어쨌거나 국내 최고의 정치 전문가이자 대북 전문가가 됐고, 나라를 위한 국가 원로로서의 역할도 남아 있을 것이다. 그가 DJ의 표현대로 '산소O_2 같은 남자'인지 아니면 연탄가스CO나 산소tomb(무덤) 같은 남자인지 판단하는 것은 독자 개인의 몫이다. 다만 그의 정치는 '현재진행형'이므로 평가는 잠시 미뤄두길 바란다. 혹시 모르지 않는가. 서두에 언급됐던 명리학자가 2028년까지 박지원의 운이 좋다고 했으니. 그분이 '건진법사'급인지는 다음 대선까지 지켜볼 일이다. 정치는 생물이다.

10화

'이유 있는 반항아' 금태섭의
'잘못된 만남'

政治文化教育研究院

동아일보

1967년 서울 출생
1991년 서울대학교 법학과 졸업
1995년 서울지방검찰청 동부지청 검사
2014년 새정치민주연합 대변인
2016년 제20대 국회의원 (서울시 강서구 갑. 더불어민주당)
2016년 더불어민주당 전략기획위원장
2021년 국민의힘 서울시장 보궐선거 공동선대위원장
2023년 새로운선택 창당준비위원회 대표

줄기차게 학부모 호출을 받게 한 문제아가 사고를 치면 '또 올 것이 왔구나'라며 화를 내지만, 모범생으로 살던 자녀가 갑자기 사고를 치면 '무슨 일이 있나. 이유가 있겠지'라며 걱정하고 궁금해한다. 똑같은 행위에도 사람에 따라 반응은 다른 것이다.

평생 모범생이었던 그는 뒤늦게 한 번 받기도 힘든 '별'을 두 개나 달았다. 한 번은 검찰총장에게 사회적 물의를 일으켰다는 이유로, 한 번은 소속된 정당 대표에게서 당론을 위배했다는 이유로 '경고' 징계를 받은 것이다. 이 두 가지 징계를 잇달아 받은 대한민국 국민은 처음일 것이다. 대학생 때 학사경고까지 받았다면 '트리플 크라운'으로 기네스북감일 텐데 그는 아슬아슬하게 이를 면했다고 한다.

조직에서 에이스로 잘나가다가 갑자기 「수사 제대로 받는 법」이라는 글을 언론에 기고해 파문을 일으켰다. 검찰 내에서는 마치

영업비밀을 폭로한 것으로 여겼다. 집에도 놀러 갈 정도로 친했던 4년 선배이자 박사학위 지도교수였지만 인사청문회를 앞두고 자녀 입시 비리 의혹이 불거지자 조국 전 법무부 장관을 향해 "언행 불일치"라고 직격탄을 날렸다. 항간에는 박사학위만 줬다면 그렇게 척지지 않았을 것이라는 근거 없는 소문까지 돌았다.

이 정도면 핍박받는 선구자인지 악동인지 헷갈린다. 그래도 소신이나 개똥철학 없이는 불가능한 일이었다. 10대, 20대의 '이유 없는 반항'과 달리 40세, 불혹不惑이 넘어서 찾아온 '이유 있는 반항'이었다. 국민들은 그가 왜 그랬는지 호기심이 생긴다.

12년간 검사 생활을 했지만 검찰 출신 티가 나지 않고 변호사나 정치인 이미지가 더 강했다. 일도양단으로 유무죄를 가리는 이분법적 시각으로 세상을 바라보지 않고 다양한 스펙트럼으로 보기 때문이다. 서울퀴어문화축제에 참석해 손등에 찍었던 '무지개 도장'의 강렬한 인상 때문인지도 모른다.

신언서판身言書判이 뛰어난 '서울깍쟁이' '차도남'(차가운 도시남자)이다. 백미는 해맑은 미소다. 눈가의 주름이 무색할 만큼 소년처럼 순수하게 웃는 게 트레이드마크다. 말과 글이 독하지 않지만 많은 독서로 쌓은 내공 덕분에 부드러운 힘이 있다. 금태섭 전 국회의원(이하 금태섭)의 이야기다.

어릴 적 꿈은 '탐정'… 평검사 시절 특수-기획 분야에서 두각

1967년생인 금태섭은 서울에서 태어났다. 부친은 판사 출신의 고

금병훈 변호사다. 경기고와 서울대 법대를 졸업한 부친 금 변호사는 박정희 정부의 유신시대에 판사를 하며 긴급조치 위반 사건으로 기소된 대학생들에게 무죄를 선고하거나 시국사범들에게 가벼운 형량을 내리면서 미움을 사 법원의 재임용 절차에서 탈락해 법복을 벗었다. 비슷한 이유로 수십 명의 판사들이 재임용에서 탈락한 이른바 1973년 '사법파동' 때다.*

금병훈 변호사는 제11대 총선에서 경기 용인-이천-여주에 출마했지만 낙선했고 그 뒤 다시 출마하지 않았다고 한다. 금태섭이 법조인과 정치인의 길을 걷게 된 것은 물론 정의에 대한 원칙이 있는 것도 가풍을 이어받은 덕분이라는 게 주변인들의 분석이다.

변호사 아버지를 둔 금태섭은 유복하게 자랐다. 1986년 여의도고를 졸업하고 서울대 법학과에 입학했다. 대학 시절에도 그는 똑똑하고 매너 좋은 모범생이었다. 유머 감각이 있었고 사람들과도 잘 어울렸다.

추리소설을 좋아했던 그의 어렸을 적 꿈은 탐정이었다. 하지만 그가 대학생이 되던 때만 해도 1987년 민주화 되기 전이어서 검사에 대한 부정적인 시각이 많았다. 그래서 1992년 사법시험에 합격한 뒤에도 아버지를 따라 판사가 되려고 했다. 그러던 중 학생운동을 하던 친구가 1년 먼저 검사가 된 걸 보고 검찰을 지망했고, 아버지도 반대하지 않았다고 한다. 그렇게 사법연수원 24기를 수료한 뒤 1995년 검사로 임관했다.

* 여담이지만 이때 국민의힘 유승민 전 의원의 아버지 유수호 전 의원도 판사를 하다가 같은 이유로 법복을 벗었다고 한다.

서울지검 동부지청(현 서울동부지검)과 창원지검 통영지청, 울산지검, 인천지검을 거치는 동안 특수부 수사를 많이 했다. 초임 검사 때부터 국가대표 볼링 선수들의 마약 사건과 가락시장 멸치 도매인 가격 담합 사건 등 수사에서 두각을 드러냈다.

2002년 대검찰청 중수부로 5개월간 파견을 나갔다. 특정 사건 수사를 뭉갰던 신승남 전 검찰총장에 대한 직권남용 의혹 수사팀의 막내로 근무했다. 금태섭을 제외하고는 신 전 총장과 함께 근무했던 인연이 있어서 쉬운 수사는 아니었지만 결국 그를 기소했다. 문재인 정부 이후 잦아진 직권남용 수사 이전에 직권남용 혐의로 유죄 판결을 확정받은 사례는 거의 없지만 유죄를 이끈 성공한 수사였다.

수사 능력뿐만 아니라 평소 논리적이고 명석한 두뇌를 가졌다는 평가를 받은 그는 2003년 1월부터 3년간 대검 기획조정부 검찰연구관으로 발탁됐다. 대검 중수부와 기조부를 합쳐 총 3년 반가량 대검 연구관으로 근무하며 '특수통'과 '기획통'으로 인정받은 것이다.

특히 그가 검찰에 남긴 족적은 CI다. 다섯 개의 대나무 모양에 정의의 여신이 들고 있는 저울 형상과 칼이 대나무 다섯 개의 위쪽 라인과 가운데 대나무 칼 모양으로 형상화돼 있다. 물론 그가 디자인한 것은 아니지만, 실무자로서 업체를 골라 몇 개의 시안을 받은 뒤 총장에게 보고하는 과정을 거쳐 CI를 관철시켰다. 또 검찰 재직 중 미국 코넬대 로스쿨에서 석사학위를 딴 그는 영어가 유창해 국제검사협회 서울총회 개최 준비를 맡기도 했다.

피의자 위해 '수사 제대로 받는 법'을 연재하려다 좌절

조직 내에서 승승장구했던 그가 유명세를 탄 건 서울중앙지검 형사
4부 검사 시절인 2006년 9월 『한겨레』 신문에 「현직 검사가 말하는
수사 제대로 받는 법」 연재를 시작하면서다. 연재를 위해 그는 신문
에 기고하기 위한 제안서를 직접 작성했다고 한다.

> "약자인 피의자가 반드시 지켜야 할 행동 지침이 두 가지 있
> 다. 첫째는 아무것도 하지 말라는 것이다. 둘째는 변호인에게
> 모든 것을 맡기라는 것이다. (중략) 아무것도 모르는 상태에서
> 섣불리 행동하면 상처를 입는다. 가만히 있으면서 상황을 파
> 악하는 것이 현명한 태도다. 더구나 수사기관에는 피의자에
> 게 유리한 사실까지 찾아내야 하는 의무가 있다. 어떤 검사도
> 무고한 피의자를 기소했다가 무죄를 받고 싶어 하지 않는다.
> 그러므로 기다리고 또 기다려라. 스스로 만든 함정에 빠지는
> 것만은 피하라. 상황을 파악한 이후에도 수사에 대응할 충분
> 한 시간과 기회가 있다." - 「현직 검사가 말하는 수사 제대로 받는 법」 중

제목은 '섹시'하고 파격적이지만 지금 관점으로 보면 현직 검사
라도 못할 이야기는 아니다. 수사를 피해 가는 묘수를 밝히는 것도,
수사 기법을 공개하겠다는 것도 아니었다. 과거의 잘못된 관행에서
벗어나야 검찰이 살 것이라는 취지에서 시작한 글이었기 때문이다.
하지만 파장은 컸다. 금태섭은 검찰 지휘부로부터 질책을 받았
고 당초 10회 분량으로 시작한 연재는 1회로 끝났다. 그는 다음 달

"검찰의 수사 현실을 왜곡하고, 검찰의 공익적 의무에 부합하지 않는 사견을 임의로 기고해 국민에게 혼란을 야기하는 등 사회적 물의를 일으킨 것은 직무상 의무 위반과 품위 손상에 해당된다"며 총장 경고를 받았다.

당시 검찰 내부에서는 "뜨고 싶어서 사고 친 것", "혼자 잘난 척 한다"는 등의 비판도 나왔다. 수사를 하는 평검사들의 사기를 떨어뜨리는 결과도 낳았다고 한다.

> "검찰에서 계속 열심히 하고 싶어 했다기보다는 정치적 욕심이 있는 것 같았다. 본인이 검찰에 계속 있는 것보다는 정치적으로 성장하려고 하는구나 이렇게 읽혔다. 공보지침을 위반하면서까지 하는 건 정치적 동기에서 출발한 것이라고 봤다. 성급하게 가야 되는 상황이구나라고 생각했다. (금태섭은) 되게 똑똑하고 공부도 잘하고 기조부 연구관을 맡을 정도로 글도 잘 쓰고 장래가 촉망되는 검사였는데…. 본인은 시간이 없다고 느꼈는지 빨리 정계로 가려고 했던 것 같다."
>
> - 당시 대검 과장급으로 근무했던 A 변호사

반면 검사 금태섭을 잘 아는 또 다른 전관 변호사는 상반된 평가를 내놓았다.

> "나는 그를 되게 순수하다고 봤다. 형사사법 절차에 관심이 많았고 실력이 있고 자기 기준과 소신이 있는 사람이었다. 그가 그 글을 쓴 이유는 시민의 권리를 검사가 친절하게 가르쳐

주는 게 검찰 이미지를 높이는 데 도움이 되기 때문일 것이라고 나는 이해했다. 그걸 약간 재밌게 쓰고 싶었던 욕심이 있었던 것 같다. 나는 그 글이 나왔을 때 참 좋은 글이고 검찰 이미지도 좋아질 거라고 생각했다. 그런데 착각이었다. 대로한 선배들도 있었다. 그만큼 당시 선배들이 너무 편협했다. 나는 금태섭이 이를 발판 삼아 그때부터 정치하려고 했다고 생각하지는 않는다. 잘 모르는 사람의 이야기이고, 그 이후에 정치인이 된 건 결과론적인 것이다." - 당시 대검 연구관으로 평검사였던 B 변호사

금태섭의 설명은 또 다르다.

"저는 검사가 규정을 어기는 일을 해서는 안 된다고 생각했어요. 당시엔 관행적으로야 그랬는지 모르지만 (언론 기고에) 상부의 승인을 받으라는 규정은 없었습니다. 그래서 공식 징계가 아닌 총장 구두 경고를 받았지요. 저 때문에 공보지침이 생긴 거예요. (중략) 당시 노무현 대통령이 '검사와의 대화'로 검사들이 욕을 많이 먹었습니다. 그때 검사들의 항변이 '밤새워 일하는데 국민들이 몰라준다'였어요. 저는 밤새워 일한다고 국민들의 신뢰가 생기는 게 아니라고 생각했고 그래서 글을 썼어요. 여러 경력을 희생할 각오를 하고 헌신적으로 한 것이지만, 혼자 변화를 하려고 하면 결국 실패한다는 걸 깨달았습니다." — 취재 메모 중 🖰

구로사와 아키라 감독의 영화 〈라쇼몽〉에 등장하는 인물들이

저마다 다른 얘기를 하듯 각자 다른 이야기다. 금태섭은 2008년 발간한 저서 『디케의 눈』에서 〈라쇼몽〉과 친구들의 에피소드를 언급하며 "제삼자로서는 서로 다른 말을 들을 수 있을 뿐 과연 진실이 무엇인지 알 수 없다. 그런 경우에, 과연 객관적인 진실이라는 것이 있다고 할 수 있을까"라고 했다. '검사 금태섭'에 대한 평가도 독자들의 몫이다.

조직에서 징계를 받은 경험에서 '혼자 변화를 꾀하려 하면 실패한다'는 교훈을 얻은 그는 그 무렵 정치를 해야겠다는 생각을 가지게 됐다. 하지만 만약 정치를 하게 되더라도 당장 할 생각은 없었다. '수사 제대로 받는 법' 기고로 워낙 큰 파문을 일으킨 데다 비판하는 사람들은 '금태섭이 정치하려고 한다'고 생각했기 때문에 정치권에 기웃거리면 '싸구려'로 보일 것 같았다고 한다. 그래서 일부러 4~5년 정치권은 쳐다도 안 보려 했고, 실제 정치권 입문은 5년 뒤 이뤄졌다.

이듬해인 2007년 1월 그는 인사를 앞두고 "새로운 일을 하고 싶다"며 사표를 냈다. 변호사로 변신한 그는 방송과 라디오 프로그램 진행자 등으로 활동하며 얼굴과 이름을 알렸다. 그렇게 금태섭은 정치권에 발을 내디뎠지만 시작부터 순탄치 않았다.

금태섭의 '잘못된 만남'… 사람 보는 눈은 '정의의 여신'급

금태섭에게는 유명한 스승 세 명이 있다. 두 명은 정치권에서 그를 성장하게 한 정치적 스승이다. 한 명은 학문적 가르침을 준 스승이지만 기구한 인연으로 다시 정치권에서 만나게 됐다.

어찌 보면 '잘못된 만남'이 많았다. 금태섭 주변에서는 "어떻게 10년 동안 안 되는 길만 골라 가나 싶다"는 볼멘소리가 나온다. 금태섭은 '개구리 왕자'처럼 눈이 크지만 사람 보는 안목은 장식품 수준이요, 눈을 가린 '정의의 여신'급이다.

정의의 여신은 형상이 조금씩 다르다. 서울 서초구 대법원에 있는 정의의 여신은 눈을 뜨고 저울과 법전을 든 형상인데, 공교롭게 금태섭이 저서 『디케의 눈』 책 표지에 인용한 사진은 눈을 가리고 칼과 저울을 든 형상이다.

✦ 금태섭 변호사의 저서 『디케의 눈』 표지

안철수와 3년 만에 결별… 신당 합류 없이 민주당 잔류

첫 출발부터 잘못되었는지도 모르겠다. 금태섭은 2007년 검찰을 나온 뒤 5년 만에 2012년 안철수 캠프에 합류했다. 안철수 당시 서울대 융합과학기술대학원장이 '안철수 현상'의 주인공으로 급부상하면서 캠프 상황실장 제안을 받은 것이다. 안철수가 대선 출마 선언을 하기 전 금태섭은 '시골의사' 박경철로부터 제안을 받았고 2012년 봄에야 비공식 캠프인 '여의도 오피스텔'에 합류했다. 금태섭은 안철수 캠프에 합류하게 된 배경에 대해 이같이 밝혔다.

> "2012년 대선을 앞둔 우리 앞에 선택의 길은 그렇게 평면적으로 주어지지 않았다. 말하자면 문재인, 박원순, 안철수 등을 놓고 장점과 단점을 비교해가며 한 명을 고를 수 있는 처지가 아니었다. 그때 나도 많은 사람들이 원했던 것처럼 어떻게든 정권을 교체해서 판을 갈아보자는 생각이었는데, 그런 계기를 만들고 있었던 것은 안철수 원장뿐이었다. (중략) 나는 그 노력에 조금이라도 힘을 보태려고 한 것이지 여러 정치인 중에서 한 명을 선택한 것이 아니다. 그럴 수 있는 상황이 아니었다."[*]

한마디로 얘기하면 정치는 시작해야겠고, 딱히 안철수가 '주군'으로 삼을 만큼 끌리진 않았지만 마침 제안이 들어왔으니 합류했다고 다소 솔직히 밝힌 것이다.(물론 이 책은 금태섭이 안철수와 결별한

[*]   금태섭, 「이기는 야당을 갖고 싶다」, 푸른숲, 2015.

직후에 썼다.)

그 뒤 안철수에 대한 언론과 야당 등의 검증 작업이 본격적으로 진행되면서 금태섭은 '네거티브' 대응을 맡았다. 박근혜 캠프의 정준길 변호사가 금태섭에게 전화를 걸어 이른바 '안철수 대선 불출마 종용' 논란이 일었고, 이 일로 어쨌든 유명해졌다.

2012년 11월 23일 당시 민주당과 단일화 협상을 진행하던 중 안철수가 결국 후보 사퇴를 결심하면서 진심캠프도 해산됐다. 안철수는 18대 대선 당일 미국 샌프란시스코로 떠났고, 박근혜 후보가 문재인 후보를 꺾으면서 당시 여당의 승리로 끝이 났다.

금태섭은 2013년 초 안철수를 만나러 미국 샌프란시스코를 찾아갔다. 이와 관련된 두 시간 동안 금태섭이 진흙길을 걷고 있는 데도 안철수가 몰랐다는 에피소드는 안철수 편에서 다룬 적이 있다. 이 내용이 언론에 주목을 받자 2015년 8월 안철수 측 인사는 이같이 말했다.

> **"금태섭이 당시 미국에 온 게 결국 4월 재·보선 때 서울 노원 병에서 자신이 나가려고 한 것인데, 거기에 대한 설명은 책에 서 쏙 뺐다."** — 취재 메모 중 🖱

당시 금태섭은 2013년 4월 24일 치러지는 서울 노원병 보궐선거에서 대선에서 패배한 지 몇 달 안 된 안철수가 출마하는 것을 반대했다고 한다. 대신 자신이 출마할 생각이 있었다는 것이다. 그러나 안철수는 귀국해 보궐선거에 직접 출마했고, 금태섭은 노원병 선거에 직접 관여하지 않았다. 안철수는 무소속으로 당선이 됐다.

그 뒤 안철수는 신당 창당 방침을 밝혔고 금태섭도 신당 창당 기구의 대변인을 맡으며 활동했다. 그러던 중 그해 3월 2일 안철수가 민주당 김한길 대표와 전격 합당을 발표하면서 새정치민주연합이 탄생했다. 비밀리에 추진되던 합당 계획이 발표되고서야 알게 된 금태섭은 2012년 후보 사퇴에 이어 또 한 번 적지 않은 배신감을 느꼈다.

합당 뒤 제1야당인 새정치민주연합 대변인으로 활동하던 금태섭은 7·30 재·보선에서 서울 동작을 출마를 선언했지만 출마는 좌절됐다. 당시 김한길, 안철수 새정치민주연합 지도부는 그를 수원병에 전략공천 하려 했다. 하지만 그는 이미 동작을에 나가겠다고 한 사람이 다른 지역으로 출마할 수 없다며 소신을 굽히지 않았다. 그는 결국 대변인직에서 물러났고 안철수와 결별했다.

그 뒤 안철수가 새정치민주연합을 탈당해 2016년 국민의당을 창당할 때도 함께하자는 제안을 받았지만 금태섭은 민주당에 그대로 남았다. 그해 1월 말 금태섭이 했던 이야기다.

"지지난주에 안철수 의원을 만났어요. 자기가 2015년에 왜 탈당했는지 말한 다음에 '금 변호사는 심지가 곧은 사람이고 오래 생각해서 한 번 결정하면 안 바꾸는 사람이니까 내가 얘기해도 소용없겠지만 우리 당에 왔으면 좋겠다. 공천받고 출마했으면 좋겠다'고 했습니다. 그래서 내가 '진심으로 잘 하시길 바라지만, 이번에는 당에 있는 게 맞겠다'고 했고, 안 의원은 '언제든 생각 바뀌면 이야기해라'고 했습니다."

— 취재 메모 중

결국 금태섭은 민주당 후보로 서울 강서갑에 출마해 20대 국회 의원이 됐다. 김종인 비대위 체제에서 대변인에 발탁됐고, 추미애 대표 시절에는 전략기획위원장을 맡는 등 초선 의원으로 당 요직을 맡았다.

대선 직전에는 문재인 캠프의 정책 홍보 사이트인 '문재인 1번가'를 홍보하기 위해 배우 정우성, 장쯔이가 등장했던 '2퍼센트 부족할 때' 음료의 과거 광고를 패러디해 추미애 당시 대표와 호흡을 맞추기도 했다.*

원내에서는 법조인의 전문성을 살려 법제사법위원회에서 활동하며 주목을 받았다. '그 일'이 있기 전까지는 촉망받는 초선 중 한명이었다. 초선으로서는 이례적으로 2019년 백봉신사상 대상을 받았다.

민주당의 '아킬레스건' 조국 비판한 금태섭, 결국 탈당

금태섭과 조국은 각각 서울대 법대 86학번과 82학번이다. 네 학번 차이지만 조국이 학교를 일찍 들어갔기 때문에 나이는 두 살 차이다. 금태섭은 학교 다닐 때는 조국을 몰랐지만 대검찰청 연구관으로 근무하면서 서울대 교수였던 그를 처음 알게 됐다고 한다.

검사 시절 금태섭은 1년간 미국 연수를 통해 석사학위를 땄지

---

*　　이 동영상(https://www.youtube.com/watch?v=8mKZ9xM1Hvs)과 관련해 나무위키에는 '신들린 발연기'였다고 표현돼 있다.

만 논문을 안 쓴 상태였다. 교수들이 논문 없는 석사를 탐탁지 않게 여겨서 박사 과정을 쉽게 받아주지 않았다고 한다. 그래서 당시 안면이 있는 조국에게 부탁했고, 그가 금태섭을 제자로 받아들이면서 친하게 지냈다. 결국 금태섭은 논문을 쓸 여유가 없었고 박사학위는 받지 못했다.

본격적으로 정치를 시작해야겠다고 생각했던 금태섭은 2011년 서울시장 보궐선거를 앞두고 새로운 인물이 필요하다는 생각에 조국에게 서울시장 출마를 권유한 적도 있다.

> "나는 조국 교수가 그때부터 정치를 시작하더라도 18대 대선에서 야권의 후보로 나가 한나라당의 박근혜 후보를 이길 것이라고 생각하지는 않았다. 그러나 어느 때보다 야권에 유리하게 조성된 서울시장 선거에 나간다면 승산이 충분하다고 봤다. 그러면 야권은 설사 대권에서 패배하더라도 젊고 유력한 정치인을 서울시장으로 보유하게 되는데 여기엔 작지 않은 의미가 있다고 생각했다. 무엇보다 지지자들에게 미래에 대한 희망을 줄 수 있었다." - 금태섭, 「이기는 야당을 갖고 싶다」 중

그러나 조국은 선거에 출마할 생각이 없었고, 대신 박원순 변호사를 돕는 것이 자신의 역할이라고 말했다고 한다.

문재인 정부 출범 뒤 조국은 초대 대통령민정수석비서관이 됐다. 이어 2019년 8월 문재인 대통령이 박상기 전 장관의 후임으로 조국을 지명했고, 조국은 자녀 입시 비리 등에 대한 의혹이 제기되면서 논란이 거세졌다.

여기서 '그 일'이 벌어졌다. 법사위 소속이었던 금태섭은 조국이 기자간담회에서 '금수저는 진보를 지향하면 안 되느냐'고 반박한 점을 언급하며 "사람이 이걸 묻는데 저걸 답변하면 화가 난다. 언행불일치 동문서답식 답변으로 상처를 깊게 한 것에 대해 진심으로 사과할 생각이 없냐"고 조국을 몰아세웠다. 이어 "진보적 삶을 살아왔다는 이유로 비판받는 게 아니다. 언행불일치 때문이다"라고 지적했다. 이런 이유로 친문(친문재인) 진영의 미움을 샀다. 그 뒤 조국과의 관계도 사실상 끝났다.

또 금태섭은 당시 정부가 추진하던 검찰개혁 법안에 대해 공개적으로 반대 목소리를 냈다. 수사와 기소의 분리를 주장했고, 검찰의 직접 수사는 줄이는 방향의 검경 수사권 조정에 회의적이었다. 고위공직자범죄수사처 신설에 대해서도 쓴소리를 했다. 결국 2019년 12월 공수처법 수정안을 민주당이 밀어붙이며 본회의에서 표결할 때 기권표를 던졌다.

금태섭은 쓴소리를 하던 당내 '비주류' 조응천, 박용진, 김해영 당시 의원과 함께 '조금박해'로 몰리며 한 묶음으로 '빨간 점퍼'라는 비판을 받았다. 겉은 민주당 소속이지만 속은 국민의힘이라는 비아냥이었다.

결국 그는 21대 총선 경선에서 탈락했다. 그 경선 과정과 결과도 모두 물밑에서 의도적으로 짠 것이라는 분석이 많았지만, 그는 경선 결과 발표날에도 필자에게 "다 제가 부족해서 그렇다. 면목이 없다"고 패배를 인정했다. 심지어 그해 5월 말 당 윤리심판원은 공수처법 표결에서 기권을 했다는 이유로 금태섭에 대해 '경고 처분'을 내렸다.

5개월 뒤인 2020년 10월 금태섭은 "민주당은 예전의 유연함과 겸손함, 소통의 문화를 찾아볼 수 없을 정도로 변했다"며 "마지막 항의의 뜻으로 충정과 진심을 담아 탈당계를 낸다"고 밝혔다. 의견이 다르다고 징계하는 민주당을 보며 더 이상 안되겠다는 생각을 한 것이다.

'내로남불'을 비판하며 소신 있고 합리적인 정치인으로 금태섭이 국민들에게 각인되는 장면이었다. 메시지에 울림이 있었다. 하지만 파장은 생각보다 크지 않았다. 당내 세력이 없는 혈혈단신 비주류 초선 의원이었기 때문인지 모른다.

금태섭의 '멘토' 김종인의 빛과 그늘

2021년 4월 서울시장 보궐선거에 출마하며 인위적으로 체급을 올렸지만 평가는 냉정했다. 서울시장 후보로 출마한 안철수와 '제3지대 후보' 단일화에서 패배했고, 안철수도 오세훈 후보와 단일화를 했다. 금태섭으로서는 서울시장 출마로 인지도를 올렸을지 모르지만 단일화로 별로 얻은 게 없는 선거였다. 국민의힘 당원은 아니었지만 2022년 대선 때는 김종인 전 국민의힘 비상대책위원장과 함께 윤석열 캠프에 몸을 담기도 했다.

그 뒤 금태섭은 정치평론가로서 언론 기고와 방송 출연, 방송진행자 등으로 활동했다. 그러던 중 2023년 4월 국회에서 연 '다른 미래를 위한 성찰과 모색' 모임 토론회 발제문을 통해 양극화, 편 가르기식 정치, 양당제의 문제 등을 한국 정치의 문제점으로 꼽으며 신당의 기치를 들었다.

그는 "새롭게 출현할 세력은 기존 한국 정치의 문제들을 일소하는 합리성과 객관성을 갖추어야 하고 자기편에게 유리한 의제가 아닌 우리 사회에 진짜 중요한 문제를 찾아서 제기하는 능력이 있어야 한다"며 "단순히 기존 정당들의 행태를 반대하고 비판하는 '반사체'가 되는 데서 존재 이유를 찾는 것이 아니라 스스로 자기 비전을 제시하는 '발광체'가 되어야 한다. 양 진영으로 나누어져 있는 현재의 정치 지형을 3분 하는 것이 아니라 기존의 세력을 갈아치우겠다는 의지와 힘이 있어야 새로운 세력으로서 의미가 있다"고 강조했다. 같은 달 『동아일보』와의 인터뷰에서는 "올해 9월 추석 전에 제3지대 깃발을 들어 올리겠다"고 했다.

금태섭이 신당 창당에 대한 의지를 드러낸 것은 이번이 처음이 아니다. 2년 전 서울시장 보궐선거 때도 청년들이 주축이 된 신당을 만들겠다고 여러 차례 강조했다. 하지만 이번 토론회에서는 김종인이 좌장을 맡았고 신당 창당에 대해 "금 전 의원이 용기를 갖고 그런 시도를 하니까 도우려 한다"고 했다. 여야를 두루 경험하고 '킹메이커'이자 영향력 있는 '스피커' 원로인 김종인은 금태섭에게는 든든한 후원자다. 하지만 청년 신당 방침을 밝히는 자리에 노회한 정치인이 등장해 배후에 있다는 느낌을 주는 게 오히려 마이너스라는 지적도 있다.

금태섭은 2016년 당시 민주당 비대위 대표였던 김종인으로부터 공천장을 받은 인연이 있다. 그전에도 그 이후에도 특별히 가까운 사이는 아니었다. 하지만 조국 사태와 공수처법 반대 등 과정에서 금태섭이 소신 발언을 할 때마다 김종인으로부터 격려를 받았고 공천에 탈락했을 때 가장 먼저 전화를 건 이도 김종인이었다고 한다.

금태섭도 김종인에 대해 "양당을 다 경험했고 또 오래 정치를 하다 보니까 사람들이 무슨 개인적인 욕심이 있는 거 아니냐고 그러는데, 적어도 제가 겪어본 바로는 사심이 없는 분"이라며 "당신이 무엇을 하시겠다는 게 아니라 나보고 이런저런 걸 해보라고 조언하는 관계"라고 했다.

김종인은 '경제민주화' 조항을 헌법에 반영시켰고 박근혜, 문재인 정부 탄생에 기여한 원로다. 하지만 대선에 직접 '플레이어'로 나섰다가 일주일 만에 철수한 적도 있다. 2017년에 민주당을 탈당하며 대선 출마를 선언했다가 주목을 받지 못하자 출마를 접고 안철수를 지지했다. 이준석 전 국민의힘 대표와도 가까운 그는 금태섭, 이준석 같은 인물을 통해 한국 정치의 변화를 꾀하려는 것으로 보인다.

금태섭은 정치인 10여 년 동안 좌충우돌 '잘못된 만남'을 이어왔다. 그리고 결별을 거듭했다. 이제 그가 주도하는 제3지대 신당 창당에 관심이 쏠리고 있다. 김종인이 이번에는 그의 참스승이 되어 길잡이가 되어 줄지, '청출어람'이라는 말처럼 금태섭이 3인의 스승을 뛰어넘을 수 있을지 관심 포인트다.

근자감 차 있는 밉지 않은 '왕자병'

필자는 2014년 당시 '안철수의 입' 역할을 하던 금태섭을 처음 만났다. 어느 날 그는 '안철수의 측근'으로 표현된 기사에 대해 "내가 왜 누구의 측근이냐. 그렇게 쓰지 말아 달라"고 했다. 그렇게 문제제기를 하는 사람은 처음이었다. 자존감이 높은 사람이라는 인상이 강하게 들었다.

그는 사석에서도 솔직했다. 안철수와 함께 정치를 시작했지만 안철수는 물론 기자들에게도 본인의 생각과 감정을 다소 가감 없이 털어놓았다. 2~3년 정도 지난 뒤 서로 어느 정도 친해졌다고 느낄 때쯤 술자리에서 "앞으로 형님으로 불러도 되겠느냐"고 물었다. 그러자 그는 "내가 왜 황 기자 형이냐"고 답했다. 말문이 막혔다. 호형호제를 거절당한 건 생전 처음이었고 까칠하다기보다 깍쟁이, 차도남 같았다.

공개적으로도 솔직한 편이다. 논란이 되면 인정할 것은 인정한다. 그가 구설수에 휩싸인 것은 두 아들에 대한 32억 원 증여 논란 정도다. 당시 그는 즉각 "합법적으로 세금을 다 냈다"며 "저도 그렇고 저희 애들도 그렇고 더 기여하고 더 봉사하면서 살아야 한다고 다짐하고 있다"고 솔직담백하게 대응했다.

금태섭은 인지도가 높은 편이다. 하지만 정치 10년이면 팬클럽이 생길 만한데 아직 없다. 임팩트가 약해서 그런 것 같은데도 그는 "조직이 안 되어서 그러지 길에서 보는 사람들은 다 나를 좋아한다"고 너스레를 떤다. 근거 없는 자신감을 자주 보이면 밉상이기 쉬운데 이상하게 그는 밉지 않은 '왕자병'이다.

그는 정치 입문 11년 만에 '새로운선택' 대표를 맡으며 이제 조연에서 주연으로 성장했다. 안철수가 결국 포기한 제3당 실험을 다시 시도하는 게 얄궂은 운명처럼 보인다. 정치권을 향해 뒤늦게 반항끼를 발휘하는 것도 같다.

당초 신당 창당을 두고 그 주변에서조차 우려의 목소리가 나왔다. "너무 성급한 거 아닌가", "대선 주자도 아닌데 함께 출마할 인물도, 조직도, 아직까지는 콘텐츠도 뭔지 모르겠다"는 등의 취지다. 그렇지만 그는 자신이 중심이 되는 '금태섭 신당'을 만들려는 게 아니라 양당으로는 안 된다는 문제의식하에 논의하는 과정이기 때문에 '낡은 잣대'로 바라보지 말라고 한다. 그는 "과거 개인을 중심으로 한 창당은 모두 실패했다. 세력화보다는 국민들이 공감할 수 있는 답을 찾기 위해 논의하고 또 공부도 하고 전문가들 얘기도 듣고 하는 과정"이라고 설명했다.

금태섭이 키를 쥔 신당도 이제 조금씩 시야에 모습을 드러내고 있다. 진보와 보수의 낡은 잣대를 넘어 '문제해결형 정당'을 추구하는 것도, 주거와 복지 문제 해결을 핵심 이슈로 삼은 것도 방향을 잘 잡았다는 평가가 나온다. 다만 11월부터 애드벌룬을 띄운 '이준석 신당'에 밀려 신당 추진세력 내에서의 주도권을 상실하고 이준석 신당에 흡수통합되는 것 아니냐는 우려도 나오고 있다. 결론은 신당 추친세력들이 통합을 할지, 연대를 할지 등에 따라 결정될 것이다.

결국 2024년 총선에서 새로운선택이 성공적으로 정치권에 안착할지, '떴다방'에 그칠지 그 결과가 금태섭의 미래를 결정하게 될 것이다. 그래도 그의 '근자감'과 충만한 '똘끼'라면 뭔가 바람을 한 번 일으켜보지 않을까 기대해본다. 모범생이 '날라리' 반항아로 드라마틱하게 변신하는 플롯은 언제나 재미있다.

11화

'청년 반란' 일으켰던 여의도 '옴파탈'
이준석

동아일보

1985년 서울 출생
2007년 하버드대학교 졸업 (컴퓨터과학/경제학 Joint Concentration 학사)
2007년 〈배움을 나누는 사람들〉 설립, 대표교사
2011년 새누리당 비상대책위원
2014년 새누리당을 바꾸는 혁신위원회 위원장
2018년 바른미래당 최고위원
2020년 미래통합당 최고위원
2021년 국민의힘 대표

✦

"대표님, 그 ○○랑 일해본 적 있습니까?"

국민의힘 이준석 전 대표(이하 이준석)가 2022년 A 씨를 당협위원장을 시킨 뒤 총선에 출마시키는 게 어떠냐고 묻자 윤석열 대통령은 이같이 답했다고 한다. 이 전 대표는 "왜요? A 씨만큼 스펙 좋고 멀쩡한 사람 없다고 했더니, 윤 대통령은 '뭐~ 그 이 새끼는 일도 못하고…'"라고 윤 대통령의 성대모사를 했다. 윤 대통령이 A 씨를 자주 데리고 다녀서 아끼는 줄 알고 의사를 떠본 것이라고 했다. 이준석은 "윤 대통령의 특징 중의 하나가 주변 사람들 욕을 굉장히 많이 한다"고 말했다. 윤 대통령이 써본 사람만 믿고 쓰다 보니 주변에 검찰 출신과 '윤핵관'만 남아 있다는 취지로 들렸다.

　　머리가 명석하고 언어 감각이 뛰어난 사람일수록 성대모사를 잘한다. 이준석의 성대모사는 상당히 인상적이었다. 끊임없이 정확

257

한 단어를 구사하며 쉼 없이 이야기를 했다. 2023년 3월 이준석과의 첫 만남에서 느낀 인상은 "IQ가 높다"였다.

대통령과 각을 세우는 '0선 중진'

이날 저녁식사 자리에서 이준석은 이문열 작가의 책『우리들의 일그러진 영웅』을 들고 약속된 시간보다 10여 분 늦게 모습을 드러냈다. 서점에 책을 사러 갔다가 시간이 좀 걸렸다고 했다. 다음 날 국회 소통관에서 기자회견을 여는데, 회견문을 위해 다시 한번 읽어보기 위해서라고 했다. 회견문은 머릿속에 어느 정도 정리돼 있기 때문에 술자리가 끝난 뒤 집에 가서 쓸 거라고 했다. '일그러진 영웅'이 누구냐고 묻자 말을 아꼈다.

　　그는 다음 날인 3월 3일 기자회견에서 "1987년 이문열 작가가 『우리들의 일그러진 영웅』을 통해 그려냈던 시골 학급의 모습은 최근 국민의힘의 모습과 닿아 있다"며 "분명히 잘못한 것은 엄석대인데 아이들은 한병태가 '내부 총질'을 했다며 찍어서 괴롭힌다"고 했다. 이어 "국민의힘에서 엄석대는 누구일까요? 엄석대 측 핵심 관계자는 어떤 사람들일까요?"라며 "한 가지 명확한 것은 담임 선생님은 바로 국민이라는 것이다. 당원 여러분의 투표로 이 소설의 결말을 바꿀 수 있다"라고 강조했다. 전당대회에서 이른바 친윤(친윤석열)계 후보를 지원하는 윤 대통령과 '윤핵관'을 비판하며, 국민의힘 전당대회에 출마한 이준석계 '천아용인'(천하람, 허은아, 김용태, 이기인 후보의 약칭) 후보 지지를 호소한 것이다.

친윤계가 지원했던 김기현 당시 대표에 대해 이준석은 이렇게 말했다.

> "김기현 대표가 마치 윤 대통령과 신뢰가 깊어서 당 대표 후보로 낙점된 걸로 아는데, 전혀 아니에요. 약점이 많기 때문입니다. 약점이 많아 용산(대통령실) 뜻대로 할 수 있기 때문에 낙점된 것이에요." — 취재 메모 중 🖱

이준석은 또 "내가 김건희 여사를 만나고 통화도 여러 차례 했다. 그 과정에서 느낀 건데 내년 총선 공천에서 파동이 난다면 분명 김 여사 때문일 것"이라고 했다. 김 여사와 통화하고 문자 주고받고 한 사람이 한둘이 아닌데, 특히 대구 경북 등 내년에 영남 공천 노리는 사람들이 공천을 못 받으면 난리 칠 게 뻔하다는 의미다. 그런 사람만 100명이 넘는다고 했다. 그 경우 김 여사랑 주고받은 대화들이 다 공개되지 않겠느냐는 것이었다.

> "제가 정치하면서 정치인 부부를 많이 만나봤는데, 윤 대통령 부부는 여느 부부들이랑 확실히 달랐습니다. 윤 대통령이 입당하기 전에 코바나컨텐츠로 가서 내가 김 여사를 만났어요. 처음 만나서 한 말이 너무 충격적이라 정확히 기억하는데, 당시 김 여사가 '우리가 입당하면 저를 지켜줄 수 있냐'고 하더라고요. 윤 대통령이 아니고 '나'를 지켜줄 수 있냐는 게 너무 쇼킹했습니다." — 취재 메모 중 🖱

하버드 졸업생, 정치에 뛰어들다

그는 서울과학고를 2년 만에 조기 졸업한 뒤 하버드대에서 컴퓨터
과학과 경제학을 전공한 '엄친아'였다.* 하버드는 유명 지우개 메이
커로나 봤던 이름이었다. 내가 만난 하버드대생은 40여 년 생애 처
음이었다. 2011년 12월 당시 한나라당(현 국민의힘) 박근혜 비상대
책위원장이 그를 발탁하면서 만 26세의 나이에 여당 지도부를 경험
했다. 여의도 정치권의 나이로 따지면 그야말로 아이돌이었다.

그는 하버드대 재학 시절 방학 때면 귀국해 무료로 과외 봉사를
했고, 졸업 후 저소득층 자녀들을 위해 '배움을 나누는 사람들'이라
는 봉사단체를 만들었다. 교육 프로그램을 제작하는 벤처기업 클라
세스튜디오도 세웠다.

그는 2011년 12월 한나라당 비대위가 출범하기 사흘 전 비대
위원 제안을 받았다. 약 5년 전 봉사단체를 찾아온 적이 있는 박근혜
와 한 번 만난 게 전부였다. 당시 비대위에는 '경제민주화'의 상징인
김종인, 이상돈 중앙대 교수 등이 참여했다. 비대위는 한나라당에서
새누리당으로 당명을 바꾸고, 정권 실세 및 전직 당 대표 용퇴론 목
소리가 나오는 등 쇄신이 진행됐다.

이 과정에서 이준석은 개성을 발휘하며 청년 정치인으로 성장
했다. 성 추문과 논문 표절 의혹을 받은 19대 총선 당선인에 대해 출

---

*   하버드대 경제학과 복수전공에 대한 이준석의 허위 학력 의혹을 제기하는 이들이 적지 않지
만 이는 대학 제도의 차이와 번역상 어려움 때문에 비롯된 것으로 보인다. 하버드대에서는
'joint concentration'이라는 용어를 쓰는데, 한국식으로 복수전공에 가깝다. 다만 학위를
각각 부여하는 게 아닌 통합전공에 가까워서 이 차이 때문에 오해가 빚어진 것이라는 게 이
준석의 입장이다.

당을 요구하는 등 입바른 소리를 했고, 중앙선거관리위원회 홈페이지 디도스DDoS(분산서비스 거부) 공격 사건에 대한 '디도스 검찰수사 국민검증위' 위원장을 맡아 주목을 받았다.

그의 저서 『어린 놈이 정치를: 이준석이 말하는 ISSUE 25』에 따르면, 그는 19대 총선 공천 과정에서 당시 민주당에서 김근태 전 대표의 부인인 인재근 여사의 서울 도봉갑 출마가 유력하다는 소문을 듣고 당에 해당 지역에 대한 무공천을 제안하기도 했다.

> "김근태 전 복지부 장관이 돌아가시기 전까지 민정당 독재 정권하에서 가해진 고문에 대해 당 차원에서 진정성을 가지고 유감을 표명하지 못했다는 것은 매우 부끄럽다. 이번에 새누리당은 조금 더 과감한 공천을 통해 진정성을 보여야 했다."*

또 여성의 정치참여를 활성화하기 위해 비례대표 중 여성을 5 대 5가 아닌 8 대 2로 공천하자는 주장도 폈다.

40대가 되기 전 미국에서는 흔한 사립 과학고등학교를 세워 이사장을 하는 것이 꿈이라고 썼다. 자신이 받았던 평범하지 않았던 '교육의 기회'의 문을 넓혀 가정 등 환경 때문에 기회를 받지 못한 학생들에게 되돌려주는 노블레스 오블리주를 실천하고 싶었던 것이다. 다만 정치인으로 변신하면서 지금 그 꿈은 실현하기 어려운 상황이 됐다.

2012년의 책 내용과 이준석의 현재에는 모습 거리가 있어 보

---

*   이준석, 『어린 놈이 정치를: 이준석이 말하는 ISSUE 25』, 중앙M&B, 2014.

이지만 근본은 같을 것이다. 3개월 임시직 비대위원으로 인상을 남긴 이준석은 그 뒤 꾸준히 방송에 출연하며 정치평론을 했고, 2014년 6월 '새누리당을 바꾸는 혁신위원장'을 맡은 뒤 줄곧 정치인으로 살았다.

능숙한 메시지 전달 능력과 톡톡 튀는 선거전략으로 급부상

이준석은 메시지 전달과 의사소통에 능하다는 평가를 받는다. 정치입문 초기부터 이미 트위터와 페이스북 등 SNS에 자기 목소리를 내며 논쟁에 뛰어들었다. 2019년 바른미래당 최고위원 때 카카오 카풀 서비스 도입에 택시업계가 반발해 갈등이 빚어지자 갈등의 해법을 찾겠다며 택시 기사 자격증을 따고 법인 택시를 몰기도 했다.

이준석과 가까운 한 인사는 "일단 대단히 명석하고 선거에 대한 이해도 높다. 오세훈 서울시장 보궐선거와 2021년 전당대회, 2022년 대선 등을 보면 선거에서 공략해야 할 타깃 지점이 어디인지를 정확히 알고 있다"고 말했다.

그는 합리적 보수를 표방하고 있다. 그간 민주화 세력과 산업화 세력으로 양분된 진보-보수 진영의 구분이 무의미해진 만큼 새로운 이데올로기와 진영의 구분이 재편돼야 한다는 것이다. 그는 어릴 적 싱가포르와 미국에서 대학 생활을 한 때문인지 다소 서구화된 사고를 가지고 있다. 그는 "책임정치를 구현시키기 위해 기득권 정치를 타파해야 한다. 우리의 경우 (국회의원 임기) 4년은 너무 길다. 2년으로 단축해야 한다"고 주장한다. 통일에 대해서는 "통일의 방법이 체제 우위를 통한 흡수통일 외에 어떤 방법이 있을까 싶다. 통일 교육도 필요 없다. 통일 교육은 북한에 있는 사람들이 받아야 한다"고 솔직하게 말한다.

2021년 4·7 서울시장 보궐선거에서는 국민의힘 오세훈 후보 캠프 미디어본부장을 맡았다. 2030 세대 청년들을 대상으로 자신의 SNS에서 희망자를 모집해 후보 유세차에서 직접 발언할 수 있도록 자리를 만들었다. 희망자들은 번갈아 가면서 보통 3~5분가량 발언을 했고, 한 번에 40~50명씩 와서 정책 제안을 했다. 그 결과 재보선의 20대 지지율이 75퍼센트에 달했다고 한다.

특히 당 대표로 선출된 2021년 국민의힘 전당대회 합동연설회에서 그의 장점이 국민들에게 각인되기 시작했다. 그는 지역마다 맞춤형 메시지를 내며 당원들의 마음을 샀다. 윤태곤 더모아 정치분석실장은 "당시 합동연설은 아주 탁월했다"며 "대구에서는 탄핵의 상황을 넘어섰고, 광주에서는 국민의힘이 민주주의를 긍정하는 집단이라는 점을, 대전에서는 교육과 미래를 얘기하는 등 3박자가 딱 맞아떨어졌다"고 분석했다.

그는 그해 5월 30일 광주 김대중컨벤션센터에서 열린 호남 합동연설회에서 5·18 민주화운동에 대해 "대한민국 민주화 역사 속에서 (5·18은) 가장 상징적이고 처절했던 시민들의 저항"이라며 "저는 1980년 광주에 대한 개인적인, 시대적인 죄책감을 뒤로하고 광주민주화운동의 정신을 자유롭게 체득한 첫 세대"라고 강조했다. 이어 "전당대회를 앞두고 호남 당원이 우리 당원의 0.8퍼센트밖에 되지 않는다는 데이터가 공개됐다. 노력해야 한다"며 "(호남 당원은) 그동안 왜 배척받았나. 당내 큰 선거를 앞두고 일부 강경 보수층이 목소리가 크다는 이유로 두려워하며 그들이 주장하는 음모론과 지역 비하와 차별을 여과해내지 못했기 때문이다. 이제 적극적으로 바뀌어야 한다"고 했다.

며칠 뒤 대구 합동연설회에서는 "박 전 대통령이 저를 영입하지 않았다면 저는 이 자리에 서 있지 못했을 것"이라면서도 "저는 제 손으로 만드는 데 일조한 박 전 대통령이 호가호위하는 사람들을 배척하지 못해 국정농단에 이르는 사태가 발생하게 된 것을 비판하고, 통치 불능의 사태에 빠졌기 때문에 탄핵은 정당했다고 생각한다"고 소신 발언을 했다.

✦ 이준석 전 국민의힘 대표의 말말말

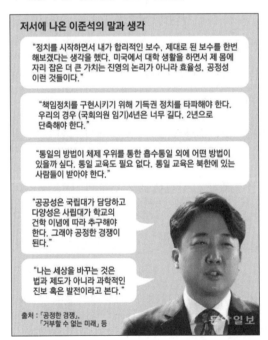

저서에 나온 이준석의 말과 생각

"정치를 시작하면서 내가 합리적인 보수, 제대로 된 보수를 한번 해보겠다는 생각을 했다. 미국에서 대학 생활을 하면서 제 몸에 자리 잡은 더 큰 가치는 진영의 논리가 아니라 효율성, 공정성 이런 것들이다."

"책임정치를 구현시키기 위해 기득권 정치를 타파해야 한다. 우리의 경우 (국회의원 임기)4년은 너무 길다. 2년으로 단축해야 한다."

"통일의 방법이 체제 우위를 통한 흡수통일 외에 어떤 방법이 있을까 싶다. 통일 교육도 필요 없다. 통일 교육은 북한에 있는 사람들이 받아야 한다."

"공공성은 국립대가 담당하고 다양성은 사립대가 학교의 건학 이념에 따라 추구해야 한다. 그래야 공정한 경쟁이 된다."

"나는 세상을 바꾸는 것은 법과 제도가 아니라 과학적인 진보 혹은 발전이라고 본다."

출처: 「공정한 경쟁」, 「거부할 수 없는 미래」 등

한국 정당사상 최초 30대 당 대표라는 기록을 남긴 이준석은 전당대회에서 당선된 뒤 2022년 지방선거에서 공천 자격시험을 도입했고 토론배틀로 당 대변인과 상근부대변인을 두 명씩 선출하는 등 신선한 아이디어를 정치권에 접목했다.

이준석은 또 전략가이기도 하다. 2030 세대, 특히 2030 남성층과 국민의힘의 전통적 지지층인 60대 이상 노년층을 묶어 더불어민주당의 주요지지 기반인 40~50대 중장년층을 포위해 지지세를 압도하겠다는 '세대포위론'을 내세우기도 했다. 이는 2021년 서울시장 선거와 전당대회에서 성공한 전략으로 평가를 받았다. 그는 이미 '내각 30퍼센트 여성 할당제' 폐지, 군가산점제 부활 등을 주장하며 안티 페미니스트로 자리 잡으며 '이대남(20대 남성)'의 전폭적인 지지를 받고 있었다.

이 같은 세대포위론은 윤 대통령이 국민의힘 대선 후보로 선출된 뒤 반문재인 세력을 결집해 정권교체를 이뤄내겠다는 윤석열 캠프의 선거전략과 충돌했다. 이 지점이 이준석과 친윤계 간 갈등의 출발점이었다.

'싸가지 없는 보수(?)' '재승박덕' 스타일

기성 정치권을 몰아세우며 '따박따박' 할 말을 하는 것이 이준석의 장점이자 매력이다. 하지만 그 자체로 단점이 되기도 한다. 안철수계 국민의당과 유승민계 바른정당이 합당해 만든 바른미래당에서 이준석을 경험한 손학규 전 대표는 그에 대해 '재승박덕才勝薄德'이라고 평가했다고 한다. 이준석이 한마디로 재주는 많지만 인덕이 없다는 의미다.

이준석에 대한 거부감이 있는 정치권 인사들은 "한마디로 아주 잔머리 굴리는 데 도가 튼 '도사'인 데다 하나도 손해는 안 보려 하니 덕이 없다", "정치인들은 기본적으로 자기애가 강하지만 이준석은 에고ego가 강해도 너무 강하다", "내공은 없고 입만 살아 있다" 등으로 혹평을 했다.

흔히 '싸가지 없는 진보'라는 말이 있다. 17대 국회에 대거 진출한 당시 열린우리당 386 운동권 출신 초선 의원들의 행태 이후부터 생겨난 말이다. 하지만 26세에 정치를 시작하고 보수를 표방한 이준석도 기성 정치인들로부터 같은 평가를 받는다. 싸가지 없음이 진보의 전유물은 아닌 것이다. 기원전 1700년 무렵 수메르 점토판에 "요즘 젊은 놈들은 버릇이 없다"고 써 있듯이 그저 세대 차이에 따른 갈등일 수 있다.

이준석은 기존 질서를 부정하고 개혁을 위한 도발적인 발언도 많이 했다. 국정농단 사태가 논란이 됐던 2016년 11월에는 당시 이정현 대표 사퇴를 촉구하며 단식농성을 벌였다. 또 안철수계 국민의당과 유승민계 바른정당이 합당해 만든 바른미래당에서는 2019년 4월 재·보궐선거 성적표가 기대에 미치지 못하자 손학규 당시 바른미래당 대표의 사퇴를 촉구했다.

이준석이 비공개 회식 자리에서 안철수 의원을 향해 '병×'라는 비속어를 써서 논란이 된 일도 있다. 이준석은 "사석에서 한 말이고 이것이 문제 될 발언이라 생각하지 않는다"며 사과하지 않았다. 안 의원 측의 문제 제기로 바른미래당 윤리위원회는 이준석에 대한 징계 결정을 내렸다. 결국 이 사건으로 계파 간 갈등이 폭발하면서 바른정당계 의원들은 탈당한 뒤 새로운보수당을 창당했다. 이후 2020년 총선을 앞두고 다시 국민의힘으로 통합됐다.

친윤의 찍어 내리기? '성 접대 의혹'으로
1년 6개월 당원권 정지

국민의힘 대표로 재직하던 시절에는 선거대책위원회 개편 문제와 당직 인선 등을 놓고 친윤 측과 갈등이 깊어졌다. 친윤 측에서는 이준석을 의도적으로 소외하거나 그를 깎아내리는 익명 인터뷰를 하는 등 견제구를 날리며 불화를 일으켰다. 이준석도 '윤핵관'이라는 단어를 공개적으로 거론하며 여러 차례 충돌했고 잠수를 타기도 했다. 국민의힘 대표와 대선 후보 양측이 대선 앞에서 힘을 모아 일치단결해도 모자랄 판에 서로 이전투구를 벌이며 몇 차례 싸웠다 화해하는 꼴불견의 장면을 만들었다는 비판도 나왔다.

특히 이준석은 자신이 연루된 성 접대 의혹을 수사하는 경찰의 배후에 윤핵관이 있을 수 있다는 주장도 폈다. 자신이 여권 주류의 말을 듣지 않자 찍어 내리기 하려는 것이라는 취지다. 성 접대 의혹은 2013년 7월 11일과 같은 해 8월 15일에 대전 유성구 소재의 모 호텔에서 김성진 당시 아이카이스트 대표이사의 주선으로 성매매 여성에게 두 차례 성 접대를 받았다는 게 골자다. 가로세로연구소가 2021년 말 의혹을 제기하면서 경찰 수사로 이어졌다.

이에 대해 이준석은 최태원 SK 회장이 자신의 사업을 도와줄

수 있을 것으로 기대한 김성진 전 대표가 자신에게 최 회장의 사면을 건의하기 위해 접대를 했다는 내용 자체가 "논리적으로 맞지 않다"고 했다. 당시 이준석이 사면을 건의할 지위에 있던 것도 아닌 데다 최 회장의 사면을 김 전 대표가 건의한다는 것 자체가 말이 안 된다는 취지다. 또 그는 "내가 갔던 유흥업소에 전직 장관과 유력 인사 등도 갔었는데, 그러면 다 접대를 받은 것이냐"고 경찰 조사에서 되물었다고 했다.

어쨌든 당 윤리위원회는 성 접대 의혹을 계기로 2022년 7월 그에 대해 당원권 6개월 정지 결정을 내렸고, 그는 불복하겠다고 했다. 그러자 홍준표 대구시장은 "바른미래당 시절 대선배이신 손학규 대표를 밀어내기 위해 그 얼마나 모진 말들을 쏟아냈느냐"며 "좀 더 성숙해져서 돌아와라"라며 업보이자 자업자득이라는 점을 꼬집기도 했다.

이후 경찰은 2013년의 성 접대를 포함한 수수 행위에 대한 알선수재 혐의는 공소시효가 지나 '공소권 없음'으로 무혐의로 불송치 결정을 했다. 대신 이준석이 의혹을 제기한 가세연을 명예훼손 혐의로 고소했지만 무혐의 처분이 내려졌다.

이준석은 추가 징계까지 받으면서 총 1년 6개월간, 총선 직전인 2024년 1월까지 당원권이 정지됐다. 그 뒤 한동안 지역을 돌아다니며 잠수를 타기도 했다. 2023년 3월 『이준석의 거부할 수 없는 미래』를 출간하면서 언론 인터뷰 등을 통해 기지개를 켜고 방송 출연에도 매진했다. 2023년 3월 치러진 국민의힘 전당대회에서 '천아용인'(천하람, 허은아, 김용태, 이기인 후보)을 지원했지만 당선자를 만들지 못했다. 다만 당원권 정지는 인요한 혁신위원장이 같은 해

11월 당 통합을 위해 '1호 혁신안'으로 의결하면서 1년 4개월만에 해제됐다.

'0선' 꼬리표가 붙어 있는 이준석에게 내년 총선 출마는 상수다. 그가 2016년부터 2018년 재·보선, 2020년 총선까지 세 번 출마해 낙마했던 서울 노원병 지역구 출마가 기본이 될 것이다. 그는 비례대표 의원은 안 한다는 생각을 과거에도 여러 번 밝혔다.

'할배' 김종인의 마지막 대선 프로젝트는 이준석과 금태섭?

그는 가장 존경하는 정치인으로 김종인을 꼽는다. 그와의 인연은 2012년 박근혜 비대위 위원 시절부터 시작됐다.

이준석은 2011년 한나라당 비대위원 시절 당시 금기처럼 여겨졌던 박근혜 전 대통령의 정수장학회 문제에 대해 CBS 라디오에 출연해 "국민들이 아직 해소가 안 됐다고 생각한다"는 취지로 날을 세웠다. 그러자 그 뒤 김 전 위원장이 "용기 있네"라며 밥도 사주고 했다고 한다. 그 후 이준석은 김종인을 10년 넘게 멘토로 삼았다. 2023년에 이준석이 사석에서 한 이야기다.

> "'거부할 수 없는 미래' 추천사를 받기 위해 김종인을 찾아갔어요. 할배(그는 김종인을 사석에서 '할배'라고 부른다)가 말하길 '이 대표, 이제 이렇게 된 이상 대선 준비해. 내가 도와줄게. 살아 있으면…' 진짜 이제 할배가 (킹메이커에) 한을 품었구나 싶었습니다." ─취재 메모 중 🖱

마지막 "살아 있으면…"이라는 말이 이준석에게 여운을 남겼다고 한다. 2023년 당시 1940년생인 김 전 위원장은 83세였고, 1985년생 이준석은 38세였다. 나이를 화투 게임의 일종인 '섰다'로 따지면 둘 다 최고 패인 '38광땡'이다. 4년 뒤에도 운이 계속 따를 것인가.

또 당시 그가 "그럼 대선 준비를 위해 누구를 만날까요?"라고 했더니 김종인은 "금태섭 전 의원을 만나보라"고 했다고 한다. 물론 그 뒤 이준석은 금태섭에게 연락하지 않았고, 금태섭도 이준석을 찾지 않았다고 한다. 김종인이 두 사람과 각각 가깝지만 스타일이 다른 두 정치인은 서로 내외하는 사이인 것이다.

아무튼 김종인을 빼면 이준석은 유승민과 제일 가깝다. 아버지 친구여서 어렸을 때 본 사이기도 하고, 지향점도 같아 그를 따라 바른정당에 합류하기도 했다.

이 같은 관계들 때문에 김종인을 매개체로 이준석과 유승민, '새로운선택' 창당을 추진한 금태섭 등이 총선 전에 통합해 '빅텐트'를 치지 않겠냐는 관측도 제기됐다.

실제 이준석은 2023년 10월 서울 강서구청장 보궐선거를 계기로 돌아올 수 없는, 루비콘강을 건넜다는 평가를 받는다. 그간 경험한 김기현 대표 체제 및 친윤 세력에 대해 거세게 문제제기를 하며 12월까지 여당이 변화를 보이지 않으면 탈당하겠다는 뜻을 피력하기 시작한 것이다. 이에 따라 내년 총선을 앞둔 보수 여당의 분열 가능성도 가시권에 들어가고 있다.

오바마에게서 배워야 할 포용과 관용

이준석의 MBTI는 '모험을 즐기는 사업가'형인 ESTP다. 이 유형은 '내기를 좋아한다', '삶을 즐기며 산다', '스릴을 좋아한다'는 등 평가가 있다. 한 측근은 "이준석이 모험을 즐길 줄 안다. 전당대회에서 1등을 달리고 있는데도 '부자 몸조심'을 안 하고 대단히 공격적으로 베팅을 하더라"고 말했다.

그 역시 승부사적 기질이 있는 사람을 좋아한다.

> "오세훈 시장이 무상급식 주민투표를 추진한 것도 누군가는 정치적 야심이 컸기 때문에 다음 행보를 노리고 나섰다고 하지만, 시의회를 다수를 차지한 당에 빼앗긴 상태에서 시정을 마음대로 펼 수 없는 상황이라면 승부수를 던질 수밖에 없다고 본다. 그것이 경솔하다고 비판하는 사람도 있겠지만 나는 정치를 하면서 그런 큰 것을 대범하게 걸 줄 아는 승부사적 기질을 가진 사람들을 좋아한다."[*]

이준석은 한국의 오바마를 꿈꾼다. 47세 나이로 '흑인 최초의 미국 대통령'이라는 타이틀을 거머쥔 버락 오바마 전 대통령은 통합과 개혁의 상징적인 인물이다. 그가 배워야 할 덕목이 적지 않다. 이준석이 2021년 3월 국민의힘 대구 합동연설회에서 했던 말이다.

[*]   이준석, 『이준석의 거부할 수 없는 미래』, 21세기북스, 2023.

"2004년 제가 공부하고 있던 보스턴에서 미국 민주당 전당 대회에 출마한 존 케리 대선 후보의 선출을 위해 모인 사람 중 바람잡이 연설자로 흑인 상원 의원이 나섰습니다. (중략) 그는 '이라크전에 찬성하는 사람도 애국자요, 이라크전쟁에 반대하는 사람도 애국자다. 백인의 미국, 흑인의 미국, 라틴계의 미국, 아시아계의 미국이 따로 있는 게 아니다. 오직 미합중국이 있을 뿐이다.' 이 말에 미국은 전율했습니다. (중략) 오바마가 외친 통합의 시발점은 바로 관대함입니다. 그리고 통합의 마지막 완성은 내가 가진 것을 나눌 수 있다는 자신감입니다. (중략) 여러분은 다른 생각과 공존할 자신감이 있으십니까? 내 생각과 다른 이야기를 하는 사람도 선한 의도를 가지고 있다고 인정하고 그 사람도 애국자라는 것을 입 밖으로 내어 인정할 수 있어야 합니다."

국가 이전에 당 내부에서부터 '다른 생각과 공존할 자신감', '통합', '선한 의도를 가지고 있다고 인정'하는 자세 등을 실천할 필요가 있다. 특히 이준석은 2023년 10월 강서구청장 보궐선거 패배에 대해 충청향우회 포섭 등과 같은 잘못된 선거전략 때문이라고 꼬집으면서 당내 갈등의 중심에 섰다. 옳은 말도 싸가지 없게 한다는 비판은 물론 "당내 분란을 키운다"거나 "안 되라고 주문을 외는 것 같다"는 비난까지 나온다.

심지어 안철수와의 오랜 앙금이 터진 듯 강서구청장 보궐선거 지원 유세 당시 안철수의 '욕설 논란'을 계기로 안철수가 이준석 제명 요구안을 당에 제출하는 등 파문이 컸다.[*] 그 후에는 여의도 식당에서 안철수, 이준석이 각각 따로 옆방에서 식사를 하다가 안철수가 자신에 대한 이야기를 하는 것을 듣고 이준석이 "안철수 씨 조용히 하세요"라고 고함을 지른 사건도 벌어졌다. "교포 2세에게 미국 정치인이 한국말로 이야기하는 것은 '너는 우리 구성원으로 인정할 수 없다'는 헤이트스피치(혐오발언)다"라며 이준석이 인요한 혁신위원장에게 영어로 말을 건 것이 문제라는 취지로 안철수가 이야기한 것에 대한 반발이었다. 화가 날 수는 있겠지만 이런 일이 반복될수록 '싸가지가 없다'거나 '책임감이 없고 가볍다'는 인상만 줄 가능성이 높다.

그는 적이 많은 '트러블 메이커'이면서도 매력적이지만 치명적이어서 멀리하고 싶은 '옴파탈' 같다. 자신이 닮고 싶어 하는 오바마 전 대통령보다는 도널드 트럼프 전 대통령의 모습에 가까운 것은 아닌지 스스로 되새겨봐야 한다. 자신이 30대 여당 대표 신화의 주인공이고 청년 정치인의 대표선수라는 책임감을 갖고 좀더 신중한 태도를 보여줄 필요가 있다. 이준석의 성공은 청년 정치의 성공으로, 그의 실패는 청년 정치의 실패로 여겨질 것이기 때문이다.

이준석은 이제 당 대표급으로 체급이 올라가긴 했지만 그는 이미 유승민이 주도한 바른정당에 몸을 담았다가 결국 2020년 총선

---

* 당시 안철수의 지원 유세 현장에서 그가 상대 후보인 더불어민주당 진교훈 후보에 대해 "민생 치안이 그 사람에게 주어진 유일한 일인데, 그 사람 실적을 아십니까? 경찰청 차장 시절 2022년 1분기 강력범죄는 1년 전보다 70퍼센트 정도 늘었다"고 주장하자, 한 시민이 "지×하고 자빠졌네. 개××"라고 욕설을 했다. 그러자 안철수는 "정말로 지×하고 자빠졌죠"라고 웃으며 응수했다. 이 같은 상황을 이준석이 라디오방송에서 언급하면서 널리 알려졌다. 이에 대해 안철수 의원실은 "지나가던 시민 한 명이 안 의원을 향해 욕설했고, 안 의원은 이를 과열된 현장에서 나온 발언으로 여겨 유머로 답변한 것"이라며 "우리 당에 비판적인 시민이 던진 욕설을 유머로 승화시킨 것"이라고 설명했다.

을 앞두고 국민의힘으로 복귀한 전력이 있다. 제3당에 실패했던 그때와 지금은 무엇이 달라졌는지 그리고 신당은 무엇을 지향하고 표방하는지 뚜렷하게 답해야만 그도 성공할 수 있을 것이다.

12화

'미움받을 용기' 가진 자유인
양정철

동아일보

1964년 서울 출생
1988년 한국외국어대학교 법학과 졸업
2002년 노무현 대통령 후보 언론보좌역
2003년 ~ 2008년 대통령비서실 국내언론 · 홍보기획비서관
2009년 노무현재단 사무처장
2012년 민주통합당 제18대 대통령후보비서실 메시지팀장
2017년 민주당 대통령후보비서실 부실장
2019년 민주연구원장

"대한민국이 가야 할 길은, 좌도 아니고 우도 아니고 '앞으로'예요. 통합의 정치로 가야 합니다. 답은 연정밖에 없어요. 한 10년, 아니 단 5년만이라도 정치적 휴전을 하고 여야가 힘을 합쳐야 합니다. 그런 기치하에 협력과 통합의 정치로 가지 않으면 G7 도약은 힘들어요. 여야가 연정을 해야 합니다. 일시적 협치 실험이라도 좋아요. 안에서 화합하고 바깥 경쟁에서 이기려면 그 길밖에 없습니다." — 취재 메모 중 🖱

양정철 전 민주연구원장(이하 양정철)이 2020~2021년경 줄곧 강조했던 이야기다. 그의 이 같은 통합론과 연정론을 처음 들었을 때 의외였다. 솔직히 그가 가진 이미지는 강성 이미지였다. 논쟁적인 이슈의 선봉에 서오면서 대표적인 노무현 정부의 '홍위병'으로 불렸으니까.

그 역시 50대에 들어 30~40대 때와 생각이 조금 바뀌었는지도 모른다. 그 스스로 일본과 뉴질랜드, 미국 등 세계를 돌아보며 시야가 바뀐 측면이 있다고 언급한 적이 있다.

"저도 골수 운동권이었는데 노무현 정부 청와대에 5년 있으면서 국가 전체를 보는 쪽으로 고민하지 않으면 안 된다는 게 있었고, 또 하나가 (문재인 정부에서) 지난 3년간 유랑을 다니면서 모든 사고와 시각이 바뀌었어요. 지금 제 관심은 다음 대통령이 우리 당이냐, 저 당이냐, 누가 되냐, 관심이 없습니다. 이젠 대통령 당선이 중요한 게 아니라 대한민국 발전을 위해서라도 어떻게 '성공하는 대통령'이 되느냐가 훨씬 중요합니다." — 취재 메모 중 🖱

독재정권에 맞서 투쟁했던 운동권 출신이라 과거에는 피아 편 가르기를 했던 것일까. 모른다. 기득권에 분노하고 인권 감수성이 높은, 마이너리티에 대한 연대의식이 높고 가슴이 뜨거웠던 청년이었는지 모른다.

어찌 보면 그는 노무현, 문재인 전 대통령의 곁에서 줄곧 '악역'을 도맡아왔다. 그 탓에 세상 사람들로부터 호불호가 엇갈리고 '논쟁적'인 인물이라는 평가를 받았다. 세상의 오해에도 그는 흔들리지 않았다. '미움받을 용기'를 지닌 것이다.

"자네가 누군가에게 미움을 받는 것. 그것은 자네가 자유롭

278

게 살고 있다는 증거이자 스스로의 방침에 따라 살고 있다는 증표일세." - 기시미 이치로, 『미움받을 용기』 중

그는 노무현 정부 이후 10년 만에 2017년 출범한 문재인 정부의 일등공신이 됐다. 하지만 잊힐 권리와 공성불거功成不居(공을 세웠으면 그 자리에 머물지 말라) 원칙을 내세우고 "내 자유도 소중하다"며 문재인 정부 내내 공직을 맡지 않았다.

등단 꿈꾸던 문학소년에서 운동권 핵심으로

1964년 서울에서 태어난 양정철은 구로구에 위치한 우신고등학교를 졸업했다. 그는 글쓰기와 독서가 좋았던 문학소년이었고 고교 시절 문예 서클에서 활동했다.

> "내가 초등학교 때 직장에서 밀려난 선친은 어렵게 가족 부양하느라 이사를 자주 했다. 자연히 전학이 잦았다. 친구 사귈 기회가 적었고 외로움을 책으로 달랬다. 나중엔 친구보다 책이 좋았고 또래들과 이야기하는 것보다 글 쓰는 게 좋았다."*

가난은 그의 시선을 사회로 향하게 만들었다. 특히 서클 지도교사였던 동화작가 김진경 선생님으로부터 사상교육을 받았다. 이에

* 양정철, 『세상을 바꾸는 언어』, 메디치미디어, 2018.

279

고교생 양정철도 운동권 대학생들이 보는 이른바 '불온(?) 서적'들을 그 시절 이미 섭렵하면서 사회에 눈을 뜨기 시작했다. (후에 김 선생님은 이를 이유로 해직됐지만 노무현 정부에서 대통령교육문화비서관이 됐다. 제자와 스승이 함께 청와대 비서관으로 일하는 기이한 인연을 맺게 됐다.)

등단 작가를 꿈꿨던 그는 국문과에 진학하려 했다. 하지만 형편이 어려웠던 가족의 반대로 한국외대 법대에 진학했다. 그는 전공에 관심이 없었고 학보사에 들어가 기자로 활동하는 데 몰입했다. 3학년 때 편집장을 지냈고 동시에 전국대학신문기자연합(전대기련) 회장도 맡았다.

그러면서 그는 점점 운동권 핵심에 속하게 됐다. 1986년 전대기련에서 발행한 기관지가 문제가 돼 지명 수배를 받게 됐고, 아예 한국외대 '반미자주화반파쇼민주화조국통일투쟁위원회' 위원장을 맡아 학내 시위를 주도했다. 이와 함께 전국단위 대학 투쟁조직인 '학생투쟁연합' 서울지역 부의장을 맡아 1987년 6월 민주항쟁에서 대학가의 반정부 민주화운동 연합시위를 주도했다. 1년 넘게 장기 도피하던 중에 검거돼, 그는 결국 국가보안법 위반과 특수공무집행방해 등 혐의로 구속 기소됐다. 실형을 살았지만 1988년 노태우 당시 대통령이 대규모 사면·복권을 단행하면서 수감 4개월 만에 석방됐다.

그는 글을 쓰며 밥벌이를 하고 싶었다. 언론사 기자를 해볼 생각도 있었지만, 전과도 있는 데다 언론 민주화 운동에 대한 신념이 있어 전국언론노조연맹에서 『언론노보』 기자로 일을 시작했다. 이후 중앙 일간지에서 이직 제안도 받았지만 '언론 노조를 지켜야 된다'는 사명감에 6년간 일했다. 그러다 결혼을 하면서 대기업으로 자리를 옮겼다. 현실적 이유였다. 나산, 한보, 신원그룹과 스카이라이프 등 네 곳을 거치며 차장에서 임원으로까지 승진했다. 하지만 마음은 헛헛했다.

> "젊은 나이에 '운동' 하다가 갑자기 기업-기업주 대변하는 일은 마음고생이 컸다. 언론계에 있는 선배들에게 부끄럽기도 했다." - 양정철, 「세상을 바꾸는 언어」 중에서

한보그룹에 근무할 당시에는 당초 기획팀장으로 일하다가 홍보실로 차출돼 파견근무를 했다. 그러던 중 정태수 당시 회장 옆에 있는 사진이 널리 퍼져 '정태수의 비서'라는 오해를 사기도 했다. 그는 기회가 있을 때마다 "사실이 아니다"라고 해명했지만 여전히 꼬리표는 사라지지 않고 있다.

결국 2002년 노무현 후보 대선 캠프에 합류했고 인수위를 거쳐 5년 내내 노무현 정부 청와대에서 일을 했다.

30대 최연소 청와대 비서관으로 정치 무대 등장

언론인에서 대기업 임직원으로, 청와대 비서관으로 변신한 양정철은 정치 무대의 전면에 섰다. 39세로 최연소 비서관으로 고속 승진했다. 국내언론비서관과 홍보기획비서관을 맡아 정부의 신문방송 정책을 총괄했다. 쉬운 자리는 아니었다. 그는 혈기가 왕성했고 언론

계에서는 언론노보 기자 출신인 그를 쉽사리 인정해주지도 않았다.

노무현은 언론에 대한 불신이 뿌리 깊었다. "기자실에 몇몇 기자들이 죽치고 앉아 보도 자료를 가공하고 담합한다"며 공개적으로 언론계를 몰아세우고 추진한 '취재지원시스템 선진화 방안'은 그 정점이었다.

대통령이 언론에 민감했던 탓에 양정철에게는 악역이 맡겨졌다. 홍보기획비서관 시절『동아일보』등 언론의 신행정수도 이전

✦ 양정철 전 민주연구원장의 이력

양정철 전 민주연구원장 이력

1989~	전국언론노동조합연맹 언론노보(현 미디어오늘) 기자
1994년	나산그룹 홍보실
1995~1997년	한보그룹 영상사업단(한맥유니온)팀장, 한보그룹 홍보실 차장
1997~1998년	신원그룹 홍보팀장
1999~2000년	국무총리 공보실 전문위원
2001년	스카이라이프 홍보실장 · 비서실장 · 대외협력실장(이사대우)
2002년	노무현 대통령후보 언론보좌역
2003년	대통령직인수위원회 공보비서
	대통령 국내언론비서관(2급)
2004~2008년	대통령 홍보기획비서관(1급)
2009년	노무현재단 사무처장
2012년	민주통합당 제18대 대통령후보 비서실 메시지팀장
2013~2014년	노무현재단 노무현시민학교 교장
2013년	우석대 문예창작학과 초빙교수
2014~2015년	우석대 문예창작학과 교수
2017년	민주당 대통령후보 비서실 부실장
2018년	일본 게이오대 방문교수
2019~2020년	더불어민주당 민주연구원장
2021년	미국 전략국제연구소(CSIS) 객원 선임연구원

관련 보도에 대해 "저주의 굿판을 걷어 치워라"라고 막말을 했다. 2005년 8월에는 노 대통령의 대연정 제안을 거부한 한나라당 박근혜 전 대표에 대해 "박 대표의 반응은 책임감, 결단, 역사의식, 깊은 성찰, 일관성 등 다섯 가지가 없는 5무無"라고 원색적으로 비난해 한나라당(현 국민의힘)의 반발을 사기도 했다.

2007년에는 취재지원시스템 선진화 방안을 수립해 기자실 통폐합을 실행 전 언론으로부터 '언론 탄압'이라는 비판을 받았다. 사실 그는 선진화 방안에 대해 신중한 입장이었다. 이를 추진하려면 임기 초에 추진했어야 하고 언론계 내부의 공감과 설득 없이는 실효성도 없을 것이라는 취지로 대통령에게 여러 차례 얘기했다고 한다. 하지만 노무현이 뜻을 굽히지 않자 주무 비서관으로서의 책임을 다하기 위해 어쩔 수 없이 전면에 나섰다는 게 주변 인사들의 전언이다.

노무현 지키지 못한 회한에⋯ 문재인 앞세운 정권교체에 주력

노무현 정부 말기는 "이게 다 노무현 때문이야"라는 말이 유행할 정도로 대통령이 국민들에게 외면당했다. 쓸쓸한 퇴장이었다. 양정철도 참모로서 제대로 모시지 못한 것 아닌가 싶은 죄책감이 들었고 퇴임 후 봉하마을로 내려간 노무현 전 대통령이 외로워 보였다.

퇴임 후 어느 날 노무현이 양정철을 불렀다. 양정철은 정치에 나서보겠다고 했지만, 노무현은 뜻밖에도 이를 말렸다. "정치를 통해 세상을 바꿀 수도 있지만 더 중요한 민주주의적 진보를 이루려면 국민들 생각과 의식을 바꾸고 문화를 바꿔야 한다"고 했다. 그러니

정치를 하지 말고 좋은 책을 내자고 제안했다.

양정철은 두말없이 짐을 싸서 봉하마을로 내려갔다. 그러나 이후 검찰 수사를 받던 노무현은 2009년 5월 23일 부엉이바위에서 극단적인 선택을 했다. "너무 슬퍼하지 마라. 삶과 죽음이 모두 자연의 한 조각 아니겠는가? 미안해하지 마라. 누구도 원망하지 마라. 운명이다"라는 말을 남기고.

노무현을 지키지 못했을 뿐 아니라 그분이 모진 결심을 놓고 번뇌하던 오랜 시간, 그의 고독을 가늠조차 못했다는 죄책감에 양정철은 괴로웠다. 그 죄책감을 이겨내고 노무현이 재평가받을 수 있는 유일한 길은 정권교체였다.

"노무현의 친구 문재인이 아니라 문재인의 친구 노무현입니다." - 2002년 11월 노무현 당시 대선 후보가 부산에서 문 전 대통령을 소개하며

노무현이 이같이 평가했던 그의 마지막 비서실장, 문재인을 대통령으로 만드는 게 그의 과업이 됐다. 정치를 하지 않겠다는 문재인을 설득했고, 2011년 『문재인의 운명』 출간을 도왔다.

2012년 4월 총선에서 김경수 등 측근들이 문재인과 함께 국회로 진출하는 게 향후 대선에 도움이 될 것이라고 판단했다. 그렇게 문재인은 부산 사상에 출마해 당선됐지만, 양정철은 서울 중랑을에 출사표를 던졌다가 경선에서 박홍근 의원에게 밀려 탈락했다. 문재인은 민주통합당 대선 후보가 됐지만 그해 12월 치러진 18대 대선에서 박근혜 후보에게 패배했다.

문재인 정부의 일등공신이었지만 대선 뒤 홀연히 떠나

2012년 대선 이후 문재인을 비롯한 친문(친문재인) 진영은 대선 패배 책임론에 시달렸다. 양정철도 그 대상 중 한 명이었다. 그는 이호철 전 민정수석비서관과 전해철 의원 등과 함께 문재인의 핵심 측근 '3철'로 불리면서 '비선'이라는 따가운 시선을 받았다.

문재인은 2015년 2·8 전당대회에 출마하며 "당을 못 살리면 정치인 문재인의 시대적 역할은 거기가 끝"이라며 총선 불출마 등 기득권을 포기하겠다고 선언했다. 그의 연설문 등은 물론 양정철이 깊게 관여했다.

문재인은 당 대표로 선출됐지만 민주당(당시 당명은 새정치민주연합)은 심한 내홍을 겪었다. 김한길, 안철수 전 공동대표 등 비문재인 진영에선 '친노(친노무현) 패권주의'로 몰아세웠고 끊임없이 당을 흔들어댔다는 게 친문 진영의 시각이었다.

그해 4·29 재·보궐선거에 참패하면서 대표 책임론은 더욱 심해졌다. 그러면서 비선들이 다른 최고위원들과의 논의 없이 대표의 동선과 메시지를 마음대로 정하며 전횡했다는 비판이 거세졌다. 자연히 양정철은 표적이 됐다. 당시 이용득 최고위원이 전했던 이야기다.

"재·보선 참패 이후 어느 날 비공개 최고위원회에서 내가 '양정철이 도대체 어떤 ××냐. 우리는 잘 알지도 못하는데 뒤에서 다 결정한다고 하냐. 차라리 비서실장이든 부실장이든 공식적인 직위를 주든지 해라'라고 호통을 쳤다. 그랬더니

문 대표는 얼굴이 벌게져서 아무 말도 하지 않더라."

— 취재 메모 중 🖱️

거듭된 쇄신 요구에 양정철도 2015년 12월 이호철, 윤건영, 민형배, 김영배 등과 함께 20대 총선 불출마를 선언했다. 거듭된 희생 요구이자 문재인이 평소 강조해온 육참골단肉斬骨斷(자신의 살을 베어내주고 상대의 뼈를 끊는다는 뜻)이었다.

2016년 결국 안철수가 탈당한 뒤 국민의당을 창당하면서 문재인은 당 대표직에서 물러났다. 민주당은 김종인 전 대표를 내세워 총선을 치렀다. 그해 6월 문재인이 히말라야 트레킹을 떠났을 때 양정철은 탁현민*과 함께 동행했다.

양정철은 문재인의 대선 예비캠프 성격인 '광흥창팀'을 주도하며, 대선 준비는 물론이고 정권교체 이후 밑그림도 그렸다. 2020년 4월 그가 했던 이야기다.

"정치 경력이 짧았던 문 대통령에게 핵심 측근이랄 수 있는 사람은 저랑 이호철 전 민정수석 등 단 네 명이었고, 그 네 명이 목숨 걸고 대통령 만들기에 '올인' 했습니다. 심지어는 대통령에 당선되면 임기 첫날부터 일정도 미리 준비해둘 정도로 다양한 준비를 했어요." — 취재 메모 중 🖱️

양정철은 대선 승리 직후인 2017년 5월 "저의 퇴장을 끝으로,

---

*   공연기획자로 문재인 정부 출범 뒤 대통령의전비서관을 지냈다.

'패권'이니 '친문', '친노' 프레임이니 '3철'이니 하는 낡은 언어도 거둬주시기 바란다"며 "멀리서 그분을 응원하는 여러 시민 중 한 사람으로 그저 조용히 지낼 것"이라고 밝혔다. 이어 "잊힐 권리를 허락해달라"며 곧장 뉴질랜드로 출국해 일본, 미국 등 유랑에 나섰다.

2020년 총선 브레인 맡아 180석 압승 주도

그는 7개월 뒤 책 『세상을 바꾸는 언어』를 내면서 다시 한국에 돌아왔다. 그를 중용한 노무현, 문재인 전 대통령에게 진 마음의 빚은 정권교체로 일부 갚게 된 것에 대한 홀가분함이 있었다.

> "그분이 서거 며칠 전 내게 건넨 마지막 말은 '양비는 먹고살 방도는 있는가?'였다. 죽음을 결심한 분이 일체 내색하지 않으시고 마지막 순간까지 참모들 걱정을 한 것이다. 이 책은 '깨어 있는 시민으로 이렇게 열심히 살아가려 발버둥치고 있다'는, 그분을 향한 나의 안부 인사이기도 하다. 노 대통령이 부디 그곳에서 편하셨으면 좋겠다."
>
> – 양정철, 『세상을 바꾸는 언어』 중에서

주진우 전 기자는 이 책 추천사에서 "양정철은 자기를 낮춘다. 주위를 비춘다. 자기는 아무것도 아니라고 한다. 안 했다고 한다. 그래서 짠하다. 그리고 쩡하다"고 썼다.

그러다 2019년 5월 양정철은 이해찬 당시 대표의 강력한 부탁을 받고 민주연구원장으로 전격 복귀했다. 그는 "민주연구원이 총선 승리의 병참기지 역할을 하도록 하겠다"는 첫 일성을 냈고, 백원우 전 의원과 함께 21대 총선 불출마를 선언하며 공천에서 물갈이 의지를 드러냈다. 그는 인재 영입을 맡았고 위성정당 논란이 일자 총선 승리를 위해 비례연합정당 참여가 불가피하다며 연합정당 참여를 밀어붙였다.

그 결과 민주당은 2020년 21대 총선에서 180석 압승을 거뒀다. 물론 그 이후 열린우리당의 악몽처럼 입법 독주 등을 거듭하다가 2년 뒤 정권을 다시 빼앗기게 됐지만… 어쨌거나 당시로서는 전례 없는 성과를 낸 것이었다. 총선 직후 그는 관용과 통합에 대한 메시지를 던지며 연구원장직을 던지고 무대에서 내려왔다.

문재인 정부의 마지막 비서실장 등으로도 거론됐지만 그는 결국 약속대로 공직을 맡지 않았다. 2021년 미국 전략국제문제연구소 CSIS 객원 선임연구원을 지내며 다시 한국을 떠나 자유인으로 살았다. 그러면서도 꾸준히 민주당과 청와대 인사들과 접촉하며 조언과 쓴소리를 했다.

다만 다른 주장도 제기됐다. 손혜원 전 의원은 2021년 1월 유튜브에서 "문 대통령은 (대선 후인) 2017년 5월 양정철과의 연을 끊었다. 문 대통령이 완전히 쳐낸 사람이라 속으면 안 된다"고 주장하기도 했다. 손 전 의원은 "문 전 대통령은 (대선) 그 뒤로 한 번도 그(양 전 원장)를 곁에 두겠다는 생각조차 하지 않은 걸로 안다"며 "늑대 소년이 또 대중을 속이고 있다"라고 맹비난하기도 했다.

하지만 당시 청와대 관계자들에 따르면 양정철은 2020년 총선이 끝난 뒤 대통령과 관저에서 만찬을 갖기도 했다. 만찬이 끝난 뒤

두 사람이 마신 술을 세어보니 소주 여덟 병이었다고 한다. 서로 만나기도 어렵고 품고 있는 마음도 복잡하니 오랜만에 과음을 한 것 아니었을까. 손혜원의 주장대로 완전히 내쳤다면 그런 자리는 마련되지 않았을 것이다.

당 외곽에서 '장막 뒤 조언자' 역할 이어가

그는 2021년 6월 필자와의 단독 인터뷰에서 재집권 가능성에 대해 "냉정하게 따져 보면 비관적인 요소가 더 많다"며 "(민주당이) 절박함이 없다"고 평가했다.* 당시 그는 여권의 위기 상황에 대해 변화를 알아채지 못하는 현상인 '변화맹시變化盲視(change blindness)로 규정하고, "박원순 전 시장 시민장葬부터 위기가 시작됐다. 부동산이나 한국주택토지공사LH 사태는 발화점에 불과했다"고 진단하기도 했다.

그는 문재인 정부의 한계에 대해서도 "능숙한 아마추어가 너무 많았다. 대체적으로 청와대와 내각 참모 진용의 국정 운용 행태에 아마추어적 모습이 적지 않았다"라며 "대통령의 개인기와 역량에 참모들이 따라가는 데 급급했다. 무엇보다 아쉬운 것은 정권 출범 이후 꽤 오랜 기간 지지율이 고공행진 할 때, 이후 닥쳐올 어려운 시기에 대한 대비가 부족한 게 아쉽다. 지지율에 취했다고 할까"라고 아쉬워했다. 인터뷰가 나간 뒤 그가 했던 이야기다.

---

*　황형준, 「양정철 "여 절박함 없어… 정권 재창출 비관적 요소 더 많아"」, 「동아일보」, 2021년 6월 8일.

"내가 오죽 고민하다 능숙한 아마추어라는 표현을 했겠어요? 아무도 용기 못 내는 것을 얘기해줘서 고맙다는 반응이 많았어요. 어르신들도 연락왔어요. 문재인 대통령 멘토가 네 명이 있어요. 송기인 신부, 조윤제 전 주미대사, 안경환 서울대 교수, 정연주 전 KBS 사장. 네 명이 문자 보내서 '우리 모두가 참고 있는 얘기를 해줬다. 내 주변 사람들이 다 봤습디다'라고 했습니다." — 취재 메모 중 🖱

그는 노무현과 문재인에 대해서는 "서로 다른 매력과 다른 장점을 가진 지도자다. 노무현이 장미꽃이라면 문재인은 안개꽃, 노무현이 인파이터 복서형이라면 문재인은 조정 선수형, 노무현이 탄산수면 문재인은 막걸리, 노무현이 카피라이터 기질이면 문재인은 시인적 기질"이라며 "두 분을 모신 게 행복했다"고 했다.

야권 일각에서는 그가 결과적으로 윤석열 정부의 공신 역할을 한 것 아니냐는 비판도 나온다. 양정철은 2016년 총선을 앞두고 윤석열 영입을 위해 처음 만나면서 윤석열과 적지 않은 친분을 쌓았다. 서울중앙지검장 발탁이나 검찰총장 임명, 조국 전 법무부 장관 수사로 어려움을 겪을 때도 당시 여권에 윤석열을 감싸는 등 엄호에 나섰던 것으로 전해졌다.

문재인 정부의 킹메이커였지만 그도 윤석열이 국민의힘 소속으로 대선에 출마할 것이라고 예상하지는 못했던 것이다.

소문의 남자… "엇갈리는 평가는 자업자득"

그는 정치권의 논쟁적인 인물이었다. 권모술수에 능하고 뒤가 구릴 것이라고 소문이 무성했다. 그를 가까이에서 지켜봤던 한 정치권 인사의 평가다.

> "양정철은 실제로 킹메이커 역할을 하고 대통령을 만든 사람이다. 그만큼 실제 기획력도 인정한다. 다만 그 과정이 투명한 게 아니라 대부분 음모적이어서 항상 장막 뒤에 있는 사람처럼 보이고 음흉한 이미지가 생긴 거다. 그리고 본인이 또 그걸 즐긴 것 아니냐? 뒤에서 자기가 조종하고 자기의 힘을 은근히 과시하고 다닌 거다. 그러니까 엇갈리는 평가는 자업자득이지 뭐…."

그도 희생은 할 만큼 했다. 정부 탄생의 일등공신이면 어느 자리라도 맡고 싶은 게 인지상정이었을 것이다. 그런데도 사실상 무보수 명예직인 싱크탱크 수장만 맡았고 끝까지 원칙을 지켰다. 여러 사람으로부터 여러 차례 도와달라는 요청을 받았지만 자리는 한사코 고사하고 은둔을 지향했다.

그는 앞으로도 공개석상이나 언론에 등장하지 않을 계획이다. 얼마 전 사석에서 공직은 아니더라도 교수로 후배들에게 가르침을 주거나 다른 적합한 일은 해야 하는 것 아니냐고 물었다. '양비는 먹고살 방도는 있는가?'라는 노무현의 말처럼 생계는 유지해야 하는 것 아니냐고도 했다. 하지만 그는 과거 대기업 다니며 모은 돈 등으로 생활하면 족하다고 했다. 그는 "다만 통합의 정치, 진영과 이념을 초월한 국가 도약에 필요한 일은 소리 없이 드러나지 않게, 잘할 수 있는 사람들을 돕는 게 낫다는 생각을 가지고 있다"고 했다.

앞서 대선을 앞두고 있던 2021년 11월에는 당내 초선 의원 특강에서 좋은 정치인이란 물러날 때를 알아야 한다는 소신을 밝히기도 했다. 물론 초선 의원들에게 돌출행동을 하지 말라고 경고하면서 나온 이야기다.

> "스타일리스트형 정치인은 제발 안 되셨으면 하는 간곡한 부탁을 드립니다. 하찮은 패션 따위로, 튀는 표현이나 말장난, 돌출행동 등으로, 그저 뜰 수만 있다면 SNS 통해 뭐든 하려는 분들을 많이 봅니다. 여야의 그런 모습이 정치를 희화화시키고 냉소와 조롱을 유발합니다. 각자가 정치적 정책적 신념은 확고히 가져주시되 행동에서는 팀보다 위대한 선수는 없다는 원칙을 지켜주셨으면 좋겠습니다. (중략) 저는 '스러짐의 미학'을 아는 사람이 좋은 정치인이라는 믿음을 갖고 있습니다. 즉, 국민과 공공을 위한 헌신과 희생 후 어느 때 스스로 소멸되어 가는 것이 아름다운지 정확히 아는 것이 좋은 정치라 생각하지요." — 취재 메모 중 🖱

"배 째드리지요." 그가 한 것으로 알려진 이 말에 대해서도 진위를 다시 확인해봤다. 2006년 8월 유진룡 당시 문화관광부 차관이 인사 청탁을 들어주지 않자, 대통령홍보기획비서관이었던 그가 청와대 행정관을 통해 이 같은 말을 했다고 보도된 적이 있다. 당시 기사를 찾아보니 양정철은 줄곧 사실이 아니라고 반발했지만, 그의 해명은 널리 알려지지 않고 기정사실화됐다. 그런 탓에 그의 강성 이미지는 고스란히 유지됐다.

이에 대해 당시 사정을 정확히 알고 있는 노무현 정부 청와대 출신 인사들은 "양정철이 그런 말을 한 적이 없다. '그가 그런 말을 했다더라고 누가 들었다고 하더라'가 전부인 '카더라'였다"고 설명했다. 양정철은 "당시 소송을 해서라도 진위를 가렸어야 했는데, 당시 민정수석실 만류로 적극 대응하지 못한 것이 천추의 한"이라고 억울해했다고 한다.

저서 『세상을 바꾸는 언어』에서 그는 평등, 공존, 배려 등의 개념으로 우리 의식을 좌우하는 언어의 중요성을 역설하고 있다. 말과 글의 힘을 아는 그이기에 오해는 오해였나 보다 생각이 든다. 필요에 따라 거친 언어를 쓰며 악역을 맡았지만 알고 보면 부드럽고 문재文才가 뛰어난 충신이었다.

그가 장막 뒤에서라도 통합과 협치를 위한 정치권을 만들어가는 데 기여해주길 바란다. 그러면서도 그의 뜻대로 시작이나 중간보다도 끝이 아름답기를, 벚꽃처럼 스러짐이 더욱 아름답기를 거듭 소망한다.

13화

'AI 검찰총장' 이원석의
법과 정치 사이

1969년 광주광역시 출생
1994년 서울대학교 정치학과 졸업
1998년 서울지방검찰청 동부지청 검사
2016년 서울중앙지방검찰청 특수1부장
2019년 대검찰청 기획조정부장
2021년 제69대 제주지방검찰청 검사장
2022년 대검찰청 차장검사
2022년 제45대 검찰총장

◆

2023년 2월 어느 날 오후 7시경. 퇴근을 앞둔 대검찰청 기획조정부와 형사정책담당관실 등 형사법제 관련 부서가 발칵 뒤집혔다. 오후 4시 38분경에 온라인에 뜬 기사 때문이었다. 검찰이 청구한 압수수색영장을 법원이 발부하기 전에 피의자와 검사 등을 심문할 수 있도록 한 형사소송규칙 개정안을 대법원 법원행정처가 입법예고했다는 내용이었다. 검찰로서는 이 개정안이 통과되면 수사 절차에 큰 변화가 생기고 수사의 밀행성이 보장되기 어려워지는 등 부작용이 우려되는 상황이었다.

문제는 두 시간 넘게 온라인에 올라온 이 기사를 대검 간부와 실무진 누구도 체크하지 못했다는 것이었다. '1만 검찰'의 수장인 이원석 검찰총장이 이 기사를 가장 먼저 본 것이다.

이원석은 옛날 상사들처럼 불같이 화를 내거나 감정적으로 대응하는 스타일이 아니었다. 평소에도 후배들에게 경어체와 존댓말을 사용하고 거의 말을 놓지 않는다. 하지만 아랫사람들로서는 경어체로 감정을 드러내지 않고 질책하는 꾸짖음이 더 무섭게 느껴진다고 한다.

> "어떻게 이런 내용을 아무도 모르고… 기사도 체크 안 할 수가 있습니까."

유관 부서는 꿀 먹은 벙어리가 될 수밖에 없었다. 이들은 이날 밤늦게까지 형사소송규칙 개정안이 미칠 영향과 대응 방안에 대한 보고서 등을 썼다는 슬픈 이야기. 이후 대검 각 과에서는 언론 모니터링 담당자를 지정해 일종의 '당번'을 서게 해, 다시는 이런 일이 벌어지지 않도록 내부 제도 개선(?)이 이뤄졌다고 한다.

전형적인 '똑부'… "혼자만 행복" 내부 불만도

2022년 5월 윤석열 대통령은 한동훈 법무부 장관을 임명한 다음 날 제주지검장이었던 이원석을 대검 차장검사로 임명했다. 한동훈과 사법연수원 27기 동기인 이원석은 검사장급에서 고검장급으로 승진했고 검찰총장 대행을 겸임했다. 대선이 끝난 뒤 더불어민주당이 일명 '검수완박'(검찰 수사권 완전 박탈) 입법을 밀어붙이면서 내부 반발이 거세진 상황에서 김오수 당시 총장이 임기를 채우지 못하고 물러난 시기였다.

그로부터 석 달 뒤 이원석은 윤 대통령으로부터 검찰총장 임명장을 받았다. 사실상 이를 염두에 둔 인사였던 것이다.

이원석이 대검 차장검사로 온 날부터 대검 간부들은 일이 너무 많아져 다음 인사만 기다린다는 이야기가 들렸다. 그의 스타일상 뭔가 생각나면 잊기 전에 그때그때 연락해 지시를 내리다 보니 간부들이 늦은 밤이나 주말에도 지시를 받는 경우가 적지 않았다는 것이다.

하지만 이원석의 입장에서는 검수완박으로 사실상 조직의 존폐 위기에 몰렸던 상황에서 이를 정상화하기 위한 시간이었다. 문재인 정부에서 이뤄진 검경 수사권 조정으로 수사권 일부가 줄다 보니 이미 노하우나 기법 등이 현장에 전수되지 않고 마약범죄, 금융·증권범죄 등이 기승을 부리는 폐단도 생겨났다. 검찰 본연의 역할을 회복하기 위해 마음이 조급할 수밖에 없었다. 2023년 5월 이원석과 사석에서 나눈 이야기다.

> "작년에 대검 차장, 총장 대행으로 처음 왔을 때 직원들도 거의 업무에 손을 놓고 있었습니다. 작년과 비교하면 올해는 일을 30퍼센트는 더 하고 있어요. 당시 주저앉아 있는 정도가 아니라 쓰러져 있는 사람을 앉히고, 그 다음에 일으켜 세우고 걸으라고 하고 뛰라고 하는 게 제 역할이었습니다. 1년 하니까 이제 겨우 이 정도된 것입니다." — 취재 메모 중 🎙

아랫사람들이 가장 좋아하는 상사는 '똑게'(똑똑하고 게으른)형이고, 가장 꺼리는 상사는 '똑부'(똑똑하고 부지런한)형이다. 이원석의 단점도 똑부형 상사의 단점과 유사하다. 본인이 가장 잘 알기 때문에 지시할 게 많고, 후배 검사들이 못미더워 보일 수밖에 없다. 잔소리가 많아질 수밖에 없는 상황.

이원석은 취임 이후 사적인 만남이나 식사 자리를 거의 하지 않는다. 뒷말이 나오지 않도록 몸가짐을 조심한다. 그 대신 점심에는 각계각층의 명사들을 대검으로 초청해 강연회를 열거나 오찬을 함께한다. 세상 돌아가는 이야기와 검찰에 대한 시각 등을 경청하기 위해서다. 박한철 전 헌법재판소 소장과 최재천 이화여대 석좌교수, 김훈 소설가 등을 초청해 직원들과 공개 강의를 듣거나 비공개 오찬을 함께하기도 했다.

외부 일정도 많이 가졌다. 주한 캄보디아 대사, 주한 중국 대사, 주한 태국 대사, 주한 키르기스스탄 대사 등을 만났고, 방한한 외국 수사기관 관계자들과도 직접 만나 범죄인 인도와 국제수사 공조 등 협력을 당부하기도 했다.

공개 일정을 소화한 뒤에는 검찰 내부망에 사진과 함께 총장 동정이 올라온다. 한 검찰 간부는 "동정 사진에서 총장님의 웃는 모습을 보며 직원들이 '총장님 혼자 행복한 것 같다'는 말을 우스개로 하곤 한다"고 전했다. 총장의 바쁜 일정 때문에 일부 직원들이 고생을 하고 있다는 뼈 있는 말이다. 또 직원들이 몰라도 될 일정까지 굳이 공유된다는 지적도 있다. 다른 총장 때는 없었던 일이다.

총장이 모든 기사를 다 볼 정도로 꼼꼼하게 읽고 언론에 민감해 직원들이 전임 총장 때에 비해 일이 많아졌다는 볼멘소리도 들린다.

직접 격려 전화에 직원들은 보이스피싱으로 오해하기도

그럼에도 대검 내부에서는 이원석에 대한 '용비어천가'가 대부분이다. 한 대검 간부의 말이다.

> "총장님을 보면 정말 존경스럽다는 말밖에 안 나온다. 전형적인 똑부형 상사라 같이 일하기가 너무 힘들지만 배울 게 많다. 솔선수범하는 데다 맞는 방향으로 맞는 말만 하니 따르지 않을 수도, 미워할 수도 없다." — 취재 메모 중 🎤

이원석이 업무 지시와 채찍질만 하는 것은 아니다. 그는 '칭찬은 고래도 춤추게 한다'는 말의 의미를 잘 이해하고 있다. 그는 매일 30분 정도 할애해 일선 검찰청에 전화를 하거나 단체 메시지방을 열어 격려와 위로의 메시지를 보낸다. 검사뿐만 아니라 수사관, 실무관 등 모든 직원에게 해당된다. 우수 직원으로 뽑힌 직원에게는 칭찬을 아끼지 않고, 건강이 좋지 않거나 조사 등 힘든 일을 겪은 구성원에게는 따뜻한 말을 건넨다. 총장과 직접 소통할 기회가 없는 평검사나 수사관들이 처음에 연락을 받고 '보이스피싱'인 줄 알았다고 한다.

실제 그는 굉장히 자상하고 상냥한 사람이다. 어린 시절부터 대학생을 거쳐 검사로 일하는 동안에도 그를 만난 사람들은 깍듯하게 예의를 갖춘 모습에 깊은 인상을 받았다고 한다. 아랫사람에게도 존댓말을 쓰고 조곤조곤하며 부드러운 말투를 사용한다. 다정다감한 '부드러운 카리스마'다. 특히 공권력을 사용하고 단죄하는 검찰인

만큼 늘 겸손과 경청, 소통 등을 강조한다. 그가 총장으로 취임하며 강조했던 말이다.

"일하는 데 있어 최소한 법法에 맞게, 다음으로 세상의 이치理致, 상식에 맞게, 마지막으로 사람 사는 인정人情까지도 헤아리는 겸허한 검찰인이 되도록 노력합시다."

- 2022년 9월 16일 대검찰청에서 열린 제45대 총장 취임식에서

"우리는 '옳은 일'을 '옳은 방법'으로 '옳게 하는' 사람들입니다. '검찰의 일'에 대하여 합리적이고 건강한 비판을 넘어선 거짓 주장이나 근거 없는 비난을 접하게 되면, 그 괴로움은 이루 말할 수 없습니다. 그러나 이에 휩쓸리지 않고 담담하고 용기 있게 우리가 '해야 할 일'을 반듯하게 해내야 합니다. 난무하는 '주장'이 아니라, 원칙을 지키고 절차를 거쳐 오로지 증거와 법리에 따라 '팩트'를 찾고 '진실'을 밝혀 그 결과를 보여주면 됩니다. 이는 어두운 동굴 속에서 흔들리는 작은 등불 하나에 의지하여 환한 출구를 찾아가는 것과 같은 지난한 과정이 될 수 있습니다. 이리저리 부딪히고 넘어지면서도 좌절하지 않고 용기 내어 다시 일어나야 합니다."

- 2023년 1월 2일 신년사에서

민주화 항쟁·법복 보고 자란 '아인슈타인'

1969년 광주에서 태어난 이원석은 동네 수재였다. 광주 지산동에 위치한 동산초를 다니는 동안 전교 1등을 놓치지 않았다. 초등학교 동창인 더불어민주당 소속 김유정 전 의원은 "우리 어머니 기억에 IQ는 이원석이 전교 1등이었고, 내가 2등이었다고 하더라"며 "학생 때 피부가 하얗고 귀여운 외모여서 여학생들에게도 인기가 많았고 반장도 도맡아 하며 총명했다"고 전했다.(외모 얘기가 나온 김에… 그는 자신의 적은 머리숱을 '셀프 디스'하며 유머 소재로 삼는다. 이원석은 대학생 때 '개구리 왕눈이', '미키마우스' 등 귀여운 별명을 갖고 있었다. 요즘 누리꾼들 사이에서는 '미니언즈'라는 별칭도 붙었다고 한다.)

동산초는 광주지법과 광주지검 등이 있는 법조타운 바로 앞에 위치해 있었다. 어린 시절부터 검사와 판사의 법복을 보고 자란 게 그가 공직자 중에서 법조인을 선택하게 된 배경 중 하나라는 지인들 전언이다.

동산초, 동성중을 졸업한 뒤 광주 동신고를 다니던 그는 고2 때 상경해 서울 중동고를 다녔다. '전라도 촌놈'이 서울 강남의 명문고에 들어온 것인데, 그는 전학하자마자 반에서 1등을 해 주변의 놀라움을 샀다고 한다. 당시 별명은 '아인슈타인'. 물리학자 알베르트 아인슈타인Einstein의 이름이 하나의 돌one stone이라는 뜻이어서 '원석'과 같다는 것이다. 광주 5·18 민주화운동을 모르는 서울 친구들에게 피 흘리던 대학생을 숨겨준 일화 등에 대해 이야기해줄 정도로 정치적으로 조숙했고 김대중 전 대통령을 존경했다고 한다.

학생 시절부터 그는 이미 『논어』, 『맹자』, 『장자』, 『한비자』 등을 읽었다. 중국 역사와 한학漢學과 서예에 조예가 깊었다. 정확한 표현을 찾기 위해 국어사전, 유사어사전 등을 늘 꼼꼼히 읽었고 단어하나하나를 신중하게 썼다고 한다. 마르크스와 칸트 등 독일 철학과문학에도 관심이 많았다고 한다. 독일어를 잘했고 이런 영향으로 그는 평검사 시절 연수 기회가 주어지자 독일에서 연수를 했다.

그가 대학교 1학년이 된 1987년은 6월 민주항쟁이 있던 해였다. 중동고와 서울대 정치학과 87학번 동기로 단짝이었던 김동규의이야기다.

"(원석이가) 대학 다닐 땐 운동권은 아니지만 PD(민중민주) 그룹 선후배들과 교류가 많았다. 1987년 때도 명동에서 열심히돌도 던지고(웃음)…. 학내에서 집회가 있으면 꼬박꼬박 참석해서 토론하고 그랬다. 기본적으로 그 친구는 정치와 민주화에 관심이 많았고, 나보다는 훨씬 민주주의에 대한 열정이 강했다. 2학년까지는 거의 매일 정치 상황과 자본주의와 사회주의, 남북통일, 국가와 정치의 존재 이유 등 정치·사회 분야에 대해 밥 먹으며, 소주잔 기울이며 아침부터 밤까지 토론을했다. 그러다 2학년을 마쳐가는 1988년 12월 원석이가 '이제민주주의가 틀이 잡혀가는 것 같다. 나도 직업을 찾아봐야겠다. 사법시험을 봐서 법조인이 되겠다'고 했다. 그래서 나는'경북 상주에 있는 절에 같이 들어가지 않을래?'라고 했고,그래서 상주에 있는 절에 가서 두 달을 같이 지내며 고시 공부를 시작했다."

익명을 요구한 서울대 정치학과 87학번 동기인 A 변호사는 『시사저널』 인터뷰에서 이 같은 일화를 거론하기도 했다.

> "당시 서울대 정치학과 교수가 민정당 청와대(5공 전두환 정부) 쪽으로 들어갔다. 학생들이 교수를 엄청나게 질타했었다. 당시 시대 분위기가 그랬다. 이때 원석이가 '선생님의 의견을 우리가 흥분하지 않고 들어본 뒤 따질 것을 따지는, 이런 과정이 필요하지 않겠냐'고 주장했던 것이 기억에 남아 있다. 이 총장은 자기주장을 내세우기보다 먼저 주변 이야기를 충분히 들어보는 그런 스타일이다."*

이원석은 시험에 빨리 붙은 것도, 그렇다고 늦은 것도 아니었다. 중간에 군 복무를 하며 일명 '방위'로 상병 제대했고, 군 복무 후 고시 공부에 집중해 1995년 사법시험에 합격했다. 사법연수원 27기로 입소한 이원석은 1996년 입소 후 5학번 아래, 나이는 네 살 어린 한동훈과 6반 A조에서 2년간 동고동락했다. 소년 급제한 한 장관이 17~20명이 있는 A조에서 막내였다고 한다. 두 사람을 가르쳤던 한 연수원 교수는 "그 시절부터 둘 다 총명하고 눈에 띄었다. 단 1도도 흐트러지지 않았다"고 회상했다. 지도교수였던 조대현 전 헌법재판소 재판관은 이원석에게 판사 임관을 권유했지만 그는 검사가 됐다.

* 　김현지·조해수, 「이원석 검찰총장, 전라도 촌놈~PD파 대학생~열혈 평검사~'이재명 수사' 총지휘까지」, 『시사저널』, 2023년 2월 25일(1741호).

"왼손은 거들 뿐… 거들면 진실은 드러나게 마련"

1998년 임관한 그는 서울지검 동부지청(현 서울동부지검)에서 검사 생활을 시작해 부산지검, 서울중앙지검, 수원지검, 법무부 등에서 근무했다. 그가 두각을 나타낸 것은 서울중앙지검 금융조사부에서 2005년 삼성에버랜드 전환사채 사건을 맡으면서다. 2007년 삼성 비자금 특검팀의 파견검사이자 대검 반부패부장 출신의 강찬우 변호사는 "이원석이 혼자 어려운 사건의 공소유지를 맡았는데도 꼼꼼하게 추가 수사까지 착착 진행해났더라"며 "그때 조직 내에서 눈에 띄었고 윗분들에게 높은 평가를 받았다"고 말했다.

이후 그는 삼성 비자금 특별수사팀, 대검 연구관, 대검 수사지휘과장, 서울중앙지검 특별수사1부장 등 요직을 거쳤다. 특수1부장 시절에는 2016년 법조 비리 의혹으로 번진 정운호 게이트를 수사했다. 당시 홍만표 전 검사장 등 전관 변호사들이 수사선상에 오르자 검찰 고위층에서는 '가장 공정하게 수사할 수 있는 이원석에게 맡겨라'라고 했다고 한다.

2016년 10월 법조 비리 의혹 수사를 마친 뒤 한 달가량 현안 사건이 없을 무렵이었다. 당시 국정농단 사건이 불거지면서 형사7부에서 이를 맡고 있었다. 여론이 좋지 않았다. "왜 특수부에서 수사를 하지 않느냐"고. 불안한 예감은 항상 들어맞는다고 했던가. 결국 이영렬 당시 서울중앙지검장이 그를 불러 수사를 나눠 맡겼다.

"그래서 제가 후배 검사들을 불러 놓고 이렇게 말했습니다. 과거 조선시대 등 옛날이면 이런 수사를 잘못하면 목을 내놓아야 했죠. 하지만 지금은 아닙니다. 한직으로 밀려나도 검사를 계속할 수 있지 않습니까. 우리는 거들기만 하면 됩니다. 〈슬램덩크〉에 나오는 말이지만 우리는 농구에서 왼손이에요. 거들기만 하면 됩니다. 진실은 드러나게 마련입니다. (중략) 실제 정호성의 녹취와 안종범의 수첩에서 최순실의 국정농단이 다 드러났습니다. 정호성은 자기가 20여 년 한 번도 보안을 어긴 적이 없다고 하더라고요. 그런데 옛날 폰이 어디에 있는 줄도 모르다가 우리가 찾아낸 것이지요. 그날 정호성이 와이프를 붙잡고 펑펑 울었다고 합니다. 그렇게 진실의 힘이 무섭습니다." — 취재 메모 중 🖱🕊

결국 이원석이 지휘하는 수사팀은 탄탄한 수사를 통해 증거를 모았고, 2017년 3월 박 전 대통령을 직접 조사한 뒤 구속했다.

이후 그는 여주지청장과 대검 해외불법재산환수 합동조사단장을 지낸 뒤 윤 대통령이 총장이던 시절 대검 기획조정부장으로 같이 호흡을 맞췄다. 그러다 윤 대통령이 문재인 정부와 각을 세우기 시작하면서 이원석은 수원고검 차장검사와 제주지검장 등 검사장 자리 중 우선순위가 떨어지는 곳으로 좌천됐다. 하지만 정권교체 뒤 대검 차장검사를 거쳐 전임 총장보다 7기수 아래 총장으로 발탁됐다.

이원석은 총장이 된 지금도 후배들이 써온 보고서 등을 빨간펜이 아닌 '파란펜'으로 고치며 수정작업을 한다고 한다. 이를 두고 과거 부장검사 시절 바로 밑에 있던 한 부부장검사는 "A4 용지를 짜면 양동이에 파란 물이 고일 정도"라고 농담 반 진담 반으로 불평을 하기도 했다. 이에 대해 이원석은 "절대 불쾌하거나 기분 나쁘게 생각하지 마라. 왜냐하면 나는 여러분들하고 같은 팀에서 우리 팀이 이기게 하기 위한 코치인데, 코치가 '너 얼마나 잘하는지 보자' 하고 반대편에 서서 이야기하는 게 아니다. 같은 편에 서서 같은 목적을 갖고 가는 거다. 우리가 같이 힘을 합쳐서 하는 거고, 내가 조금이라도 힘이 더 되기 위해 하는 것"이라고 차분히 설명했다고 한다. 그게 자신에게 주어진 일이자 역할이라는 취지다.

이원석은 전형적인 선비 스타일로 독서와 산책, 등산 등이 취미다. 매일 다독多讀한 뒤 걸으며 다상량多商量하는 스타일이다. 단벌 신사에 외모에는 관심이 없고 검소한 생활을 신념으로 여긴다. 실제 총장 청문회를 준비하면서 이원석 집에 가본 직원들이 다들 엄청 놀랐다고 한다. 집에 책이 많고 불필요해 보이는 물건이 하나도 없는 정갈함 그 자체였다고 한다. "조선시대 선비 집이 이랬을 것 같다. 미니멀리즘을 실현한 것 같다"는 말이 나왔다고 한다.

장미같이 화려하면서도 세련된 '엄친아' 이미지의 한동훈과는 대조적으로 이원석은 은은한 향기를 내는 난초 같은 이미지를 갖고 있다.

비非법학 전공자로서 첫 검찰총장

현행 제6공화국 헌법을 만든 1987년 민주화 이후 21대 이종남 검찰총장부터 45대 이원석에 이르기까지 그는 유일하게 법학도가 아닌 정치학도 출신 총장이라는 특징도 있다. 25명 중 서울대 법학과 졸업생이 18명, 고려대 법학과 졸업생이 6명, 그리고 유일하게 서울대 정치학과 졸업생이 이원석이다. 민주화 이전에는 서울대 법대의 전신인 경성제국대 법학과, 고려대 법대의 전신인 보성전문 법학과, 일본 대학 등의 출신이 많았다.

윤 대통령은 검사이자 검찰총장 출신이 대통령이 된 첫 사례다. 근래에는 검찰총장 출신이 정치를 하거나 다른 자리로 간다는 것 자체가 금기시돼왔지만 20여 년 전만 해도 흔한 일이었다. 가장 가깝게는 김대중 정부인 1999년 5월 김태정 검찰총장은 바로 법무부 장관으로 자리를 옮겼고, 김영삼 정부의 김도언 총장은 15대 국회의

✦ 민주화 이후 역대 검찰총장 이력

민주화 이후 역대 검찰총장 이력					
		성명	임기	대학 전공	퇴임 후 경력
노태우 정부	21대	이종남	1987년 5월 ~ 1988년 12월	고려대 법학	감사원장 등
	22대	김기춘	1988년 12월 ~ 1990년 12월	서울대 법학	대통령비서실장 등
	23대	정구영	1990년 12월 ~ 1992년 12월	서울대 법학	법무부 장관
	24대	김두희	1992년 12월 ~ 1993년 3월	서울대 법학	법무부 장관
김영삼 정부	25대	박종철	1993년 3월 ~ 1993년 9월	서울대 법학	
	26대	김도언	1993년 9월 ~ 1995년 9월	서울대 법학	15대 국회의원
	27대	김기수	1995년 9월 ~ 1997년 8월	고려대 법학	
	28대	김태정	1997년 8월 ~ 1999년 5월	서울대 법학	법무부 장관
김대중 정부	29대	박순용	1999년 5월 ~ 2001년 5월	서울대 법학	
	30대	신승남	2001년 5월 ~ 2002년 1월	서울대 법학	
	31대	이명재	2002년 1월 ~ 2002년 11월	서울대 법학	
	32대	김각영	2002년 11월 ~ 2003년 3월	고려대 법학	
노무현 정부	33대	송광수	2003년 4월 ~ 2005년 4월	서울대 법학	
	34대	김종빈	2005년 4월 ~ 2005년 10월	고려대 법학	
	35대	정상명	2005년 11월 ~ 2007년 11월	서울대 법학	
	36대	임채진	2007년 11월 ~ 2009년 6월	서울대 법학	
이명박 정부	37대	김준규	2009년 8월 ~ 2011년 7월	서울대 법학	
	38대	한상대	2011년 8월 ~ 2012년 11월	고려대 법학	
박근혜 정부	39대	채동욱	2013년 4월 ~ 2013년 9월	서울대 법학	
	40대	김진태	2013년 12월 ~ 2015년 12월	서울대 법학	
	41대	김수남	2015년 12월 ~ 2017년 5월	서울대 법학	
문재인 정부	42대	문무일	2017년 7월 ~ 2019년 7월	고려대 법학	
	43대	윤석열	2019년 7월 ~ 2021년 3월	서울대 법학	21대 대통령
	44대	김오수	2021년 6월 ~ 2022년 5월	서울대 법학	
윤석열 정부	45대	이원석	2022년 9월 ~ 현재	서울대 정치학	

원을 지냈다. 노태우 정부에서는 정구영, 김두영 총장이 법무부 장관을 지냈고, 이종남 총장은 시차를 두고 1987년 총장, 1990년 법무부 장관, 1999년 감사원장을 지냈다. 또 김기춘 총장은 법무부 장관을 지낸 뒤 15·16·17대 국회의원을 지낸 뒤 박근혜 정부에서 대통령비서실장을 지냈다.

이원석 스타일상 검찰총장까지 한 사람이 당에서 공천을 받아 '초선' 의원으로 활동하지는 않을 것이다. 대신 법조계에서는 한동훈 이후 법무부 장관으로 발탁되거나 감사원장 등 다른 공직으로 진출할 가능성이 있다는 이야기가 나온다. 물론 그가 2년 임기의 검찰총장직을 어떻게 마무리하느냐가 그 길을 좌우할 것이다. 또 정치는 생물이라 그가 '제2의 윤석열'이 되지 말라는 법도 없다.

이원석은 정치학 전공자라는 이유로 검사가 되고 나서는 선배 검사들에게 "나중에 정치를 하려고 하느냐"는 이야기를 많이 들었다고 한다. 이와 관련해 재미있는 일화가 있다. 서울대 총장과 국무총리를 지낸 이수성 전 총리는 이원석과 같은 경기도 '광주 이씨' 종친으로, 이원석에게는 할아버지뻘이라고 한다. 이수성이 대선 후보로 거론되던 2007년경 이원석은 서울 서초구 예술의전당 마당에서 우연히 이수성 부부를 만나 인사를 하고 덕담을 들을 기회가 있었다. 이수성이 "자네는 정치학 전공인데 왜 정치를 하지 않고 검사를 하고 있냐"고 물었다고 한다. 그러자 이원석은 이수성에게 웃으며 "총리님은 법학을 전공하셨는데 지금 정치를 하시지 않느냐"고 했다. 이원석의 재치 있는 답변에 이수성 부부는 활짝 웃었다고 한다.

'법불아귀法不阿貴' … 권력에 흔들리지 않는 검찰 강조

필자는 이원석이 2017년 8월 서울중앙지검 특수1부장에서 여주지청장으로 발령이 난 뒤 여주로 가서 팀 선배와 함께 그를 만난 적이 있다. 여주에 있는 한 식당에서 만찬을 한 뒤 그는 서울로 돌아가는 우리를 버스터미널까지 차로 데려다줬다. 여기까지는 통상적인 배웅이었다.

하지만 그는 거기에서 그치지 않고 버스터미널에 들어와 버스에 탈 때까지 기다렸다가 버스가 시야에서 사라질 때까지 손을 흔드는 극진한 예의를 차렸다. 차창 안에서 바라봤던 그의 모습이 오래 기억에 남았다. 『삼국지』에 나오는 유비劉備가 노인을 등에 업고 세 번이나 개울을 건넌 것처럼 시작한 것은 중간에 그만두지 않고 매사를 끝까지, 정성껏 하는 사람이 아닐까 하는 생각이 들었다.

'1도'도 흔들리지 않으면서도 겸손하고 신중하고 중용의 미덕을 갖춘 이원석은 검찰 내부는 물론이고 외부에서도 신망이 두터운 사람이다. 인사청문회에서도 야당이 결점을 찾기 어려워 보좌관들이 "이게 실화實話냐"는 반응을 보였다는 후문이다.

당초 이원석이 총장으로 임명되자 "총장의 공간이 없는 것 아니냐"는 우려도 있었다. 실세 한동훈에게 휘둘려 조직 장악이 어렵거나 검찰 인사 등에서 총장이 행사할 수 있는 권한이 적을 것이라는 관측이었다.

하지만 요즘에는 '검수완박' 등 위기에 몰렸던 검찰 조직이 이원석을 중심으로 안정화됐다는 평가가 나온다. 한 검찰 간부는 "총장은 『장자』에 나오는 '목계지덕木鷄之德'처럼 나무로 만든 닭처럼 작

311

은 일에 흔들림이 없고 교만함, 조급함 없이 완전히 자신의 감정을 제어할 줄 아는 능력이 뛰어나다"며 "목계지덕의 최고수"라고 평가했다.

민주당 이재명 대표 등 야권을 향한 수사에 대해 박수를 치는 여권의 지지층도 있지만, 검찰이 야당을 탄압하고 있다거나 사법이 정치의 한가운데로 뛰어들고 있다는 반발도 적지 않다. 윤석열 정부 출범 이후 이재명 관련 의혹은 물론 민주당 전당대회 돈봉투 의혹 등 야권을 겨냥한 수사가 여권 수사보다 양적으로 훨씬 많은 것은 부인하기 어렵기 때문이다. 특히 이재명에 대한 구속영장이 기각되자 무리한 수사라는 지적도 나오고 있다. 또 김건희 여사가 연루된 도이치모터스 주가조작 사건 등은 당사자 조사 없이 2년 넘게 처리가 지연되고 있어 야권에서는 '봐주기 수사'라고 비판하고 있다.

이로 인해 검찰의 공정성과 중립성도 흔들리고 있다는 지적도 나온다. 그나마 '진실의 힘'을 알고 있는 이원석이 총장으로 있기에 '아니겠지…. 나오는 대로 수사하는 것이겠지'라고 검찰을 옹호하는 시각이 있다. 그만큼 이런 의구심을 더욱더 해소하는 게 그의 역할이 될 것이다.

이와 관련해 그는 2023년 9월 이재명 구속영장이 법원에서 기각된 날 "(이재명 관련 수사는) 모두 이전 정부에서 시작된 것이다. 제가 검찰총장 임기에 들어가기 전부터 진행돼왔던 수사"라며 "검찰은 지금까지 그렇게 해왔던 것처럼 앞으로도 오로지 증거와 법리에 따라서만 수사와 재판, 그리고 사법 절차에 충실히 임하도록 할 생각"이라고 강조했다. 그러면서도 "사법은 정치적 문제로 변질될 수도 없고, 또 변질되지도 않는다"며 "우리 헌법과 법률에서 정해놓은 사법 절차라는 틀 안에서 사건 관계인도 본인들의 권리를 주장하고, 또 마찬가지로 사법 절차에 관여하는 기관들도 미리 정해놓은 사법 절차의 틀 안에서 충실하게 자기 책무를 다하는 것"이라고 말했다. 정치적 판단에 따른 수사와 법원의 판단이 아니라는 점을 국민들에게 거듭 설명하며 사법기관에 대한 신뢰를 당부하려는 취지로 풀이된다.

그가 자주 인용하는 『한비자』의 문구 '법불아귀法不阿貴(법은 신분이 귀한 자에게 아부하지 않는다) 승불요곡繩不撓曲(먹줄은 굽은 것을 따라 휘지 않는다)'처럼 정치권력에 흔들리지 않는 검찰이 되기를 바란다. 정치와 법을 모두 공부한 그라면, 둘 사이의 최적점을 찾아내는 종합예술을 보여줄 수 있지 않을까.

14화

'비인간적 스펙' 김관영의
대학 때 별명은 '스트립'

동아일보

1969년 전북 군산 출생
1991년 성균관대학교 경영학과 졸업
2002년 김앤장 법률사무소 변호사
2012년~2020년 제19·20대 국회의원 (전북 군산시. 민주통합당·국민의당)
2013년 민주당 수석대변인
2016년 국민의당 원내수석부대표
2018년 바른미래당 원내대표
2022년 제36대 전라북도지사

학창 시절에 꼭 그런 친구가 있다. 잘 놀면서 공부도 잘하는 친구. 경쟁자를 의식해 공부 안 한 척 안심시키고 몰래 공부하는 '왕 재수'도 아니다. 콩 한 쪽도 나눠 먹지, 화장실에서 몰래 초코파이를 까먹는 '이등병'도 아니었을 것이다. 반장은 고3 때 한 번 맡았을 뿐이지만 오락부장은 학년마다 늘 맡았다.

누구에게나 진심으로 대해주기 때문에 여야를 떠나 적敵이 없다. 친화력이 있고 무엇보다 소탈하고 인간적이다. 최연소 공인회계사 시험 합격을 포함해 행정고시, 사법시험 등 고시 3관왕 스펙spec이 비인간적일 뿐….

김관영 전북도지사(이하 김관영)는 늘 웃는 상이다. 실패를 겪어도 좌절하지 않는 자신감이 있다. 아무리 수재여도 하나도 통과하기 어려운 고시를 세 개나 패스한 경험이 그의 밑천인 것이다. 2011년 펴낸 자서전의 제목 『저를 만나면 즐거우시죠?』에서도 자신감이 넘친다. 누구든 행복 바이러스로 즐겁게 해줄 자신이 있다는 거 아닌가.

6남 중 5남… '리어카에서 태어날 뻔했던 아이'

"참말이지, 관영이 너는 리어카에서 나오는 줄 알았어야."[*]

그의 자서전에 따르면, 1969년 전북 군산시 학당군(당시 지명은 옥구군 회현면 학당리)에서 6남 중 5남으로 태어난 김관영은 어머니로부터 이런 말을 자주 들었다. 채소 장수인 어머니가 산통을 느끼고 귀가하던 중에 진통을 겪었기 때문이다. 어머니는 버스 정류장 앞 가게 아주머니에게 도움을 요청해 리어카에 실려 집에 온 뒤 무사히 자택에서 그를 출산했다. 아버지와 어머니는 농사일을 하면서 시장에서 채소 등을 팔았다.

김관영도 어릴 때부터 농사일을 거들었다. 오이 심고, 농약 주고, 가지 심고, 배추 다듬고, 마늘 심고, 생강 심고… 일 년 내내 농사는 이어졌다. 아버지는 "공부를 하기 싫으면 나랑 같이 농사짓자"는 말씀을 많이 하셨다. 어린 마음에도 농사는 너무 힘들고 이문이 별로 남지 않는 일이라 그 말이 무서웠다고 한다.

아들만 여섯인 형제들은 용감했다. 싸움을 하건 농사일을 하건 단결 하나는 끝내줬다. 형들은 동생들이 공부할 수 있게 도와줬고 희생했다. 김관영은 형제들 사이에서 정치와 사회를 배웠다.

[*]   김관영, 「저를 만나면 즐거우시죠?」, 블루프린트, 2011.

김관영이 천재는 아니었다. 어렸을 때는 형들로부터 "야, 우리 집에 너같이 공부 못한 사람은 없었다"는 소리를 들었다. 중학교 3학년 때부터 열심히 해서 240명 중 3등으로 졸업했다. 군산제일고에도 전교 18등 정도로 입학했지만 점점 공부에 재미를 붙였다. 대입 학력고사를 예상보다 잘못 보았지만, 아버지는 재수는 절대 안 된다고 했다. 큰형의 조언으로 이과에서 문과로 바꿔 성균관대 경영학과에 입학했다.

1987년 대학교 1학년 때 열심히 데모에 참여하며 화염병을 던지는 등 '열혈청년'으로 지냈다. 6월 민주항쟁으로 6·29 선언이 이어지자 큰형은 여름에 "시골 부모님 생각하고 네 자신도 생각하면서 공부를 좀 해라"라며 상업부기 학원 수강증을 끊어줬다. 2학기부터 성균관대 고시반에 들어가 회계사 시험을 준비했다.

그는 경제학 등을 공부하며 재미를 느꼈다. 다음 해 4월 치러진 1차 시험에서 객관식 문제가 굉장히 쉽게 나왔다. 1차 합격자 발표가 6월이고 8월에 2차 시험 예정이었는데, 그는 그때까지도 떨어졌다고 생각하고 1차 시험 준비를 다시 하고 있었다. 그런데 덜컥 합격했고 11월 최종 합격자 발표에서 230명 중 자신의 이름을 발견했다. 성대 고시반에서 2학년이 합격한 것도 처음인 데다, 학교를 1년 일찍 들어간 김관영은 만 18세 최연소 합격자로 소개됐다. 그는 이 과정에서 "시험장에서는 끝까지 최선을 다해야 한다. 그리고 시험 준비할 때 나는 무조건 된다고 생각하고 공부를 해야 한다"는 교훈을 얻었다.

비인간적 스펙… 김관영의 공부법

"공부와 관련된 일반 원칙 중에서 가장 중요한 것은 '집중력'을 높이는 것이다. 공부를 잘하고 못하고의 차이는 결국 집중력의 차이다. 집중력을 높이기 위해서는 첫째, '동기부여'가 중요하다. 가난과 역경에도 좌절하지 않고 오히려 그것을 새로운 도전의 기회로 삼는다는 정신, '헝그리 정신' 같은 것이다. 집중력 다음으로 중요한 것은 실천력을 기르는 것이다. 실천력은 '성공하는 습관'을 들이는 것이다. (중략) 내가 개발한 나만의 학습법은 '나만의 책' 만들기이다. 요즘은 이런 식의 학습법을 '단권화' 작업, '오답 노트' 만들기라고 하면서 장려하는 것을 보면, 그 효과가 검증된 것이라고 할 수 있다."*

재학 중에 회계사 시험에 합격한 김관영은 지도교수로부터 행정고시를 준비하라는 조언을 듣고 다시 행정고시반에 들어갔다. 다시 한번 최연소 합격을 하겠다는 욕심이 있었지만 1차에서 두 번 떨어졌다. 3년 9개월 동안 고시반에 있으면서 결국 1992년 10월 합격했다.

대학과 대학원을 다닐 때 과외 아르바이트를 하면서 고시 공부를 했다. 교사를 꿈꾸던 아내를 만나서 내조를 받았고, 1995년 4월 회계장교로 입대하기 전에 결혼식을 올렸다.

원래 사법시험을 볼 생각은 아니었다. 그런데 경제기획원(현 기

---

*   김관영, 「저를 만나면 즐거우시죠?」, 블루프린트, 2011.

획재정부)에 배치되고 보니 법안을 만드는 과정이 재미있었다. 마침 군대에서 오후 다섯 시 퇴근 후에는 시간을 낼 수 있어 법 공부를 시작했다. '이렇게 할 바에야 제대로 하자'는 생각이 들어서 아예 고시를 목표로 공부를 시작했다. 두 번의 낙방 끝에 군대를 마치기 직전인 1998년 1차 시험에 합격했다. 제대 후에 공부 시간 확보를 위해 정부과천청사 옆에 고시원을 얻어 '주경야독'을 했다.

형을 따라 성균관대에 입학한 김관영의 막냇동생 김형완도 함께 사법시험을 준비하며 자료 등 도움을 줬다. 형제는 나란히 1999년 합격해 언론의 주목을 받았다.

"같은 대학을 나온 형제가 나란히 사법고시 2차에 합격했다. 주인공은 김관영金寬永(31) 형완炯完(26) 씨 형제. 특히 형 관영 씨는 88년 공인회계사자격증CPA, 92년 행정고시 합격에 이어 '고시 3관왕'에 올랐다. 그는 현재 재경부 감사담당관실에 근무하고 있다. 전북 옥구군 회현면에서 농사를 짓고 있는 김씨 형제의 부모는 무엇보다 형제애를 강조했다. 이 때문에 이들 형제는 이번 합격이 너무나 기쁘다고 말했다. 이들 형제는 성균관대 동문으로 각각 경영학과와 행정학과를 졸업했다. 형제는 이 대학 사법고시 준비반인 '양현관'에서 함께 시험준비를 했다. 동생은 낮에 자료를 정리해 퇴근 후 양현관을 찾은 형에게 줬고 형은 슬럼프에 빠진 동생을 격려했다. 이들 형제는 23일 면접만 남겨놓아 사실상 합격한 상태. 관영 씨는 재경부에서 계속 근무할 예정이며 형완 씨는 판사나 검사를 희망하고 있다." - 「동아일보」, 1999년 11월 10일자 중 그 스스로 본인이 머리가 좋거나 뛰어난 학생은 아니었다고 여긴다. 중학교 시절 IQ 테스트 결과도 113이었다고 한다. 대신 그는 남들보다 강한 인내심과 의지를 가지고 있다. 그는 "내가 마땅히 자랑스러워해야 할 것은 그러니까, 세 개의 합격증이 아니라 그 과정에서 기울였던 나의 '열심'이라고 생각한다"고 했다.

대학 시절 별명은 '스트립'…
'가장 김앤장 같지 않은 변호사'로 불려

공부도 공부지만 그는 놀기도 잘 노는 이른바 '무대 체질'이었다. 노래를 잘했고 중학교 소풍 때 장기자랑으로 시골 약장사 촌극을 벌였다. 대학교 1학년 때 엠티 장기자랑에서 4학년 선배의 '픽업'으로 스트립쇼를 하는 역할을 맡아 별명이 '스트립'으로 불렸다고 했다. 대학원 신입생 환영회 때도 어김없이 장기자랑에 나서 노래를 불렀고, 심봉사를 연기해 박수를 받았다. 중앙공무원교육원 시절에는 자치회 기획부장을 맡아 오락부장 역할을 했고 인기가 많았다.

사법연수원에 있는 동안 김앤장법률사무소로부터 스카우트 제의를 받았다. 당초 공무원으로 돌아갈 계획이었지만, 영향력 있는 사람들을 많이 만나야겠다는 생각에 제안을 받아들였다. 당시 그는 나중에 뜻있는 사람들을 모아 나라에서 할 수 없는 사업에 자원을 분배하는 '사회복지공동모금회' 같은 자선사업을 생각하고 있었다.

회계사 자격증과 기재부 재직 경험 및 인맥 등은 변호사로서 큰 장점이었다. 인재들이 모인 김앤장에서도 김관영은 잘나갔다. 소탈함과 솔직함, 성실성은 그의 품성이었고 김앤장의 제1원칙인 '고객 중심주의'에도 잘 부합했다. 그러면서도 겸손한 호감형이었다. '가장 김앤장 같지 않은 변호사'라는 별명도 붙었다.

그의 좌우명은 '지경을 넓히는 삶', 즉 선한 영향력을 끼치는 삶이다. 기독교인인 그는 '야베스의 기도'라는 기도문을 좋아하는데 여기에 나오는 표현이라고 한다. 이를 위해 그는 정치인이 돼 지금보다 더 살맛 나는 세상을 만들겠다는 목표를 세웠다. 김앤장에서 근무한 지 10년 만이었다.

차세대 리더로 주목… 제3당 원내대표 지내

고향인 군산에서 출마한 김관영은 2012년 4월 19대 총선에서 민주통합당(현 더불어민주당) 후보로 전북 군산에서 당선됐다. 그의 나이 43세였다. 당 기준으로 청년(45세)이었다. 그는 '고시 3관왕'이라는 '간판' 덕분에 주목을 받았고 당 비상대책위원과 수석대변인, 대표 비서실장 등 요직을 차지했다. 주목받는 초선 의원이자 차세대 리더로 불렸다.

물론 실력이 드러나는 데는 오래 걸리지 않았다. 그는 19대 국회 전반기에는 국토교통위원으로 상임위 활동을 하다가, 후반기에는 기재부 출신의 장점을 살려 기획재정위원으로 활동했다. 2014년 12월 당시 여당인 새누리당(현 국민의힘)이 추진하던 상속세 및 증여세법 개정안 표결을 앞두고 반대토론에 나섰다. 중소기업의 가업상속공제 적용 요건을 낮춰 경제 활성화를 꾀하겠다는 게 당시 여당 입장이었다.

하지만 김관영은 "대한민국에 전통 있는 명문 가족기업을 육성해서 지속적으로 고용과 성장을 뒷받침해야 한다는 정부의 취지에 100퍼센트 동의한다"면서도 "그 방법이 기업을 하는 부자들에게 그냥 수백억 원의 세금을 면제해주는 방식이어서는 안 된다"고 주장했다. 여야가 합의한 사안임에도 김관영의 반대토론 이후 여당 내 기권표가 늘면서 결국 부결됐다.

2016년 안철수 의원이 국민의당을 창당하자 합류해 20대 총선에서 재선에 성공했다. 박지원 원내대표 체제에서 원내수석부대표를 맡은 김관영은 20대 국회에서 여야 협상 창구를 맡으며 제3당의 존재감을 보여주는 데 힘을 보탰다. 박근혜 전 대통령 탄핵심판이 시작되자 탄핵소추위원을 맡았다.

이후 안철수가 2017년 5·9 대선에서 패배하자 국민의당 내부 갈등이 시작됐다. 2018년 6월 지방선거를 앞두고 유승민 전 의원이 창당한 바른정당과 합당해야 한다는 합당파와 반대파로 갈리면서 당이 혼란을 거듭한 것이다. 김관영은 중도보수 성향의 바른정당과 합당을 통해 시너지를 낼 수 있다고 봤고, 결국 새로 창당한 바른미래당에 합류했다. 당시 호남 의원들은 대부분 합당을 반대하면서 민주평화당 소속이 됐지만 김관영은 다른 길을 걸은 것이다.

그러나 바른미래당은 그해 지방선거에서 초라한 성적표를 보이면서 갈등이 심화됐다. 이 같은 위기에서 김관영은 재선 의원으로서는 드물게 원내대표에 당선됐다.

"20대 국회 개원 때부터 우리는 민심 그대로의 선거제도를

도입해야 한다는 시대적 과제를 확인했습니다. 국민들이 보내준 지지대로 국회의 의석수를 가지지 못했던 뼈아픈 과거들이 있었는데도, 그냥 이대로 두시겠습니까? 이제는 결단하고 정치 개혁의 새로운 장을 엽시다. 선거제도의 핵심은, 국민 한 명 한 명의 투표가 사표가 되지 않고 국회 구성에 정확히 반영되게 하는 것입니다. (중략) 바른미래당은 비례성과 대표성을 가장 잘 반영할 단일안을 만들어 빠른 시간 내에 패스트트랙 절차를 진행할 것입니다."

– 2019년 3월 13일 김관영의 국회 교섭단체 대표연설 중

그는 20대 국회에서의 마지막 역할을 선거제 개편에서 찾았다. 성배聖杯가 될 줄 알았지만 그에게 독배毒杯가 됐다. 자유한국당(현 국민의힘)이 반대한 나머지 여야 4당 합의안을 바른정당계 의원들이 거부했지만, 김관영은 이를 소신대로 밀어붙였다. 그 과정에서 오신환 전 의원을 사개특위에서 사·보임하는 등 논란이 커졌고, 김관영은 원내대표직에서 물러났다. 이를 계기로 국민의당계와 바른정당계의 내분이 극심해지면서 바른미래당은 소멸의 길을 걷게 된다.

결국 김관영은 2020년 총선에서 무소속으로 출마했지만 코로나19 위기 속에 민주당이 180석 가까운 의석을 차지했고 그도 낙선했다. 낙선 뒤 그는 싱크탱크인 한국공공정책전략연구소(KIPPS·킵스)를 설립해 김성식, 채이배 전 의원 등과 함께 여야를 뛰어넘는 공동의 정책 어젠다를 만드는 데 주력했다.

2022년 지방선거에서 '최연소 도백'으로 당선

공백은 길지 않았다. 2021년 12월 김관영은 이재명 대선 후보를 앞세운 민주당 선대위에 5년 만에 합류했다. 민주당이 중도층 공략을 위한 전략으로 국민의당 출신 인사들을 복당시킨 것이다.

이듬해 3월 대선은 민주당의 패배로 끝났고, 정치권의 관심은 6월 지방선거로 옮겨갔다. 김관영은 "변화의 불쏘시개라도 되기 위해 출마를 결심했다"며 '힘 있고 유능한 경제도지사'를 캐치프레이즈로 걸고 전북도지사에 출사표를 던졌다.

사실 그가 전북도지사 선거에 도전장을 내밀 때만 해도 섣부른 것 아니냐는 분석이 많았다. 복당한 지 몇 개월 되지 않은 상황에서 김관영의 당선을 예상하는 사람은 많지 않았다. 하지만 그는 승부수를 던졌고 운명의 여신은 그의 편에 섰다. 하늘은 스스로 돕는 자를 돕는다고 하지 않는가.

반전은 '컷오프'에서 이뤄졌다. 당시 대선 직후 치러진 지방선거인 만큼 민주당이 좋은 성적표를 거두기 어려운 상황이었다. 3선에 도전하는 터줏대감 송하진 전 지사는 도지사 후보 중에 지지율이 가장 앞서 있었고, 2위가 김관영인 여론조사들이 나왔다. 당 공천관리위원회는 송 전 지사가 재지지율이 가장 낮다는 점 등을 이유로 그를 예비경선에서 탈락시킨 것이다.

운도 따랐지만 그가 평소에 쌓아둔 인덕이 당선에 큰 영향을 미쳤다. 송 전 지사는 자신의 측근들을 김관영에게 보내 그를 도왔다. 한 김관영 측근의 회고다.

"변화를 갈망하는 도내 민심이 분명히 있었고, 당 입장에서
도 텃밭인 호남에서 쇄신하는 듯한 공천 물갈이 시도가 필요
한 상황이었다. 그렇게 송 전 지사가 컷오프됐는데, 그는 '안
호영, 김윤덕 후보 등 두 명은 안 된다'는 인식이 강했다. 워낙
김관영이 초·재선 의원 때 지역 사회에서 잘 보인 점도 막판
에 영향을 미친 것이다." — 취재 메모 중 🖰

그는 결국 경선을 무사히 통과했고 지방선거에서 17개 광역단
체장 중 최연소 단체장이 됐다.
그는 평소에도 주변 사람을 살뜰하게 잘 챙기는 것으로 유명하
다. 전북도에 1년 가까이 근무하다 이직한 한 전직 국회 보좌관의 이
야기다.

"지사님하고는 직접 알았던 것은 아니었고 회식 자리나 뭐 이
런 데서 몇 번 본 정도의 사이였다. 그런데 제가 사표를 내고
도청을 나올 때 갑자기 비서실에서 전화가 왔어요. 지사님이
점심식사를 했으면 한다며 가능하냐고 물었다. 당연히 비서
실이나 측근 몇 명이 같이 송별회 하려나 보다 생각했어요. 그
런데 약속 장소에 갔더니 혼자 왔더라고요. '따끈한 국 한
그릇 먹여서 보내고 싶었다'는 말이 진심으로 느껴져서 너무
감동적이었다. 바쁜 시기인데 일정 빼서 그렇게 나오신 것에 정
말 고마움이 컸다. 그래서 떠나오고 나서도 전북도에 기업들
소개도 하고 마음을 비우기 어렵더라. 주변에 오랫동안 있는
사람들을 보면, 하나같이 그런 감사한 마음으로 그의 곁에

머물더라고요." — 취재 메모 중 🖱

MB의 청계천, 김관영의 새만금… 친기업 성향 비판도

그는 워커홀릭이다. 김앤장법률사무소에 있으면서 하루 열네 시간
씩 일했고 국회의원이 되고 나서도 8년 동안 지역구인 전북 군산에
있을 때를 제외하고 매일 오전 여섯 시에 경기 성남시 분당구 자택
에서 출근했다고 한다. 도지사가 된 지금도 마찬가지라고 한다. 일
자체가 재미있고 일을 즐길 줄 아는 것이다. 본인이 즐거우니 그를
만나는 사람도 즐거울 수밖에 없다.

　2023년 초 김관영에게 행정(도지사)과 정치(국회의원) 중 어떤
게 더 재밌냐고 물어봤다.

> "일단 행정이 더 재밌지요, 지금은 도지사인데… 왜냐하면 여
> 기는 제가 얘기를 하면 바로 집행이 되잖아요. 그 변화가 즉
> 각 있는 겁니다. 그리고 일주일 후에 보고를 해요. 제가 강조
> 하는 게 '한 번 지시, 세 번 점검'이에요. '이렇게 이렇게 하겠
> 습니다'라는 보고를 받은 뒤부터 세 번 점검하는 것이에요.
> 하겠다라는 계획 보고는 누구나 할 수 있고 받을 수 있어요.
> 그러나 점검이 더 중요합니다." — 취재 메모 중 🖱

　그는 도지사로 부임한 뒤 가장 보람 있게 느끼는 혁신 중 하나
는 국장들 대신 사무관들에게 업무보고를 받은 것이다. 도청의 핵심

인력은 5급 사무관이라는 생각에서였고, 일종의 '나는 가수다'같이 선의의 경쟁을 하는 프로그램이 됐다. 동기부여를 통해 결과물을 내도록 하는, 사람을 잘 쓸 줄 아는 능력이 발휘된 것이다.

"도를 어떻게 바꿀까 하다가 자기 업무 중 다른 지자체에서 잘 되고 있는 것을 전라북도에 어떻게 도입할 것인지를 적용 프로그램을 만들어서 5분씩 발표하고, 그리고 가장 잘하는 사람 열 명 승진시키겠다고 했어요. 판을 깔아줬더니 알아서 다 잘하더라고요. 253개의 소위 '벤치마킹 프로젝트'가 발표되는데 하나도 버릴 게 없어 다 채택했습니다. 그랬더니 (공무원들이) 다들 너무 즐거운 거예요. 생전 처음 지사한테 직접 업무보고도 했고 자기가 얘기한 게 다 도정에 반영이 되고 예산까지 반영되고 하니까. 그랬더니 이번에 6~8급 공무원들이 '왜 저희 아이디어를 이야기할 기회는 안 주냐'고 해서 '내가 도지사라면 하고 싶은 프로젝트 하나씩 해봐라'고 했습니다." — 취재 메모 중 🖱

김관영에게 새만금 개발사업은 정치의 시작이자 끝이다. 새만금 개발의 성패에 따라 그의 미래도 달렸다. 2013년 새만금청이 설립될 때부터 지역구 의원으로 도레이첨단소재 등 해외 기업 유치에 나섰다. 2013년 이후 9년 동안 새만금 투자 유치 규모가 1조 5000억 원에 불과했지만, 김관영은 7월 취임 이후 60개 기업과 투자협약을 체결해 7조 1000억 원의 투자를 유치했다. 발로 뛰고 해외 기업인들을 직접 만나 투자를 설득한 결과다.

그는 야당 재선 의원 당시 새만금에 카지노복합리조트 건설을 추진하기 위해 새만금 내국인 카지노 허용 법안을 내기도 했지만, 야당과 시민단체 등의 반대가 거세 좌절된 상태다.

이런 점 때문에 일각에서는 그를 향해 엘리트 출신, 김앤장 출신답게 지나치게 친기업적이라는 비판을 하기도 한다. 하지만 김관영이 추구하는 것은 무엇보다 실용이다. 그는 서생적 문제의식과 상인의 현실감각을 강조한 김대중 전 대통령을 정치적 스승으로 삼고 있다.

"대한민국은 이미 정치와 행정이 이끄는 사회가 아닙니다. 저는 경제인이 이끈다고 봐요. 공직자들의 월급이 어디서 나오냐? 다 세금 걷어야 나옵니다. 법인세, 부가가치세, 소득세 등 세 개가 국세의 80퍼센트인데, 이 세 개는 철저하게 기업 활동과 관련해서 나오는 것이지요. 대한민국은 자본주의가 고도화됐기 때문에 결국 기업인들이 대한민국을 이끌어 가요. 그러면 정치인의 롤은 뭐냐? 우리 기업인들이 국제적 글로벌 경쟁에서 뒤지지 않도록, 그 사람들이 너무나 뒤처지지 않도록 빨리빨리 제도를 개선해서 뒷받침하는 것, 그것이 정치와 행정의 역할이라고 봅니다. 특히 한국은 수출 경제이고, 글로벌 경제에서 살아남아야 하기 때문에 글로벌 경제에 뒤지지 않도록 제도를 정치와 행정이 뒷받침해주는 것이 너무 중요합니다." — 취재 메모 중

여당과 협치 행보로 주목… 전북 국가예산 9조 원 시대 열어

김관영에게 가장 큰 영향을 끼친 정치인은 김한길 국민통합위원장이다. 김 위원장은 민주당 대표였던 시절 그를 수석대변인과 비서실장 등으로 중용했다. 김관영은 그를 보며 정치를 배웠다.

김한길이 2022년 대선을 앞두고 여러 차례 함께 윤석열 대통령을 돕자고 제안했지만, 그는 "국민의힘으로 갈 경우 군산을 떠날 수밖에 없는 상황이 올 가능성이 높고, 나중에 퇴임하고 나서 지역에 있는 친구들하고 편하게 소주 한잔, 막걸리 한잔 마시기가 어려운 상황이 올 수도 있다"는 판단에서 완곡히 거절했다고 한다.

김한길계로 불렸지만 그 다음 당 대표였던 문재인 전 대통령도 그를 아껴 조직사무부총장 등을 맡겼다. 마지막까지 국민의당으로의 탈당을 만류했다고 한다. 안철수도 그를 '초선 원내대표'로 내세우자는 말까지 한 적이 있다.

김관영은 도지사가 되고 나서도 윤석열 정부, 국민의힘과 협치를 통해 보조를 맞추고 있다. 국민의힘 전북도당 사무처장 출신인 박성태를 3급 정책협력관 직위에 임명했고, 김 지사는 도·정협의회를 전북도-민주당이 아닌 전북도-국민의힘-민주당으로 바꿨다. 여야 협치 결과 김관영은 사상 처음으로 전북도 예산 9조 원 시대를 따내는 성과도 냈다.

2022년 12월에는 윤석열 대통령, 시도지사협의회 임원들과 저녁을 먹는 자리에서 2023년 8월 새만금 세계스카우트잼버리 개최와 관련해 60억 원 특별교부세가 필요하다고 언급했더니, 윤 대통령이 이상민 행정안전부 장관에게 "예산을 한 푼도 깎지 말고 다

331

도와줘라"라고 했다고 한다. 김관영이 잼버리의 중요성에 대해 설명하자, 윤 대통령이 "내가 옛날에 보이스카우트를 했다"며 관심을 갖고 호응을 해줬다는 것이다. 예산 지원은 물론 잼버리 조직위원장에 행안부 장관과 문화체육관광부 장관도 포함시켰다고 한다. 가는 말이 고와야 오는 말이 곱듯이 김관영이 윤 대통령의 신뢰를 받고 환심을 샀기 때문에 가능한 일이었다. 이 같은 일이 전해지자 다른 시도지사가 "왜 전북만 챙겨주냐. 우리도 챙겨달라"고 항의하는 일도 있었다고 한다.

무엇보다 김관영의 정치에는 재미와 즐거움이 있어야 한다는 철학이 깔려 있다. 그 스스로 '치어리더'를 자청하는 이유다.

"우리 삶에서 원래 힘들고 지루했던 일을 그 자체로 재미있고 즐거운 일로 만드는 것이야말로 진정 의미 있는 일이 아닐까. 정치 지도자라면 그 과정에서 누구보다도 유능한 '치어리더'를 자청해야 하는 것이 아닐까. (중략) 하지만 결국 '진심은 통한다'는 것이 나의 인간관계 지론이다."*

국민 에너지 북돋아주는 '치어리더'형 지도자

53세에 '도백'이 된 그는 이제 차세대 주자로 꼽힌다. 주변에서 2027년 대선 도전을 권유하는 이가 적지 않다. 새만금 개발이 그의

---

*   김관영, 「저를 만나면 즐거우시죠?」, 블루프린트, 2011.

정치적 브랜드로 자리 잡을지, 당내 주자들의 역학관계에 따라 그의 운명도 결정될 가능성이 높다.

낮은 인지도와 당내 세력 부재 등은 그가 넘어야 할 벽이다. 여태껏 서울시장을 제외하고는 광역단체장 중에 대권을 잡은 인물은 없다. 중앙 무대에서 멀어질 수밖에 없는 지방정치의 한계이기도 하다. 미흡한 준비 등으로 국제적 망신을 산 세계스카우트잼버리대회 사태로 새만금 개발에 장애물이 생긴 것도 그에게는 악재다.

물론 정치는 성적순이 아니다. 하지만 공부할 때 체득한 성실함과 열정으로 정치를 하고, 사람들의 마음을 사로잡는 게 김관영의 최대 장점이다. 자신의 장점을 최대한 발휘한다면 이겨내지 못할 것도 없을 것이다. 김관영의 '즐거운 정치'가 국민들을 좀 더 즐겁고 행복하게 만들어주길 기대해본다. 이제 한 명쯤은 국민들의 에너지를 북돋아주는 치어리더형 리더가 나올 때도 됐다.

참고문헌

✦ 권세진, 「초·중·고 동기동창 기자의 한동훈 연구」, 『월간조선』, 2022년 6월호.

✦ 박성민, 「"'서울대 법대 정치인'은 왜 실패하는가」, 『법률신문』, 2022년 8월 15일.

✦ 최우열·장관석·조아라, 「전 정권 수사 관련 "섭섭함-원한 충분히 이해…이유 여하 막론하고 위로-유감 표한다"」, 『동아일보』, 2021년 7월 12일.

✦ 양재원, 『이낙연은 넥타이를 전날 밤에 고른다』, 북콤마, 2020.

✦ 이승헌·황형준·김지현, 「이낙연 총리 "신발 신고 발바닥 긁는 것 같은 정책은 곤란… 현장이 시작이자 끝"」, 『동아일보』, 2019년 12월 23일.

✦ 유종민, 『이낙연의 언어』, 타래, 2020.

✦ 한상준·황형준, 「'정국 주도-중도 확장' 승부수… 이낙연 "대통령 언젠가는 사면 판단해야"」, 『동아일보』, 2021년 1월 2일.

✦ 이재호·한기흥·홍은택, 「"정치 절대 않겠다" 김대중 씨 귀국」, 『동아일보』, 1993년 7월 6일.

✦ 오세훈, 『가끔은 변호사도 울고 싶다』, 명진출판사, 1995.

✦ 오세훈, 『미래』, 다이얼, 2019.

✦ 오세훈, 『시프트: 생각의 프레임을 전환하라』, 리더스북, 2009년.

✦ 안철수·제정임(엮음), 『안철수의 생각』, 김영사, 2012.

✦ 이상돈, 『시대를 걷다: 이상돈 회고록』, 에디터, 2021.

✦ 금태섭, 『이기는 야당을 갖고 싶다』, 푸른숲, 2015.

✦ 박영선, 『자신만의 역사를 만들어라』, 마음의숲, 2012.

✦ 박영선, 『누가 지도자인가』, 마음의숲, 2015.

✦ 황형준, 「당 잔류 박영선 "국민의당 대표직 거절"」, 『동아일보』, 2016년 1월 22일.

✦ 이상돈, 『시대를 걷다: 이상돈 회고록』, 에디터, 2021.

✦ 원희룡, 『사랑의 정치』, 미지애드컴, 2010.

✦ SBS 라디오 〈김태현의 정치쇼〉, '박성민 "원희룡 오버페이스, 원인은 한동훈?"', 2023년 8월 2일.

◆ 김한길, 「김한길의 세상읽기: 일본의 옛 친구에게」, 『동아일보』, 1995년 8월 16일.

◆ 김한길, 「내가 가장 미워했던 사람」, 『동아일보』, 1994년 7월 5일.

◆ 김한길, 『눈뜨면 없어라』, 해냄출판사, 2011.

◆ 김한길, 『김한길의 희망일기』, 해냄출판사, 2000.

◆ 박지원, 『넥타이를 잘 매는 남자』, 청맥, 1996.

◆ 권노갑·김창혁, 『순명: 권노갑 회고록』, 동아E&D, 2014.

◆ 황형준, 「초선의 선생님 된 박지원 '깨알 강의'」, 『동아일보』, 2016년 5월 4일.

◆ 금태섭, 『이기는 야당을 갖고 싶다』, 푸른숲, 2015.

◆ 이준석, 『어린 놈이 정치를: 이준석이 말하는 ISSUE 25』, 중앙M&B, 2014.

◆ 이준석, 『이준석의 거부할 수 없는 미래』, 21세기북스, 2023.

◆ 양정철, 『세상을 바꾸는 언어』, 메디치미디어, 2018.

◆ 황형준, 「양정철 "여 절박함 없어… 정권 재창출 비관적 요소 더 많아"」, 『동아일보』, 2021년 6월 8일.

◆ 김현지·조해수, 「이원석 검찰총장, 전라도 촌놈~PD파 대학생~열혈 평검사~'이재명 수사' 총지휘까지」, 『시사저널』, 2023년 2월 25일(1741호).

◆ 김관영, 『저를 만나면 즐거우시죠?』, 블루프린트, 2011.

포스트
윤석열

ⓒ 황형준, 2024

초판 1쇄 2024년 1월 2일 찍음
초판 1쇄 2024년 1월 10일 펴냄

지은이 | 황형준
저작권자 | 주식회사 동아일보사 · 황형준
펴낸이 | 강준우

인쇄 · 제본 | 지경사문화
펴낸곳 | 인물과사상사
출판등록 | 제17-204호 1998년 3월 11일

주소 | (04037) 서울시 마포구 양화로7길 6-16 서교제일빌딩 3층
전화 | 02-471-4439
팩스 | 02-474-1413
www.inmul.co.kr | insa@inmul.co.kr

ISBN 978-89-5906-736-7 03300
값 18,000원